U0871754

同路人大学生交通科技创新
作品集

综合交叉
COMPREHENSIVE CROSSOVER

COLLECTION OF UNDERGRADUATE
STUDENT INNOVATIONS ON
TRANSPORTATION SCIENCE
AND TECHNOLOGY

杜豫川 赵鸿铎 主编

同济大学出版社 · 上海

内 容 简 介

同路人交通科技大赛作为锻炼、提高同济大学交通类专业本科生创新素养和动手能力的重要平台，至今已经成功举办21届。这一平台也成为2019年学院获批交通运输部的创新人才培养示范基地的重要支撑。在第22届同路人交通科技大赛即将启动之际，学院的大学生实验交通科技创新基地汇编出版了“同路人大学生交通科技创新作品集”系列丛书。本册《同路人大学生交通科技创新作品集——综合交叉》收录了近几年在全国大学生交通科技大赛和同路人交通科技大赛中综合交叉方向的优秀学生论文，以期为大学生开展交通科技创新研究提供参考和思路。

图书在版编目(CIP)数据

同路人大学生交通科技创新作品集. 综合交叉 / 杜豫川，赵鸿铎主编. —上海：同济大学出版社，2023.5

ISBN 978-7-5765-0824-6

Ⅰ. ①同… Ⅱ. ①杜… ②赵… Ⅲ. ①交通运输—科技成果—汇编 Ⅳ. ①U-12

中国国家版本馆CIP数据核字(2023)第069669号

同路人大学生交通科技创新作品集——综合交叉

杜豫川 赵鸿铎 **主编**

责任编辑 陆克丽霞 **责任校对** 徐春莲 **封面设计** 陈益平

出版发行 同济大学出版社 www.tongjipress.com.cn

(地址：上海市四平路1239号 邮编：200092 电话：021-65985622)

经　销 全国各地新华书店

排　版 南京文脉图文设计制作有限公司

印　刷 常熟市华顺印刷有限公司

开　本 787 mm×1092 mm 1/16

印　张 11.75

字　数 293 000

版　次 2023年5月第1版

印　次 2023年5月第1次印刷

书　号 ISBN 978-7-5765-0824-6

定　价 80.00元

编 委 会

序　言

我欣喜地读完所收录的科技创新成果，细细感受着同学们的所学所思，回想多年前举办"同路人"交通科技大赛时的初衷，欣慰地看到众多教师和学生的共同努力结出了硕果。

我们生活在一个科学技术日新月异、不断变革的时代，目前系统的课堂教学体系只能帮助同学们完成基础训练和初步的知识积累。与此同时，我们也生活在一个社会不断发展的时代，所面临的交通问题是不断变化的，解决问题的经验需要在实践中不断丰富和完善。在这样一个时代，大学不仅具有传授知识的义务，同时也肩负着启迪创新的责任。正因如此，为了让大学生们能系统应用所学知识来尝试解决各种实际问题和面对的挑战，同济大学交通运输工程学院通过搭建"同路人"交通科技大赛这样一个平台，给学生们创建了一个实践环境。可以说，这是大学培养体系中不可或缺的一个重要环节。

"同路人"交通科技大赛的奖状并非只是一张"产品合格证"。虽然，同学们的很多成果稍显稚嫩，距离实用也还有一定差距，但他们的探索实践和钻研精神得到了专业老师的认同和肯定。同时，每年"同路人"交通科技大赛的成功举办也表明学院在创新人才的重要培养环节中取得了阶段性成果。

交通是一个不断面对新问题和新挑战的领域。交通学科培养的人才必须要不断地开拓创新，勇于超越他们的前辈，才能满足社会发展所带来的新需求。交通研究面对的是一个复杂适应系统，尽管人工智能等先进技术未来会接替一些初级工作，但从复制性工作中解脱出来的交通工程师，必须承担起需要运用大智慧才能解决的更加复杂的交通问题的设计工作。因此，创新教育在交通学科中占据重要地位。然而，创新教育并非等价于创造技能教育。创新教育是培养学生通过创新意识、创新技能来更合理地解决实际问题，这也是交通规划与管理领域中非常重要的一个内容。通过交通科技大赛的形式，鼓励学生去研究社会和技术发展过程中产生的新课题，引导学生深入地认识和理解实际问题，锻炼学生综合应用所学知识的能力，是一种十分有效的创新教育方式。

交通领域的科技创新并非指单纯依靠灵感来解决实际问题。若缺少对问题的全面理解、缺少对已有知识和经验的系统继承，仅仅试图依靠突发奇想来获得能对行业产生重大影响的创新成果，这基本上是行不通的。因此，"同路人"交通科技大赛并非创新人才成长的捷径，而是培养学生创新能力过程中不可或缺的一个重要环节。

长江后浪推前浪，吾辈要将培养能超越前人的后辈学子作为重要职责，以此不断探索创新交通学科教育的新方法、新形式，努力培养有志于中国交通事业的学生们，使他们在不久的未来能在继承中不断地创造新型服务、新型技术和新型管理/治理方法，从而更好地贡献社会。

杨东援

2019年10月于同济大学

目　录

互联网车辆轨迹数据驱动的交叉口排队长度估计及仿真评价

张颜麟，张一鸣，于中锐，杨逸琳，肖　鑫

| 摘要 |

排队长度是信号控制交叉口运行评价和优化的关键指标之一。近年来，随着新型智能交通技术迅速发展，海量、高频(秒级)的互联网车辆轨迹数据的获取成为可能，这也为“互联网+交通管控”提供了新机遇。现有的排队长度估计方法主要基于交通波理论和概率论方法。其中，基于交通波理论的排队长度估计模型对轨迹数据的质量要求较高，且包含上游车辆到达已知及驾驶员行为已知等假设，而基于概率论方法的排队长度估计模型需要进行复杂的参数估计，这削弱了模型算法的适用性与鲁棒性。因此，本文从车辆轨迹信息的挖掘利用角度出发，旨在释放当前模型算法中的假设约束，建立一种面向实际工程应用的信号控制交叉口排队长度估计方法，并对不同抽样率和采样间隔组合条件下的估计精度进行系统的仿真评价。本文的研究方法包含两个模型：(1)基于统计模型的排队长度估计模型。该模型分析了车辆轨迹点在交叉口进口道的空间频数分布，建立了排队长度与轨迹点累积频率分布的多元线性回归模型。(2)基于密度聚类的排队长度估计模型。该模型将轨迹点的物理特征(如位置、速度、加速度等)抽象为空间坐标，以欧氏距离表征轨迹点间的相似度，并利用基于密度的空间聚类(DBSCAN)算法对轨迹点进行聚类，实现排队长度估计。对案例的研究结果表明，在现有车辆轨迹环境下，基于统计模型的排队长度估计模型轨迹精度超过90%。总的来说，本文提出的两种方法对于不同的互联网车辆抽样率和采样间隔具有良好的适应性，计算方法简单且可移植性较强，能为互联网车辆轨迹数据驱动的交叉口排队长度估计提供一种新的技术选项。

| 关键词 |

互联网+交通管控；车辆轨迹；交通仿真；排队长度；基于密度的空间聚类

1　研究背景与目的

目前，我国城市道路交通运行评价和优化主要依赖传统的出租车浮动车数据和定点检测器(如线圈、地磁、微波雷达等)数据。但是，二者都存在缺点：传统的出租车浮动车样本量有限且采样频率普遍较低;定点检测器损坏率高,数据上传频率低,基于此类数据对排队长度估计的实际应用有限。随着移动导航、车联网、智能网联汽车等新型智能交通技术迅速发展,能较准确地反馈交叉口车辆排队等信息的高频车辆轨迹信息可以实现实时获取。如何充分挖掘利用其中蕴含的丰富交通流信息并有效服务于城市道路交通管控,已成为政府、学界和业界共同关注的热点问题。由于车辆轨迹抽样率和时空分布的不均衡,路网上部分交叉口或时段的轨迹样本数量可能很少甚至缺失。因此,如何在稀疏轨迹采样条件下进行交叉口排队长度等运行指标的评价,是一个需要解决的科学问题。本文提出一套数据驱动的交叉口排队长度的估计方法。

2 技术路线与研究内容

本研究的整体技术路线如图 1 所示。

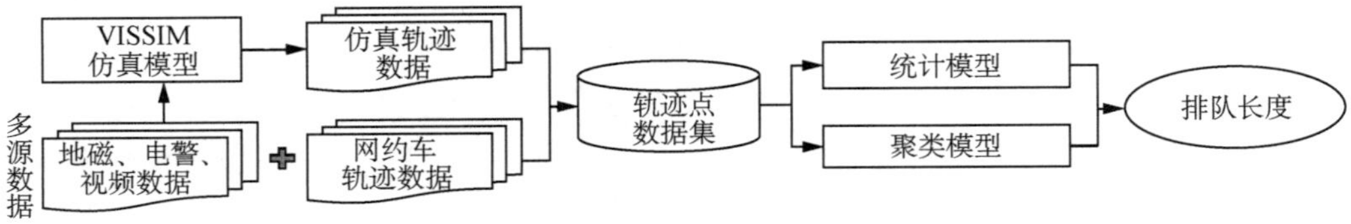

图 1 技术路线

本文首先依据地磁、电警和视频等多源数据建立 VISSIM 仿真模型,之后根据大量的仿真轨迹数据,提出统计模型和聚类模型来对信号控制交叉口排队长度进行估计,并利用真实轨迹数据对本文提出的方法进行验证。

3 数据采集与处理

3.1 仿真模型建立

尽管本文的研究对象是研究路段中间的一个交叉口,但考虑到上、下游交叉口对研究路段车辆到达的影响,本文利用 VISSIM 7 仿真平台建立了连云港市朝阳东路连续三个交叉口的仿真模型。其中,研究对象为连云港市朝阳东路—瀛洲路交叉口东进口道直行段。地磁和电警布置情况如图 2 所示。

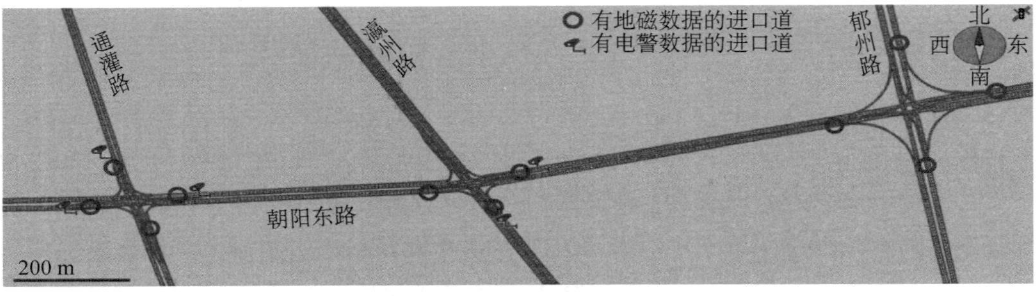

图 2 地磁和电警布置情况

利用 2017 年 11 月 1 日至 11 月 22 日的地磁数据和电警数据互相校正，从而确定流量数据和转向比，对于两种数据都缺失的进口道则用轨迹数据按比例进行补全，以确定 OD 矩阵，再利用 COM-MATLAB 接口批量导入，模拟 32 个工作日 7:00—19:00 的交通状况。将前 30 个工作日 7:30—9:30 的数据作为历史数据来标定模型参数，在 1%的抽样率下，平均每周期有 1.3 条轨迹；再利用后两个工作日的数据测试方法精度。每个工作日可获得 330 余万条轨迹点数据，从而可构建实验所需的仿真轨迹点数据集。

3.2 真实轨迹数据处理

为了验证方法的准确性，使用 2017 年 4 月 13 日深圳市福中路—皇岗路交叉口北进口道上午 9:30—11:30 的真实轨迹数据，真实的排队长度通过视频拍摄并统计排队车辆数得出。实验时段车辆渗透率为 8.96%，平均每周期轨迹条数为 19.5 条。考虑到交叉口范围内车辆低速行驶时 GPS 定位误差较大，因此各个轨迹数据点都根据路段编码转换为到某一基准点的相对距离，再结合各个轨迹点的时间戳，可以得到车辆 GPS 轨迹点和车辆轨迹时空图，如图 3 所示，由此建立真实的轨迹数据集。

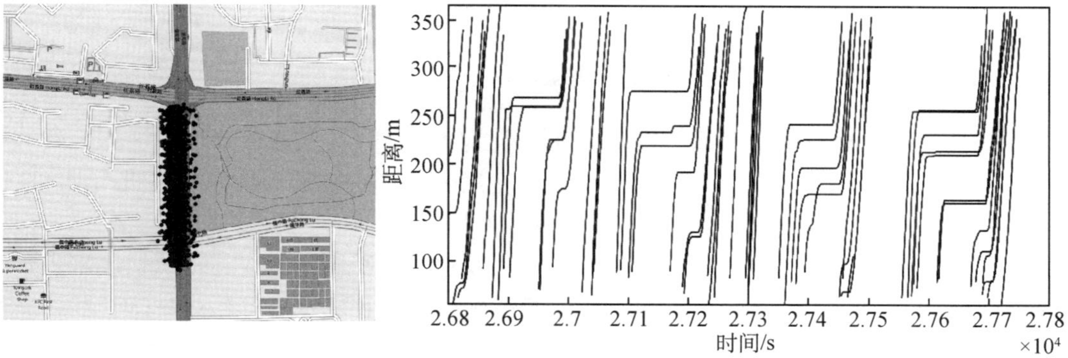

(a) 车辆GPS轨迹点　　(b) 车辆轨迹时空图

图 3　车辆 GPS 轨迹点和轨迹时空图

4　基于统计模型的排队长度估计

4.1 轨迹点的累积频率

从轨迹点数据集出发，本文选取不同抽样率和采样间隔下的轨迹点累积频率来估计排队长度。轨迹点累积频率（f_c）的计算如下：

$$f_c(n_j)=\frac{1}{N}\sum_{i=1}^{N}y_i,\ y_i=\begin{cases}1,\ d_i\leqslant n_i\times d_{\text{stop}}\\0,\ \text{其他}\end{cases}\tag{1}$$

式中　n_j——第 j 辆车排队位置，辆；

N——总轨迹点数；

d_i——第 i 个轨迹点与停车线距离；

d_{stop}——平均停车车头间距，此处为 7 m。

随着抽样率和采样间隔的变化，轨迹点累积频率也会有所不同。但是，由图 4 可以发现，轨迹点累积频率对不同状态下抽样率和采样间隔的数据韧性较好，即使在低抽样率（1%）、低采样间隔（15 s）情况下，数据也基本能反映全样本的情况。

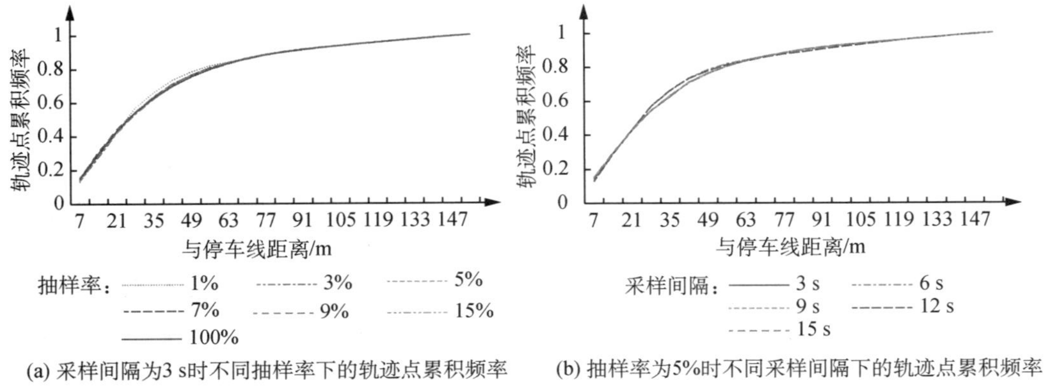

(a) 采样间隔为3 s时不同抽样率下的轨迹点累积频率　(b) 抽样率为5%时不同采样间隔下的轨迹点累积频率

图 4　不同抽样率与采样间隔下轨迹点累积频率

4.2　轨迹点累积频率与排队长度关系模型

利用仿真轨迹点数据集中的历史数据可以获得轨迹点的累积频率分布和排队长度的累积频率分布。由于二者在两个坐标轴维度上的量纲相同，因此可以将它们进行比较，如图 5 所示。

从图 5 可知，当排队累积分位数大于 90%时，轨迹点累积频率曲线与排队长度累积频率曲线一致；当排队累积分位数小于 90%时，如果用轨迹点累积频率直接估计排队长度将导致估计结果普遍偏低。因此，利用多元线性回归的方法，设排队长度分位值为 p_r，轨迹点累积频率对应长度为 l_{track}，排队长度值为 l_{real}，利用 SPSS 软件进行回归分析，得到这一交叉口的排队长度估计公式如下：

$$l_{real}=\begin{cases}64.01p_r+0.137l_{track}+20.069, & 0<p_r\leqslant 90\% \\ l_{track}, & 90\%<p_r\leqslant 100\%\end{cases} \tag{2}$$

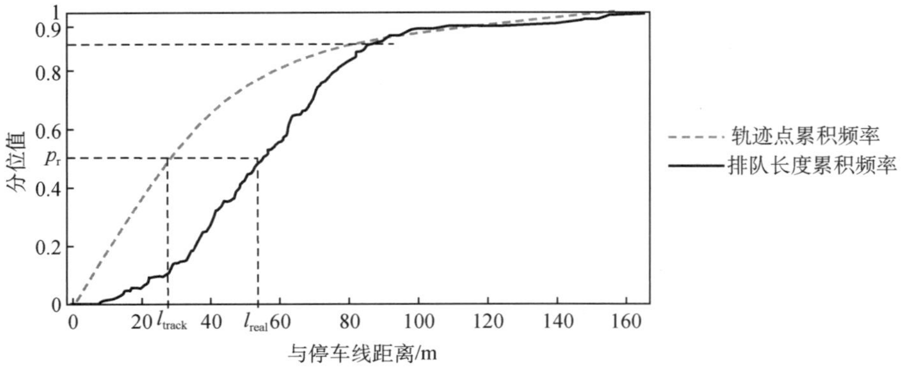

图 5　排队长度累积频率分布与轨迹点累积频率分布对比

多元线性回归的 $R^2=0.998$，拟合优度较高，残差分析结果如图 6 所示。因此，对于不同路段可以利用此多元线性回归模型，在大量历史数据的基础上确定参数，利用轨迹点累积频率对各分位的排队长度进行估计。

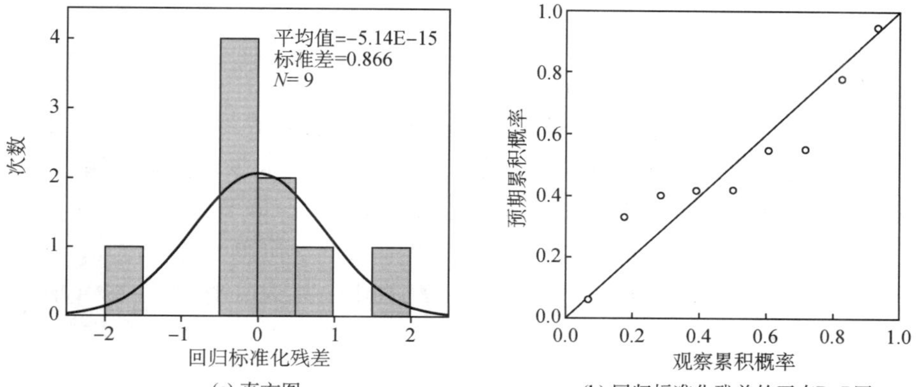

(a) 直方图　　(b) 回归标准化残差的正态P-P图

图 6　回归残差分析

4.3　不同抽样率和采样间隔下的精度

由于大量的仿真数据可以提供不同抽样率和采样间隔下的数据，因此我们选取不同数据，对上述方法的精度（精度＝1－|估计排队长度－真实排队长度|/真实排队长度）进行检验，结果如图 7 所示。

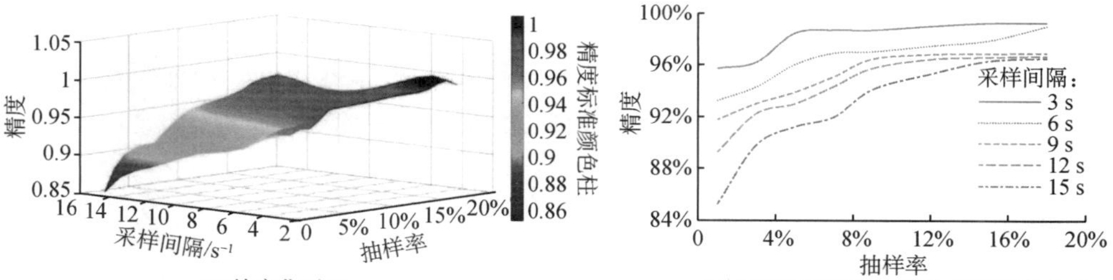

(a) 精度曲面图　　(b) 各采样间隔下抽样率-精度关系曲线

图 7　不同抽样率与采样间隔下的精度（彩图见附录）

从图 7 可以看出，当抽样率较小时，各采样间隔下的精度提升都较快。但当抽样率超过一定阈值时，估计精度的提升趋于平稳。同时，缩小采样间隔对精度提升同样有帮助。采样间隔越小，精度越高。真实的轨迹数据采样间隔在 3～5 s，而抽样率不超过 10%，本方法在该条件下，精度可超过 90%。

5　基于密度聚类的排队长度估计方法

5.1　DBSCAN 算法

在第二种排队长度估计方法中，我们选择了一种基于密度的空间聚类算法——

DBSCAN(Density-Based Spatial Clustering of Applications with Noise)算法。本文以两点间的欧氏距离来衡量两点间的相似度，当轨迹点的位置、速度、加速度等特征维度坐标间的欧氏距离很小时，就认为这两个点属于同一类型。DBSCAN 算法有两个参数：最小邻域半径 Eps 和每一类中的最小点数 MinPts。

5.2 仿真数据验证

本文中车辆排队与否的速度判断阈值与 VISSIM 中的阈值一致，加入排队的速度判断阈值为 5 km/h，离开排队的速度判断阈值为 10 km/h。为了减少非排队车辆的轨迹点对聚类结果的影响，本文仅筛选出速度小于 5 km/h 的轨迹点进行聚类。

为了探究抽样率对聚类结果的影响，对仿真数据进行 1%，3%，5%，7%，9%和 15%抽样后，再进行聚类分析，通过按抽样比例调整参数 MinPts 得到聚类结果，其中抽样率为 5%的聚类结果如图 8(a)所示。轨迹点被分为接近等宽的若干类，且每类的宽度为 5～7 m，约等于车辆在排队时的车头间距，且各聚类得出的排队长度均处于排队长度累积频率分布的 75%分位左右，如图 8(b)所示。

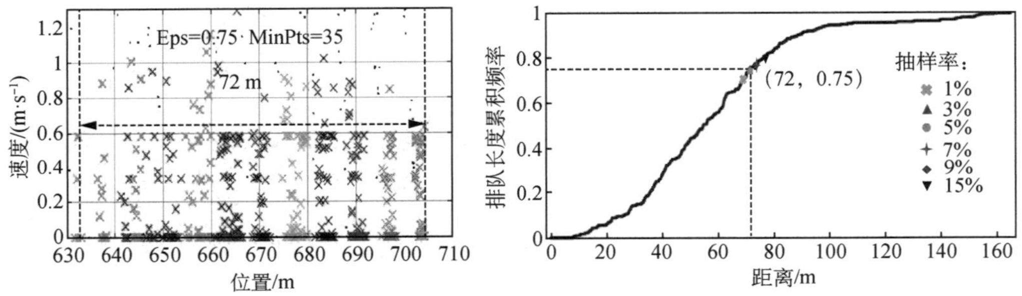

(a) 抽样率为5% 的聚类结果　　(b) 排队长度累积频率分布

图 8　不同抽样率下的聚类结果与排队长度累积频率分布对比(彩图见附录)

5.3 真实轨迹数据验证

真实轨迹聚类结果与真实排队长度累积频率的对比如图 9 所示。

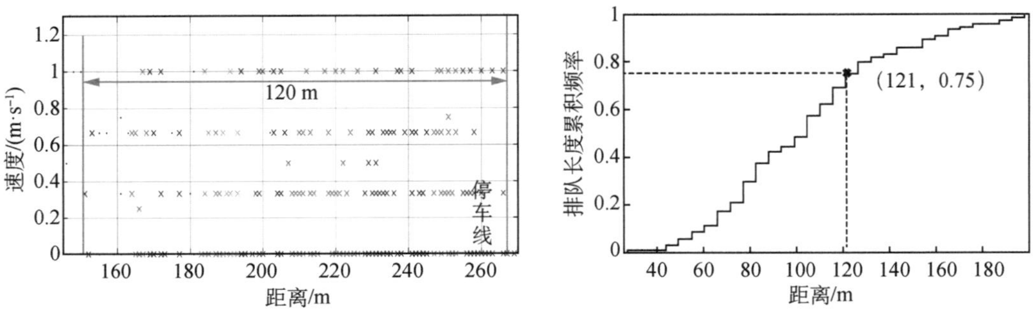

(a) 真实轨迹聚类结果　　(b) 真实排队长度累积频率

图 9　真实轨迹聚类结果与真实排队长度的累积频率对比(彩图见附录)

同样地，轨迹点被分为近似等宽的若干类，每一类的宽度为 5～6 m，最后一类所处位置即最大排队长度，约为 120 m，其与 75%分位的真实排队长度较为接近。

综上所述，在低抽样率情况下，用 DBSCAN 聚类算法仍然可以稳定且准确地估计 75%分位的排队长度，从而为优化交叉口配时管理和控制提供数据支撑。

纵观本文提出的两种方法：在有大量历史数据的情形下，利用统计模型的方法可以较为准确地得到各分位排队长度的估计值；在数据量相对较少的情形下，则可使用基于密度聚类的方法对排队长度进行估计。

6 创新特色

（1）本文从车辆轨迹自身特征的挖掘分析入手，建立了不依赖交通波理论和概率模型的排队长度估计方法，克服了现有方法假设条件严格、计算复杂、可移植性差的缺陷。

（2）本文将基于密度的空间聚类算法用于交叉口排队长度估计，取得了良好效果。

（3）本文综合运用电警、地磁和车辆轨迹等多源检测数据构建交通仿真模型，服务于不同场景下排队长度估计精度的系统评价，避免了烦琐的实地调查和模型标定，探索了大数据条件下交通仿真的建模和分析方法。

7 前景分析

本文提出的方法可实现对已积累大量历史数据的信号控制交叉口进行排队长度判别，为更科学地进行交叉口配时管理和控制服务提供数据支撑，可有效减少因延误、交通事故的发生而产生的损失；同时，计算方法简单且可移植性较强，适合交通背景知识不充分的互联网公司技术人员使用。综合上述两方面来看，本文提出的方法能带来良好的社会效益和经济效益。

在后续的深入研究中，我们将把本文提出的方法与现有的基于交通波理论的方法和概率论方法进行不同适用情况的比较。

参考文献

[1] 邓中伟，季民河. 上海市出租汽车出行时空分布规律研究[J]. 城市交通，2012，10(1)：68-75.

[2] 李福樑. 稀疏车辆轨迹条件下信号控制交叉口排队长度估计方法[C]//中国智能交通协会. 第十二届中国智能交通年会大会论文集，2017：9.

[3] Ester M, Kriegel H P, Sander J, et al. A density-based algorithm for discovering clusters in large spatial databases with noise[C]//Conference on Knowledge Discovery and Data Mining, 1996, 96(34)：226-231.

[4] Li F, Tang K, Yao J, et al. Real-time queue length estimation for signalized intersections using vehicle trajectory data[J]. Transportation Research Record, 2017, 2623：49-59.

[5] Comert G, Cetin M. Queue length estimation from probe vehicle location and the impacts of sample size[J]. European Journal of Operational Research, 2009, 197(1)：196-202.

作者简介

张颜麟，同济大学交通运输工程学院，交通工程专业。

张一鸣，同济大学交通运输工程学院，交通工程专业。

于中锐，同济大学交通运输工程学院，交通工程专业。

杨逸琳，同济大学交通运输工程学院，交通工程专业。

肖　鑫，同济大学交通运输工程学院，交通工程专业。

指导老师

唐克双，教授，同济大学交通运输工程学院。

高速公路智能护栏系统的设计与实现

岳劲松，郭志恒，鲁　越，陈寅杰

|摘要|

汽车冲撞防护栏是高速公路上常见的一类安全事故，不仅会造成巨大的经济损失，而且现有的高速公路监控系统很难快速接收事故信息，从而造成救援延误。此外，高温、薄冰等不利的环境条件是导致交通事故的重要因素。为有效预警恶劣交通环境，及时对护栏碰撞事故进行报警，本研究开发了一种新型高速公路智能护栏系统。

本文通过 ABAQUS 有限元分析软件对汽车与防护栏的碰撞过程进行仿真，经非线性显示动力分析后得到碰撞过程中防护栏上各点的加速度值；采用三次样条插值方法确定碰撞点位置；利用聚类算法对碰撞烈度进行分级；基于仿真结果与经济性考虑，探讨了三轴加速度传感器的铺设密度；基于无线传感网络（WSN）设计了防护栏报警系统，实现防护栏碰撞事故监测的自动化与智能化。

本文通过 ABAQUS 软件进行碰撞仿真得到防护栏上各位点在时间序列下的振动加速度图象，数据处理结果显示：响应加速度表现出由碰撞点向两侧呈振动衰减的规律，根据振动消散模型以及 K-means 聚类的方法，确定了碰撞点的位置，并划分了碰撞烈度。本文基于所提出的模型，结合无线传感网络技术，开发了一体化的检测设备及报警发布系统，实现恶劣环境条件下预警及交通事故报警的自动化与智能化，且适合大范围推广使用。

|关键词|

智能护栏；薄冰；碰撞预警；传感器网络；短程无线通信

1　研究背景

“智慧交通”是近年来交通运输部综合分析形势任务并立足于交通运输发展的阶段性特征提出来的“四个交通”之一。加快发展智慧交通是提升交通运输服务水平的有效途径，也是推动交通运输转型发展的重要支撑。

汽车冲撞防护栏是高速公路交通事故的重要组成部分。我国 14%的道路交通事故是由车辆侧撞防护栏造成的（图 1），每年有 1/3 的死亡事故发生在车辆冲撞防护栏事故中，这不仅带来了巨大的经济损失，也造成了大量的人员伤亡（图 2）。

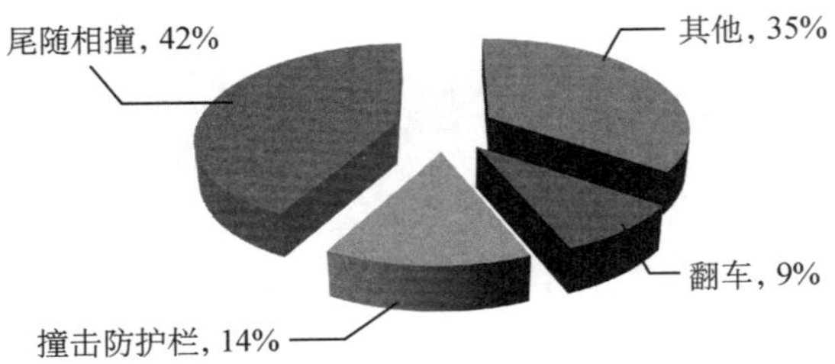

图 1　高速公路事故分布

图 2　汽车冲撞防护栏事故现场

传感器技术在智能交通领域有着广泛应用。将传感器技术应用于汽车发动中将有助于节能减排,应用于高速收费系统中则可实现不停车收费的功能。另外,利用传感器技术还可以实时监测交通设施断裂和破损的振动信号并判断损害位置,及时疏导交通并对其进行修复等。

基于智能交通系统(ITS)技术的高速公路突发事件紧急救援服务系统,虽然能够应对高速公路可能发生的紧急事件,在一定程度上减少紧急事件造成的交通拥堵等负面影响,但预警的及时性与精确度有所欠缺,且我国高速公路起步较晚,尚未形成完善的高速公路交通事故救援体系。因此,对高速公路智能化的进一步研究是非常有必要的。

本文主要从智能交通的角度出发,探讨高速公路智能护栏的设计与开发方法,通过不同类型的传感器技术,实现高速公路护栏高温、薄冰、事故等智能预警功能,不仅可以减少一定的经济损失,而且能极大程度地保障行车安全。

2　设计原理

2.1　设计思路

智能护栏系统的主要功能是快速监测碰撞事故并报警,通过加速度传感器实时记录护栏垂向加速度,碰撞发生时对加速度值进行数据处理,采用三次样条插值函数法定位碰撞位置,基于 K-means 聚类算法对碰撞烈度分级,通过无线传感器网络向高速公路工作站发布报警信息。此外,该系统还配有温湿度传感器和烟雾传感器,可对高温、薄冰等进行及时有效预警。

智能护栏系统构建如图 3 所示。

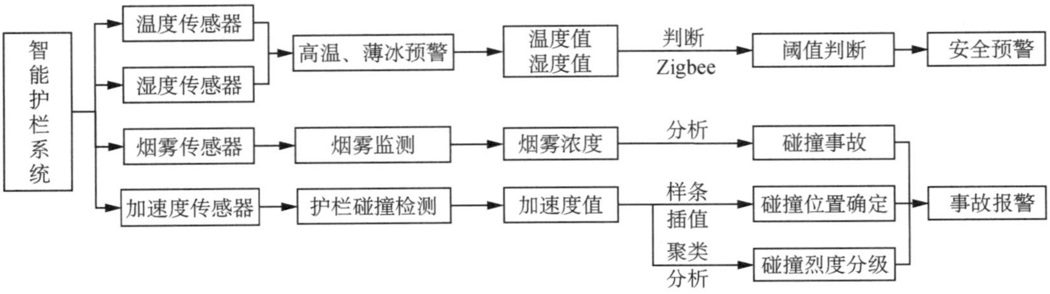

图 3　智能护栏系统构建

2.2 研究方法

2.2.1 防护栏碰撞有限元分析

本文选用 ABAQUS 有限元分析软件模拟汽车碰撞防护栏的过程,ABAQUS 软件进行非线性有限元分析的具体过程包括以下三个步骤。

(1) 建模:选定高速公路上使用最广泛的 W 波形护栏的截面尺寸(310 mm×85 mm×3 mm),建立长 1 000 m 的护栏板模型。同样地,建立立柱、防阻块和车体的三维模型,其中车体模型尺寸参照一般小汽车(4 800 mm×1 800 mm×1 400 mm)。划分网格后,对于立柱与防阻块之间、防阻块与护栏板之间的焊接作用以绑定约束代替,土基对立柱的约束作用则通过对立柱底面设置全约束的边界条件来模拟。最终,ABAQUS 模拟碰撞模型如图 4 所示。

(2) 求解:求解时重点在于确定碰撞条件,通过查阅相关文献及对统计数据的分析,本文采用碰撞车体的质量为 1 400 kg、碰撞速度为 80 km/h、车体与防护栏碰撞角度为 10°,碰撞点为防护栏上刚性最弱的两立柱跨中处。

(3) 输出:ABAQUS 提供多种状态量的输出,由于本文以加速度作为研究对象,所以设置输出碰撞过程中沿护栏板各位点(每 50 m 取一个)的加速度-时间图象,如图 5 所示。

图 4 ABAQUS 模拟碰撞模型

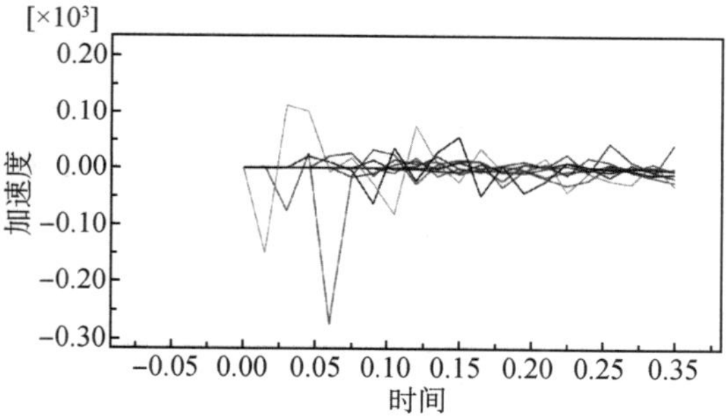

图 5 各位点加速度-时间关系

2.2.2 碰撞位置预估和烈度分级

本文采用加速度的均方根值作为分析指标,它可以表征信号幅值的大小,表达式如下:

$$RMS=\sqrt{\frac{x_1^2+x_2^2+\cdots+x_n^2}{n}}=\sqrt{\frac{\sum_{i=1}^{n}x_i^2}{n}} \tag{1}$$

式中 RMS——均方根值;

n——数据的个数;

x_i——第 i 个数据的值。

为了进一步判断碰撞点的位置,可根据加速度均方根值的变化规律,利用插值或拟合函数的方法,找到均方根值依空间分布的最大极值点,该点所对应的位置即视为碰撞发生的位置。

常见的插值与拟合方法有拉格朗日插值、分段低次插值以及曲线拟合的最小二乘法。其中,分段低次插值通过分段函数的拼接最大限度地保留了数据信息,并在分段区间内具有一定的准确性，是最为合适的方法。样条插值函数可以克服分段低次插值节点处的导数值不连续，即插值多项式不平滑的缺点，因此本文采用三次样条插值函数，取其自然边界条件：$s''(x_0)=s''(x_n)=0$，即碰撞影响范围的两个端点处二阶导数值为0。

碰撞烈度是表征碰撞事故程度的一项重要指标。按照聚类分析的思想，结合仿真软件所得的加速度均方根值，采用K-means聚类算法将碰撞程度分为轻、中、重三个等级。

K-means聚类分析的基本思路是：实现类内的每个数据点与其对应聚类中心距离的平方和最小，即

$$S=\sum_{i=1}^{n}\sum_{j=1}^{k}r_{nk}[C(i)-u_k]^2 \tag{2}$$

式中 $C(i)$——某一图象对应的加速度均方根值在数轴上的坐标。

u_k——第k类的聚类中心。

r_{nk}——二分量，代表当前点是否属于第k类，若$r_{nk}=0$，表示当前点不属于第k类；若$r_{nk}=1$，表示当前点属于第k类。

2.2.3 无线传感器网络设计

无线传感器网络具有经济易行、无须布线等特点，适合本系统。经对比Zigbee、蓝牙、NFC、Wi-Fi这四种技术的特点，选择低功耗、自组网的Zigbee作为本系统的无线通信协议。

系统布置的无线节点有两种：传感器节点和汇聚节点。结合高速路特点、Zigbee通信距离和组网方式，采用传感器节点在两侧栏杆上均匀布置、在内侧栏杆上相对两侧交叉布置，来满足尽量大的铺设间距和网络可靠性。综合考虑传感器规模、汇聚节点覆盖范围，平衡邻近汇聚节点的节点能耗大的问题，在考虑成本及可靠性要求下，布置汇聚节点，如图6所示。

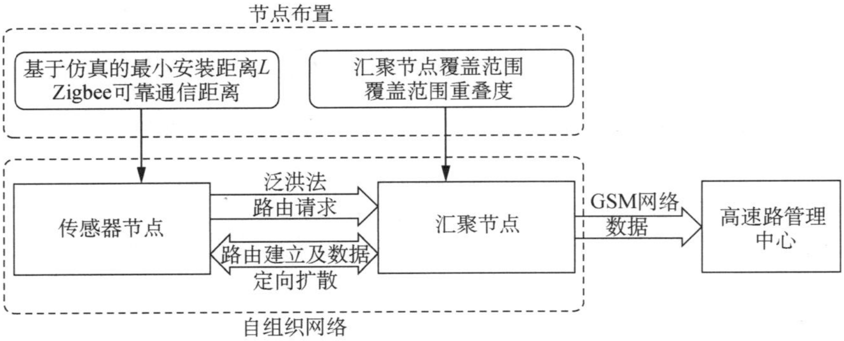

图6 自报警系统框架

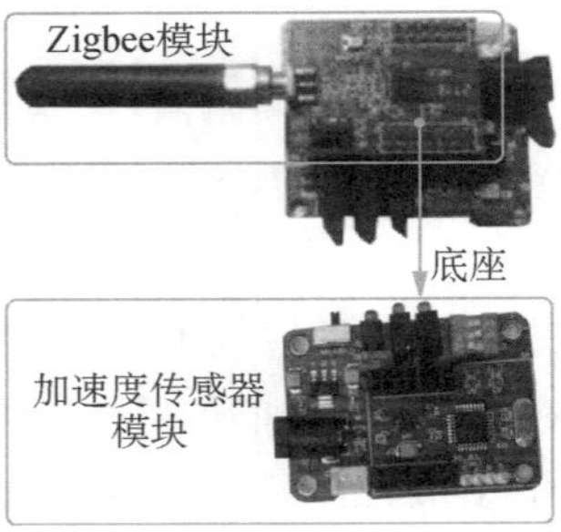

图7 传感器节点模块

传感器节点由加速度传感器、数据处理、无线通信和电源这四个模块构成，如图7所示。当传感器节点检测到碰撞事故时，采用泛洪法向邻近汇聚节点发出路由请求，用基于能量的汇聚节点选择算法来选择汇聚节点，经过定向扩散路由协议在传感器节点和汇聚节点间建立路由，将碰撞位置、烈度等信息传至汇聚节点，汇聚节点通过GSM网络向高速路管理中心上传数据和报警。

在模拟试验中，利用传感器节点和与PC相连的汇聚节点组网进行试验，在上位机上可实现碰撞事故报警、事故信息显示、系统日志存档和碰撞信息记录等功能。

2.2.4 设备铺设密度确定

在设备铺设密度方面，三次样条插值的精度依赖于单个区间的长度，区间长度越小，所得结果越精确；而实际出于成本考虑，传感器的布设又不宜太过密集。本研究在碰撞仿真中得到距离碰撞点600 m的加速度均方根值检测值已衰减为很小值，同时考虑到设备中所用Zigbee的稳定传输距离为500 m，所以本研究将由碰撞仿真确定的装置铺设密度设为每500 m一个。该设备的成本约为每个400元，此密度下布设成本约为800元/km，这在高速公路设备建设投资中是极其经济的。

在实际应用中，可根据需要预先提出铺设密度方案，再依据图8所示流程进行检验。

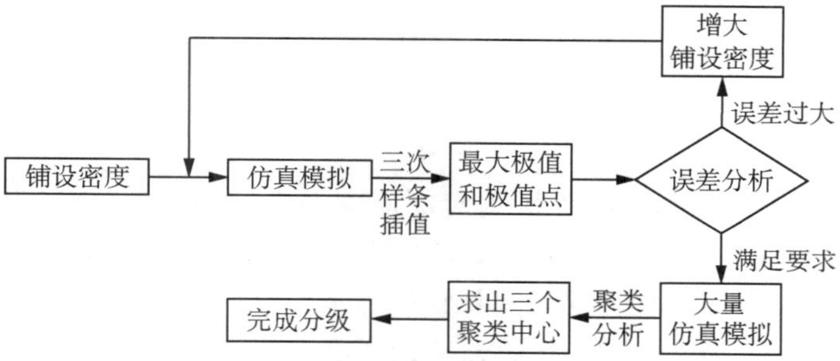

图8 铺设密度检验流程

2.2.5 现场试验及模型验证

1. 试验仪器

碰撞监测设备(加速度传感器＋Zigbee模块＋电源)、胶带、重物冲击体、波形栏杆。

2. 试验步骤

(1) 将碰撞检测设备等间距(4 m)固定在防护栏内侧，给最左侧设备施加垂向撞击，并记录各传感器返回的加速度值。

(2) 将碰撞检测设备等间距(50 m)固定在防护栏内侧，给最左侧设备分别施加由轻到重三个级别的垂向撞击，并记录各传感器返回的加速度值。

3. 试验结果分析

(1) 加速度衰减试验：撞击防护栏最左侧设备后得到距离撞击点 $x_1=0$ m、$x_2=4$ m、$x_3=8$ m和 $x_4=16$ m处设备的加速度均方根值-位移图象，如图9所示。将图象与仿真结果对比可知，试验结果正撞点一侧加速度均方根值的衰减情况满足仿真结果中振动衰减的规律，进一步验证了仿真结果具有较高的可靠性。

(2) 铺设密度预估试验：不同力度撞击防护栏最左侧设备后得到距离撞击点 $x_1=50$ m、$x_2=100$ m、$x_3=150$ m、$x_4=200$ m和 $x_5=250$ m处设备的加速度均方根值-位移图象，如图10所示。由该图可知，防护栏加速度传播200 m后，仍然可以检测到高于静置状态下的防护栏加速度均方根值，因此铺设密度至少可以定为每200 m一个。同时，根据估算，传感器设备的成本将在每千公里百万元的数量级，这在高速公路的投资中占比极小，因此是相当经济且可行的。

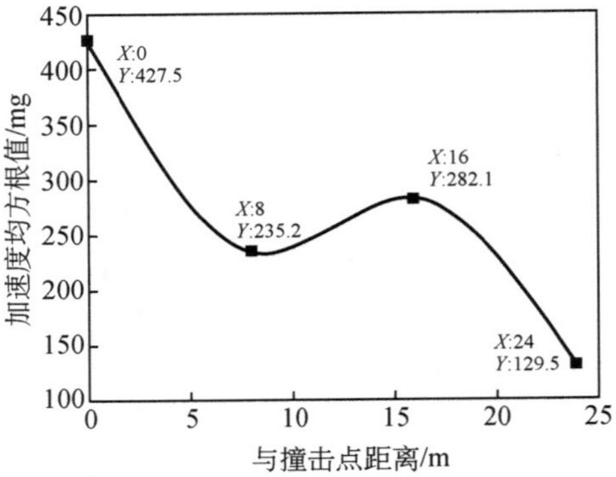

图 9　加速度衰减试验

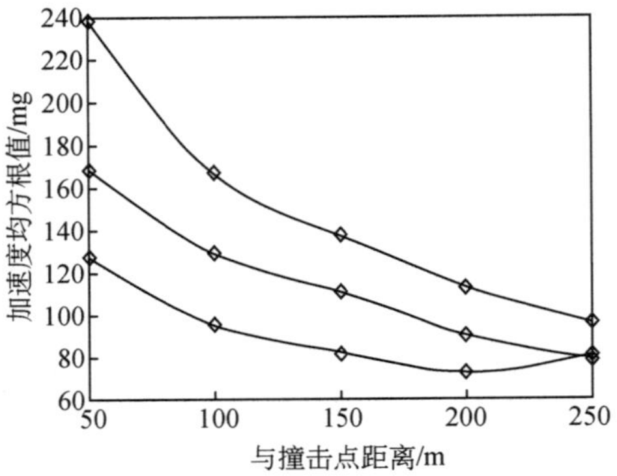

图 10　铺设密度预估试验

3　创新特色

（1）本文首次提出通过测定防护栏垂向加速度来检测碰撞的方法，利用有限元软件和算法建立了碰撞分析模型。基于 K-means 聚类算法对碰撞事故进行烈度分级，通过三次样条插值模型确定碰撞点，并进行了现场试验验证。基于有限元碰撞仿真结果和 Zigbee 有效传送距离确定操作可行、经济合理的传感器铺设密度。

（2）开发了便捷、直观的软硬件一体化碰撞检测设备，通过 Zigbee 无线传输保证了数据的实时性和有效性，并建立了自报警上位机平台，实现了检测、定位、分级、传输、发布的完全自动化。

（3）该智能护栏系统具有较高的可拓展性和兼容性，不仅可进行二次开发，而且与其他智能交通设备协同作用能发挥出更大的经济效益与社会效益。

4　应用前景

与现有的高速公路护栏碰撞检测技术相比，本文中的智能护栏系统能大大缩短事故信息获取时间，便于高速公路管理中心迅速对事故作出反应。本研究开发的设备仪器简便，安装操作简单，经济合理，对测量环境要求低，碰撞检测精度较高。另外，在该系统中，采用了 Zigbee 无线传感器网络技术，使得数据的采集传输更为可靠，且成本、能耗都比较低，具有良好的工业推广前景。

此外，该系统还包括对不良环境条件的监测和预警功能，将温湿度传感器、烟雾传感器与加速度传感器合为一体，使系统功能更加多样化，通过实时监测高速公路相关数据指标，提前向高速路管理中心发布高温、薄冰预警等，保证高速公路的安全畅通运行。

参考文献

[1] 徐奇，孙家庆，杨珍花．“四个交通”一体化发展现状与对策[J]．世界海运，2014(5)：18-21.

[2] 黄红武. 轿车与高速公路护栏碰撞事故分析及仿真研究[D]. 长沙：湖南大学，2003.
[3] 钟小燕. 气象灾害条件下高速公路应急救援系统的交通控制方法研究[D]. 成都：西南交通大学，2009.
[4] 王先强，刘平，汪帮平，等. 高速公路护栏结构防撞特性的计算机仿真研究[J]. 交通与计算机，2007，25(3)：79-81.
[5] 姜德伦，周悦波. 浅谈高速公路防撞护栏[J]. 东北公路，1997(2)：60-62.
[6] 于学兵，毛娟娟，刘丽萍. 半刚性三波护栏与客车碰撞的仿真分析[J]. 汽车科技，2009(3)：54-58.
[7] 石国祯. 桥式起重机驾驶室振动加速度均方根值的计算[J]. 武汉交通科技大学学报，1994，18(4)：473-477.
[8] 冯超. K-means 聚类算法的研究[D]. 大连：大连理工大学，2007.
[9] 崔莉，鞠海玲，苗勇，等. 无线传感器网络研究进展[J]. 计算机研究与发展，2005(1)：163-174.

作者简介

岳劲松，同济大学交通运输工程学院，交通工程专业。
郭志恒，同济大学交通运输工程学院，交通工程专业。
鲁　越，同济大学电子与信息工程学院，自动化专业。
陈寅杰，同济大学交通运输工程学院，交通工程专业。

指导老师

杜豫川，教授，同济大学交通运输工程学院。

基于智能人群检测技术的园区全息监测、仿真与实时诱导

王歆远，崔以晴，琚梦颖

|摘要|

召开大型展会时，园区需要给不熟悉地理情况的参展人员提供足够的引导服务，包括提供餐饮、住宿、各展区人群密度等信息。本文以创博会为例，从 Wi-Fi 探针监测、实时信息诱导等方面提出控制和均衡人流的方案，并在此基础上进行仿真验证，从而保证展区环境的安全与舒适。

|关键词|

创博会；智能人群检测；行人仿真；诱导标识；信息发布

1 绪论

1.1 研究目的及意义

各种大型展会在举办期间会吸引众多人士前往参观，而这些参展人员大多对场地情况缺乏了解。倘若大密度的人流在园区内滞留、寻路，不仅参展人员自身的参展效率会大打折扣，整个园区内的服务水平也会显著降低，甚至造成严重的安全隐患。因此，充分、智能的园区导览服务将成为展会成功举办必不可少的一环。

1.2 研究内容

为了更好地服务展商和参展人员，创新创业世界博览会（以下简称“创博会”）园区内需要有一套完善的人流密度检测和诱导方案作为调剂手段。这套方案包括人流密度的检测、基于人流密度的实时热力图展示、智能指路标志标牌的设计、手机 App 原型设计等。本文对各类人流密度检测手段进行筛查比选，最终以 Wi-Fi 探针作为最佳检测设备，为后续工作提供强有力的支持。

本文基于行人仿真工具和三维设计软件，对所选方案进行评价和最终展示，从而更好地为本次展览提供客流管理思路和安全保障。

1.3 技术路线

本研究的整体技术路线如图 1 所示。

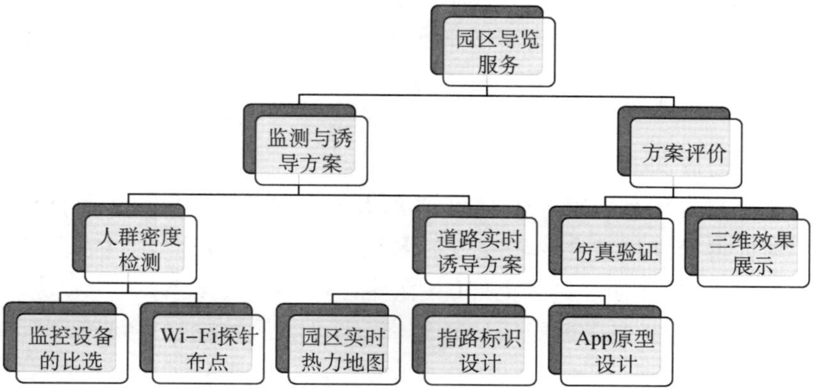

图 1 整体技术路线

2 园区全息检测与诱导方案

2.1 创博会简介

2018 年，同济大学举办了为期一年的“创新创业世界博览会”，主会场设在嘉定校区，选址在校园东南，占地约 10 hm^2。有 111 个创新机构（包含城市、企业、组织、院校、实验室）参与创博会，展会包含艺术展览、品牌展销、舞台表演、极限运动、游艺互动、休闲餐饮等项目，通过打造六大主题区块——艺术创意区、品牌展示区、舞台表演区、极限运动区、游艺互动区和休闲餐饮区，实现集装箱创意嘉年华的全新模式，科技创新是此次创博会的重点。创博会平时参观客流为 1 万人次/日，高峰期达到 3 万人次/日。

2.2 人群密度检测

我们根据 Wi-Fi 探针数据，可以确定监测设备的位置，结合客流位置信息，统计园区内的人流量、密度等指标，并实现了客流情况的迅速更新，以便实时查看人群密集程度。基于 Wi-Fi 探针的定位算法如下。

1. Wi-Fi 探针与设备的距离

我们获得的 Wi-Fi 探针数据格式如下：

源 MAC|目的 MAC | Frame 大类|Frame 小类|信道|RSSI 信号强度

由于创博会园区所处环境为开放空间环境，采用 $RSSI_0=-20$ dBm，$d_0=1$ m，$n=2.5$，所以 $d=10^{(-20-RSSI)/25}$。

2. 设备定位

定位算法有三边定位算法和最小二乘法。

利用最小二乘法对 X 求解，$X=(A^{\mathrm{T}}A)^{-1}A^{\mathrm{T}}b$，可直接解得 (x,y)。

只要已知至少三个探针的位置与设备的距离，即可根据以上公式求出一个设备的坐标。

Wi-Fi 探针可收集的数据包括探针 Mac、抓取设备的 Mac、信号强度、设备发送的 Wi-Fi 包的类型、时间戳几个部分。

其中，根据探针和移动设备的 Mac 地址与空间坐标，我们可以获取规定范围内的人数和每个移动设备的空间位置，从而在园区平面地图的基础上绘制出实时热力地图。

2.3 园区引导路径生成算法

2.3.1 引导路径生成算法简介

本研究借鉴了一套已经运用于 2014 年青岛世园会的方法。但由于目前已有研究中，将游览路线和实时人群密度相结合的研究较为罕见，我们在借鉴这套方法的同时还加入了更多与密度相关的元素，从而使之达到更好的适应性。

(1) 算法目的：使游客在尽可能短的总距离、尽可能低的途经区域密度等条件下，遍历自己感兴趣的所有场馆。

(2) 算法内容：通过兴趣指标评级，利用最短路径的计算方法，最终以退火算法实现路径的最优化。

该算法有一重要指标 $t_{i,j}$，我们将其定义为游客从某一场馆走到下一场馆并排队进馆所需的总时间。

$$t_{i,j}=t_{i,j}^{\mathrm{w}}+t_j^{\mathrm{q}} \tag{1}$$

式中 $t_{i,j}^{\mathrm{w}}$ ——行走时间；

t_j^{q} ——目标场馆排队进馆所需的时间。

$$t_{i,j}^{\mathrm{w}}=\frac{l_{i,j}^{*}}{v} \tag{2}$$

$$t_j^{\mathrm{q}}=\frac{N_j^{\mathrm{q}}}{n_j^{\mathrm{q}}} \tag{3}$$

式中 $l_{i,j}^{*}$ ——两馆之间最短路径长度；

v——行人平均步速；

N_j^{q} ——目标场馆排队人数(以场馆门口 Wi-Fi 探针探测到的人数代替)；

n_j^{q} ——目标场馆单位时间可排队进入场馆的人数(这一人数与场馆工作人员实际管理方案有关)。

需要说明的是，由于园区内各区域的密度是实时变化的，Wi-Fi 探针测出的数字也是实时变化的，因此 $t_{i,j}$ 的值也将是实时变化的。为了充分适应实时密度情况，我们需要在每次游客离开当前场馆时对 $t_{i,j}$ 进行重新计算。

2.3.2 参展人群分类

本次创博会的场馆分配情况如表 1 所列。

按种类和个数对场馆依次编号。

(1) 主场馆：A_1；

表 1　创博会场馆个数分配情况

主场馆	主题馆	气泡馆	普通展馆	集装箱馆	总计
1 个	2 个	8 个	21 个	22 个	54 个

(2) 主题馆：B_1， B_2；

(3) 气泡馆：C_1， C_2，…， C_8；

(4) 普通展馆：D_1， D_2，…， D_{21}；

(5) 集装箱馆：E_1， E_2，…， E_{22}。

当游客进入园区时，大多会带着或多或少的期待。从场馆选择的角度，大体可将人群分为如下三类。

(1) “贪心”类：希望走完所有场馆。

(2) “直奔主题”类：希望走完自己感兴趣的所有场馆，随后离开。

(3) “路径依赖”类：有人对场馆没有过多要求，完全按照园区官方提供的实时推荐路线进行参观。

当然，以上三类人群也都希望尽可能地避开密度较高的区域，从而提高自身的参展效率，节省时间。

由于三类人群需求各不相同，我们需对症下药，制订三套有针对性的参展路径。

3　仿真评价

对于上述根据 Wi-Fi 探针采集的数据进行实时诱导的设计方案，通过 LEGION 仿真软件对引导前后园区人群密度热力图进行对比以便于评价。我们将无引导和有引导两种情况在 LEGION 软件中进行模拟，可得到如图 2 所示结果。

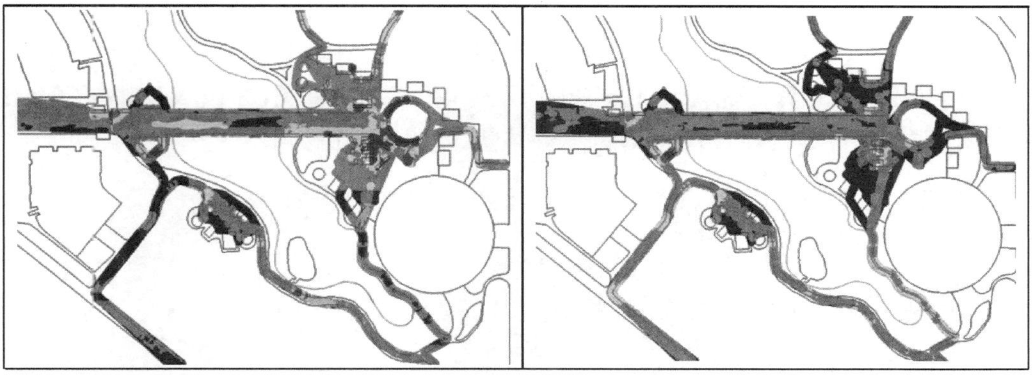

(a) 无引导　　(b) 有引导

图 2　引导前后对比(彩图见附录)

由图 2(a)可见，在无引导时，园区内红色密集区域较多，且分布较为集中；在有引导时，如图 2(b)所示，红色区域较少，且分布较分散。这说明合理的引导能够有效维持园区内的秩序，打造安全舒适的行走环境。

4　实景效果展示

在之前的工作中，我们制作了基于实时人群密度的园区热力地图。为了更直观地展示引导的效果，本文分别用 MATLAB 和 SOLIDWORKS 软件制作了引导路线的平面和三维动画，以便跟踪系统自动生成的行人行走路径。

1. 平面引导路径介绍

在先前生成的热力图中，绿色表示人少，红色表示人多。因此，还需再生成一条最佳行走路径，使之在每个时间段内，都将行人向绿色或浅黄色区域引导，如图 3 所示。

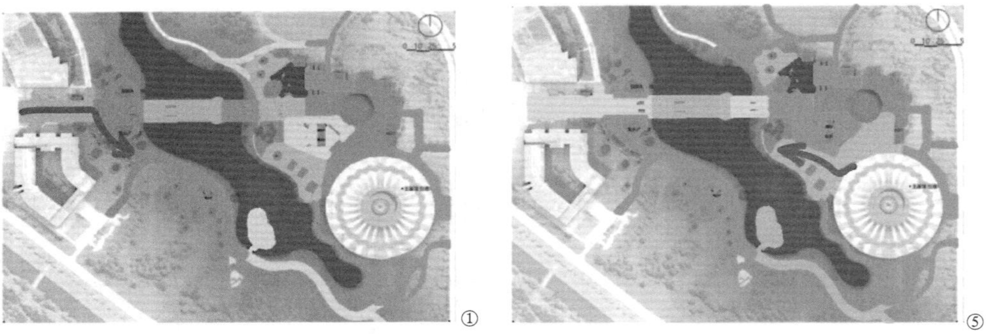

图 3　基于人群密度的园区引导路径示意（彩图见附录）

图 3 中红色箭头表示推荐的行人行走路径，编号（即①～⑧）代表依次进行的 8 个时间段。由于这 8 个时间段的密度情况各不相同，因此行人的推荐路径也不相同。推荐行走路径的原则是将行人引导至离其最近的绿色或黄色区域，由此使之走完园区全程。以上路径都在 MATLAB 中编程计算得出。

2. 园区三维实景动画效果展示

为了更加直观地观察行走路线，可利用 3D 建模软件进行辅助设计。

首先，利用园区最终的优化设计方案效果图绘制园区 CAD 图，并在 SOLIDWORKS 中以 CAD 图为基础，拔高地面和建筑，绘制成园区立体图，如图 4 所示。

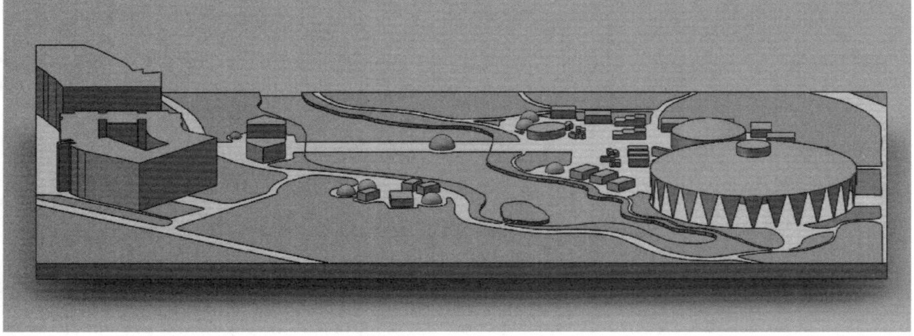

图 4　园区 3D 效果展示

由于最终的 App 需要有直观且吸引人的引导设计，主办方可以考虑以卡通形象带路的形式增加游玩的趣味性，如图 5 所示，并同时达到合理分配人群、降低拥堵区域密度的目的。

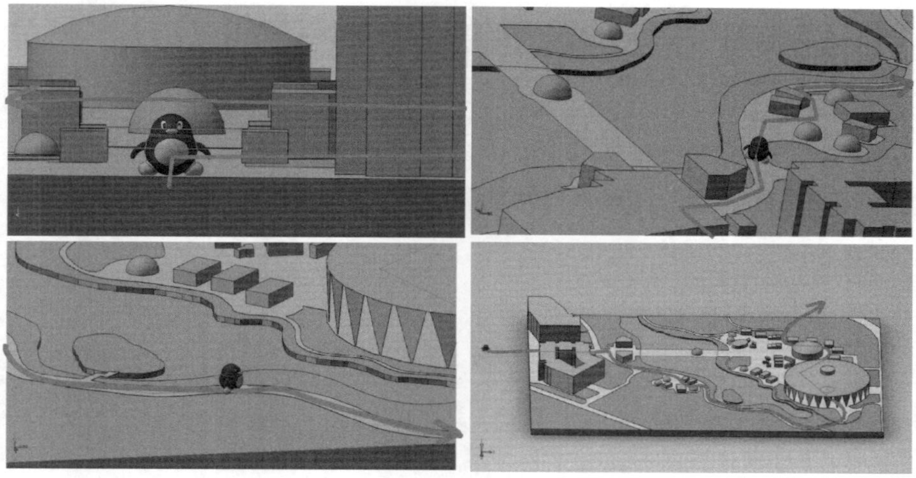

图 5　卡通形象 3D 引导效果展示

三维模拟具有吸引眼球、真实性强、代入感强、直观度高等特点。若能将实景效果在 App 中展示，园区内的行人出于好奇，将有较大概率会跟随卡通形象行走。这一特点将辅助我们实现人群分配的目的。

作者简介

王歆远，同济大学交通运输工程学院，交通工程专业。

崔以晴，同济大学交通运输工程学院，交通工程专业。

琚梦颖，同济大学交通运输工程学院，交通工程专业。

指导老师

李　健，副教授，同济大学交通运输工程学院。

基于振动感知的轮迹识别方法

车蓬禹，孙牧天，周旭东，李子豪，郝前秀

|摘要|

识别行驶车辆的轮迹有助于车道偏离预警、异常驾驶行为预警和车辆冲突预警等，从而降低道路交通安全事故风险。本文基于分布式光纤的铺面振动感知系统，提出了一种新的轮迹识别技术：通过比选不同的光纤布设方案，选取斜布式光纤传感布局来感知车辆的行驶振动信号；在对振动信号进行预处理后，从时域与频域角度分析其特征，选择并确定了适宜的窗函数及窗长，以短时能量作为最终的分析指标，在此基础上提出了相应的轮迹识别方法；研究并分析了基于振动感知的轮迹识别与基于现场图像的轮迹识别的结果和差异，验证了振动感知系统应用于车辆轮迹识别的可行性。

|关键词|

轮迹识别技术；分布式光纤；斜布式光纤；短时能量；振动

1 研究背景与目的

随着中国公路交通基础设施的逐步完善以及汽车保有量的大幅增加，道路交通安全问题逐渐成为交通管理工作的重中之重。识别行驶车辆的轮迹将有助于车道偏离预警、异常驾驶行为预警和车辆冲突预警等，从而降低道路交通安全事故风险，同时为远期无人驾驶技术的成熟和普及提供理论及技术支持。目前，国内外对车辆轮迹的识别大多基于数字图像技术，通过识别道路标线来获取车辆位置信息。但此类方法在标线不清、光线不足的情况下应用较为有限，且易受天气影响，不易实现道路的全覆盖监测。近年来，随着传感技术的发展，基于振动感知的光纤传感技术在道路工程智能化监测领域逐渐得到重视和研究，比如“铺面板脱空监测”“车辆类型识别”等。对此，本文采用分布式光纤振动传感技术来检测车辆荷载作用下铺面板的横向、纵向振动特性分布，并提出一种新的车道偏离预警方法，以提高轮迹识别的准确性。

2 研究内容与技术路线

本文基于振动感知，以分布式光纤为振动传感器采集车辆荷载作用下铺面板的振动特性；对原始数据进行预处理，利用时频分析技术，分析铺面板在时域、频域上的振动特性，并研究其在横向、纵向上的分布，进行车辆轮迹模拟，提出轮迹识别方法；最后进行现场实测，验证模型对车辆轮迹识别的准确性和稳定性，证明基于振动感知的轮迹识别技术的有效性。技术路线如图 1 所示。

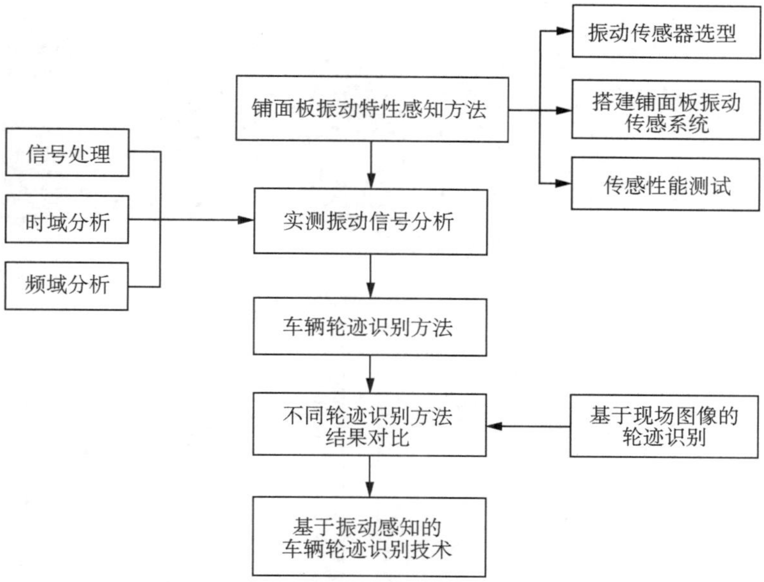

图 1　技术路线

3　基于分布式光纤的铺面板振动感知系统

3.1　分布式光纤振动传感原理

基于瑞利散射的干涉型分布式光纤传感系统可以定位并拾取外界振动信号。在振动信号的作用下，光纤的长度、芯径以及折射率将发生变化，导致光纤中传播光波的相位产生变化，由此可以通过检测该相位的变化来获得外界的振动信息。

3.2　铺面板内传感光纤布设方式

分布式光纤对振动的采集分辨率为 2 m，为了提高对轮迹的空间定位精度，需增大单位面积内光纤的布设长度，从而增大该区域内的振动采集点数量。为此设计出螺旋形的光纤缠绕方案，缠绕后的光纤圈示意如图 2 所示。

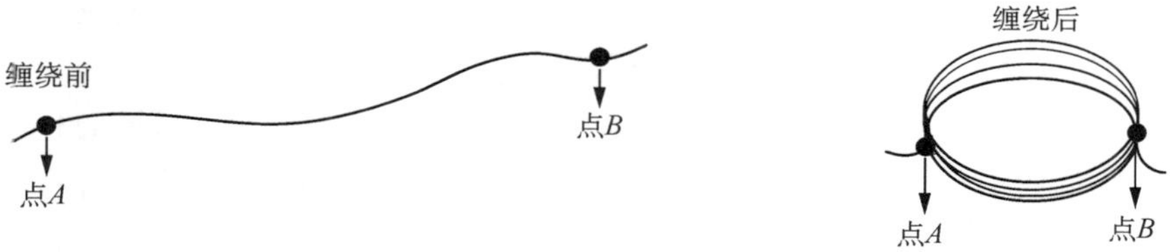

图 2　光纤圈示意

该方案中，光纤缠绕了 4 圈，缠绕直径为 30 cm，缠绕长度约 4 m，有振动采集点 1～2 个。此外，为感知铺面板不同部位的振动特性，需布设多个光纤圈，为此设计了两种布设方式：满布式和斜布式，如图 3 和图 4 所示。

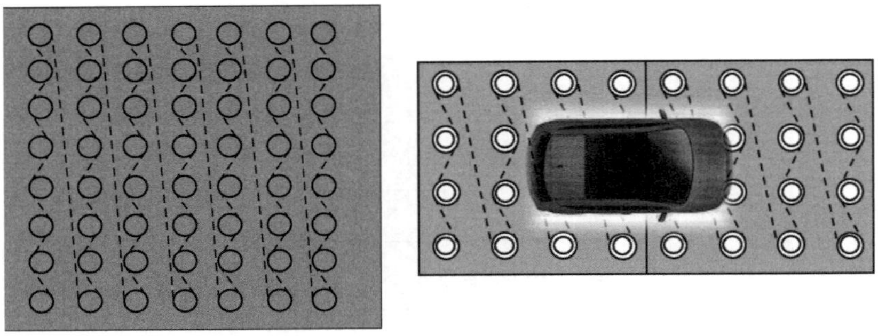

图 3　满布式光纤布设示意

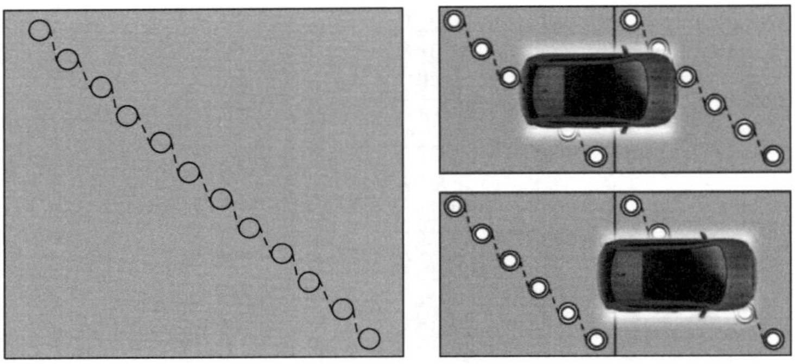

图 4　斜布式光纤布设示意

为保证振动传感系统与铺面结构的整体性，且避免在长期监测过程中因外力、环境等因素造成传感系统破坏，在预制板浇筑阶段由扎带将传感光纤固定于铺面板内的钢筋网上，预先在铺面结构内布设传感光纤，再进行水泥混凝土浇筑。为避免混凝土浇筑完成后光纤裸露，需保证光纤外具有一定厚度的混凝土保护层。

4　基于时频分析的轮迹识别方法

4.1　振动信号预处理

在分析和处理光纤传感信号前，须对其进行预处理。预处理的目的是消除光纤传感信号本身随温度、微扰动等外界环境变化产生的噪声信号以及由于行车密度较高而导致的信号混叠。预处理主要包括两方面：信号去噪和端点检测。

信号主要分布在低频区域，噪声主要分布在高频区域，但在低频区域同时也会存在一定的环境噪声，这使得信号呈波形分布。传统的基于傅里叶变换的滤波手段可将高频噪声去除，但对低频噪声却束手无策。相比之下，平稳小波变化方法能够更好地处理这种噪声与信号频域重合的染噪信号，同时能够较好地保留铺面板振动信息中有用的尖峰和突变部分，故采用该手段进行去噪(图 5)。

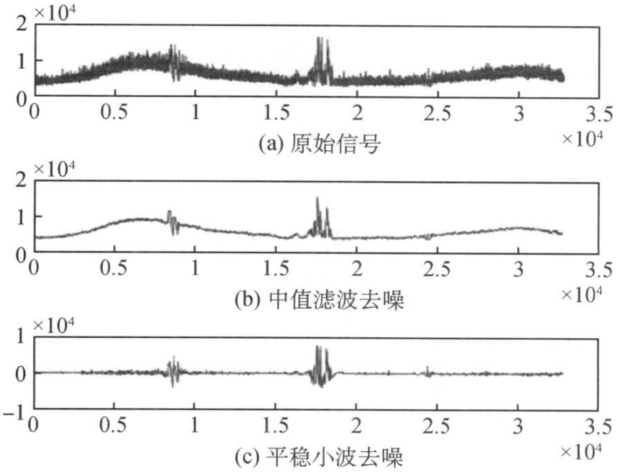

图 5　不同去噪手段的去噪效果(彩图见附录)

对于基于分布式光纤传感器监测由于车辆行驶而产生的路面板振动的方法，首先要解决的问题就是光纤振动信号的端点检测问题，如图 6 和图 7 所示。与语音的端点检测进行类比，光纤传感信号中的振动信号相当于语音信号段，光纤传感信号中的其余部分相当于静音信号段。

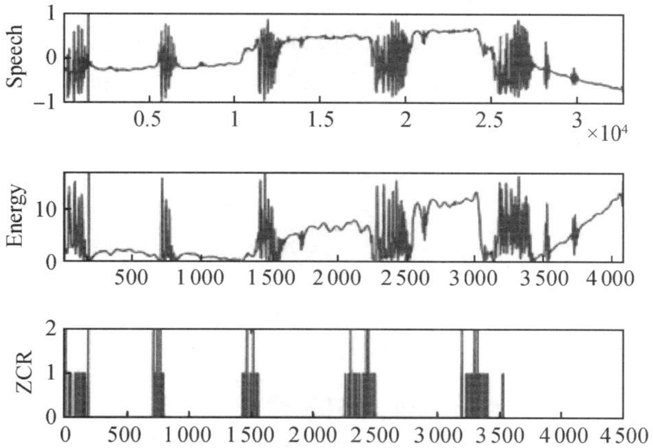

图 6　端点检测(冲击荷载)(彩图见附录)

图 6 和图 7 中三幅图分别表示去噪后的振动信号、短时能量和短时过零率，图中两道红线处分别为检测到一次振动信号的起始点和终止点。可以看出，采用短时能量和短时过零率作为检测指标对冲击荷载和行驶荷载的信号处理均可得到比较精确的结果，两种检测指标互相验证，使得双门限检测方法更为精确，可以应用于实际处理中。采用端点检测技术，可以提取一段时间内多辆汽车经过产生振动的信息，在实际路段中，当交通密度较大时，可以有效识别每一辆车经过的开始时刻和结束时刻，这将有利于后续轮迹识别。

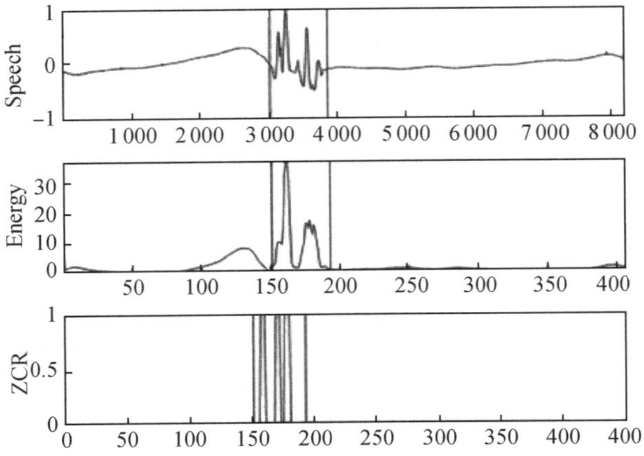

图 7　端点检测(行驶荷载)

4.2　振动信号时域特征分析

时域分析是指直接在时间域中对系统信号的幅度、能量、周期等基本参数进行分析，具有直观、准确的优点。本文尝试选取合适的指标来判定轮迹经过的探测点位的振动信号与非轮迹经过的探测点位的振动信号。由于要实现实时监控车辆轮迹的目标，所以本文运用短时分析技术来研究振动信号。对信号进行短时分析需将信号分帧处理，一般可通过移动的有限长窗口加权来实现分帧。窗每次移动的距离若小于窗长，则各帧信号之间存在重叠；窗每次移动的距离若等于窗长，则各帧信号相互衔接。常用的数字信号时域分析指标有：短时平均能量、短时平均幅度、短时过零率和短时过电平率等。时域分析指标的比较如图 8 所示。

经比较，短时平均能量可以更好地区分噪声信号和有用信号，因此本文选取的时域分析指标为短时平均能量。

4.3　轮迹识别方法

通过前文的时域、频域分析，选取光纤传感信号时域上的短时平均能量作为分析指标，与时间、单元点位形成如图 9 所示的三维坐标。

通过寻峰算法可以找到 4 个相邻的短时能量极值点，从图中可以清晰地看出此时间段内有 4 个能量高峰，对应车辆前后轮经过布设光纤时引起的振动。其中，32 单元点位的两个波峰代表车辆的左轮驶过产生的振动，39 单元点位的两个波峰代表车辆的右轮驶过产生的振动。对于每一组光纤信号，可以通过寻峰算法运用程序得到 4 个对应峰值。

由于采用斜布式光纤布局，前轴两轮经过光纤产生的能量波峰间有时间上的错位，符合预期设想。

此外，从侧视图(图 10)来观察，发现 4 个短时能量高峰基本呈平行四边形分布，这表示前轴左右轮通过布设光纤的时间与后轴左右轮通过布设光纤的时间近似相同。因此，可以认为汽车通过一块板时，由于车速较快，其速度大小、方向均不发生改变。

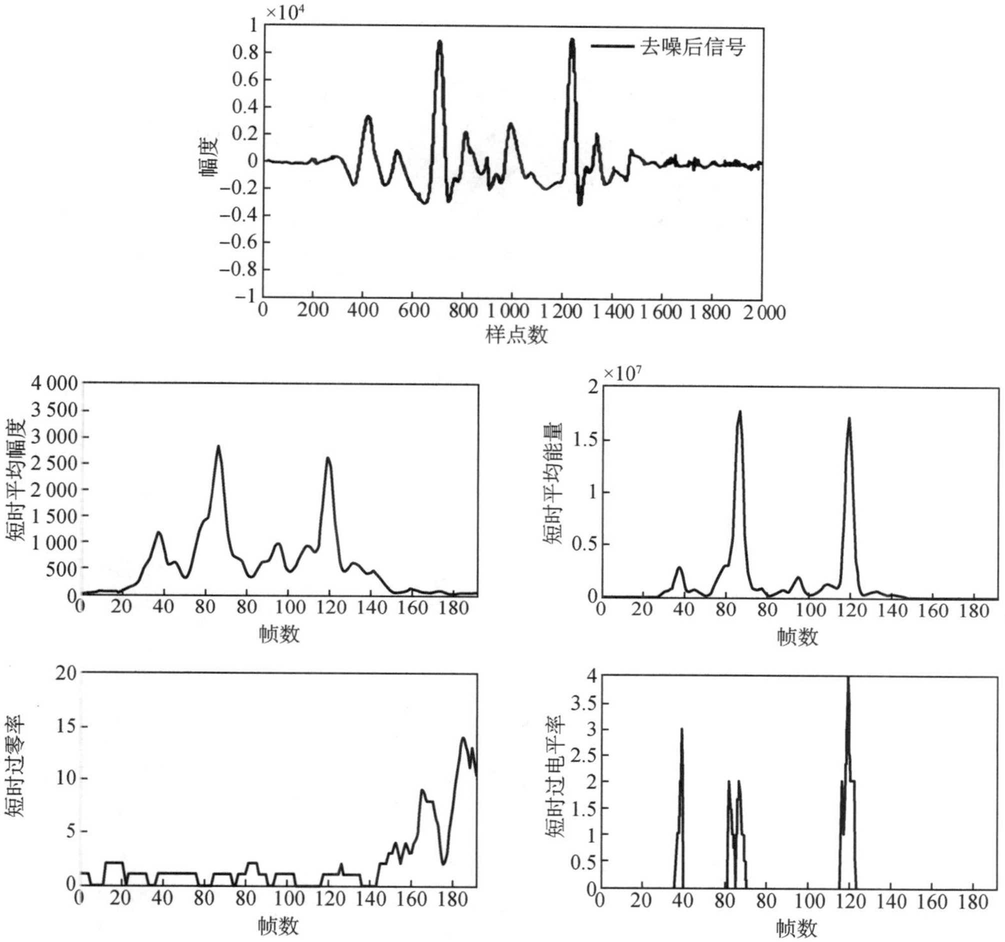

图 8　时域分析指标的比较

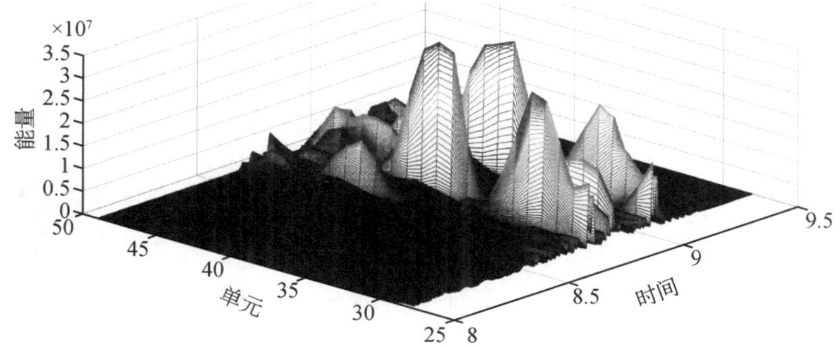

图 9　光纤传感信号三维坐标(彩图见附录)

找到光纤传感信号短时能量的局部极值点，返回其对应的单元点位。由于单元点位与板上实际位置有对应关系，进而可以获得该辆车经过此块路面板时的轮迹位置。

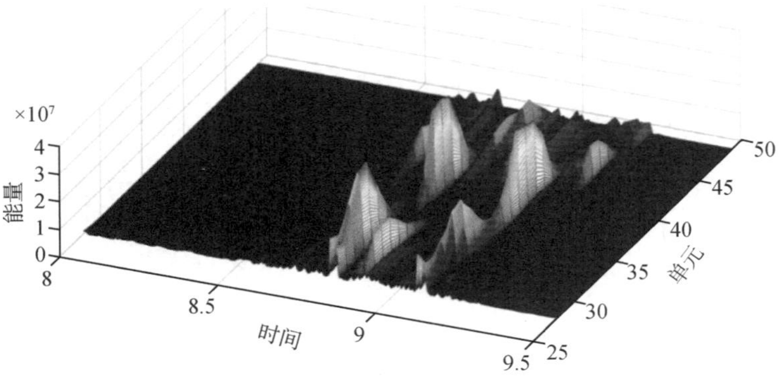

图 10　光纤传感信号能量侧视图

5　创新特色

（1）本文首次将分布式光纤振动传感技术应用于车辆轮迹识别。现有的判断轮迹的方法大多基于交通监控视频等公路附属设施的监测，或依据车载雷达等智能车辆感知系统的识别。分布式光纤的应用将轮迹识别系统研究引入到道路铺面结构的层面，这对于智慧公路的建设具有积极意义。

（2）本文基于分布式振动传感光纤构建了铺面板振动感知系统，利用该感知系统实现了荷载作用下铺面板振动特性的感知与监测；设计出螺旋形的缠绕方案以增大该监测系统对空间的定位精度，提出斜布式布设方案，以相应的安装方法将光纤埋设于铺面板内；通过对比试验，验证了该系统对铺面板振动特性感知的准确性和稳定性。

（3）本文对所采集的原始振动信号进行平稳小波去噪及短时傅里叶变换等处理，分析其时频特征，并将短时能量作为铺面板振动监测指标以识别车辆轨迹。通过与现场图像分析结果进行比较，验证了振动感知系统应用于轮迹识别的可行性。

6　展望及优化方案

本文所提出的轮迹识别方法在实际工程运用中表现出一定的准确性，但仍存在以下不足：

（1）本文对于基于振动感知的轮迹识别方法的验证是通过与图像处理后得到的实际轮迹进行对比。而图像处理技术容易带来测量误差，后续研究应该选用更严谨的手段来获取车辆的实际轨迹，并进行重复试验，从而验证所提出方法的准确性。

（2）由于时间有限，振动感知系统对车辆轮迹识别的长期检测性能有待进一步研究。此外，在恶劣环境下，感知系统工作性能的稳定性尚待验证。

（3）短时平均能量作为分析指标的准确性还需更多实测数据来检验。由上文的分析可知，车辆荷载作用处的铺面板振动频率主要集中在低频部分，基于轮迹带和非轮迹带的频谱差异分析对于车辆轮迹识别的辅助作用还有待进一步研究，以适用于实际工程环境。

（4）未来应探究更加合理的光纤埋置深度，并不断改良施工工艺，使分布式光纤能够更加准确地接收振动信号，从而提高轮迹识别的精度。

参考文献

[1] 肖杰. 电涡流现象及其在车流量检测中的应用[D]. 郑州：郑州大学，2005.

[2] 蒋铁珍. 数字雷达技术在车流量检测雷达中的应用[D]. 北京：中国科学院大学，2006.

[3] Saavedra P N，Cuitiño L A. Crack detection and vibration behavior of cracked beams[J]. Computers & Structures，2001，79(16)：1451-1459.

[4] Wang Z N，Zeng J J，Li J，et al. Ultra-long phase-sensitive OTDR with hybrid distributed amplification. [J]. Optics Letters，2014，39(20)：5866-5869.

[5] Peng F，Wu H，Jia X H，et al. Ultra-long high-sensitivity Φ-OTDR for high spatial resolution intrusion detection of pipelines[J]. Optics Express，2014，22(11)：13804-13810.

作者简介

车蓬禹，同济大学交通运输工程学院，道路工程专业。

孙牧天，同济大学交通运输工程学院，道路工程专业。

周旭东，同济大学交通运输工程学院，道路工程专业。

李子豪，同济大学汽车学院，汽车电子专业。

郝前秀，同济大学电子与信息工程学院，通信工程专业。

指导老师

赵鸿铎，教授，同济大学交通运输工程学院。

基于智能人群检测技术的地铁出入口周边大客流应急疏散优化

琚梦颖，崔以晴，王歆远

|摘要|

轨道交通具有速度快、运量大等特点，当其发生故障时，如何避免大规模人群滞留是政府和社会关注的焦点。现有相关研究主要侧重于轨道交通站内大客流动态监测与疏散，而对于如何保障疏散至轨道交通出入口周边大客流的后续出行需求尚缺少针对性研究。本文以保障地铁乘客安全出行为研究背景，以智能人群检测技术为依托，以保障轨道交通乘客出行服务为目标，对轨道线路运行突然中断时的应急预案进行设计，并基于仿真工具对相关应急预案进行优化与评价。

|关键词|

轨道交通；大客流；应急疏散；智能人群检测；行人仿真

1 研究背景与目的

随着科学技术的发展和人们生活水平的提高，城市轨道交通网络不断扩大和完善，地铁出行成了越来越多人的选择。在经济水平较高的大都市，轨道交通站点常常会出现两至三条线路交会的情况。当这些枢纽站点处于客流量较大的高峰期时，倘若其中任何一条线路出现故障或遇到突发状况，密集的人群将在站内和出站口周边呈现滞留、冲突、交织等特征。

因此，建立一整套轨道交通站点大客流风险检测和应急疏散体系已成为现阶段亟待解决的问题。

2 研究内容与技术路线

本研究的技术路线如图1所示。

当地铁发生故障的累计时长达到一定限度时，就需要开始站内疏散。当自由疏散致使某些出入口人流密度较大时，就需要启动应急预案。应急预案的内容应该包括站内动态引导、站外步行引导、共享单车调配和应急公交辅助等。

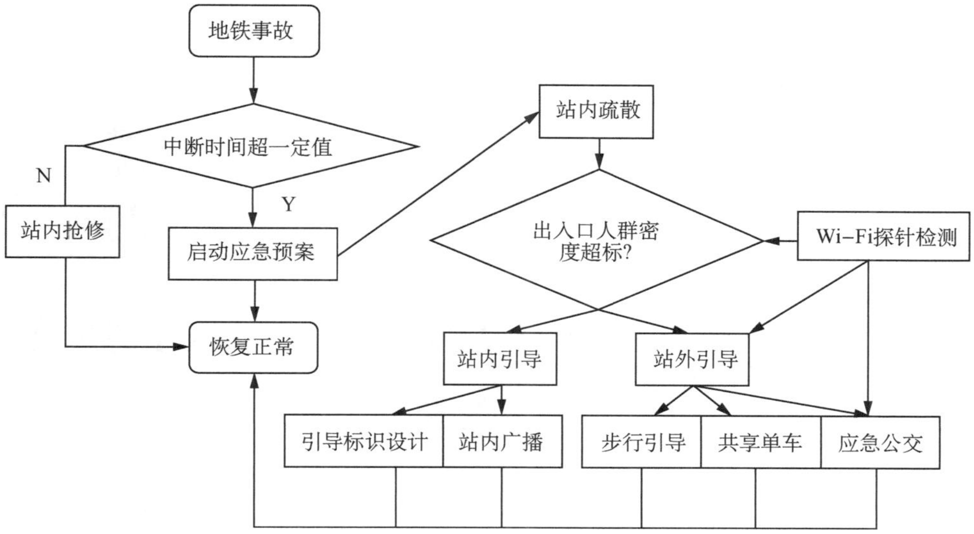

图 1　技术路线

其中,在进行人流密度检测时,本文以无线通信技术为依据,引入了 Wi-Fi 探针这一设备,从而实现人流密度的实时扫描与更新,做到 Wi-Fi 探针数据与站内外引导标识、信息发布平台的实时通信与联动。

3　疏散方案设计——以徐家汇地铁站为例

3.1　徐家汇地铁站概况

徐家汇地铁站位于徐汇区漕溪北路,地处中心城区。大量商业广场、办公楼等建筑都在此处集聚,而地铁 1 号线、9 号线、11 号线三条轨道线路也都在此处交会。显而易见,该地铁站是上海最重要的大型客运换乘枢纽站之一。

3.2　方案设计背景

当地铁运营过程中有大型突发事件致使线路运行中断时,客流将在轨道交通车站内外大量集结,久久难以消散。当人群达到一定密度时,可能会向非机动车道迅速扩散,或大批人群争抢公交等,严重时甚至可能导致整个街区的交通系统阻滞。

因此,我们需要设计一套完整的疏散方案,以确定其他交通方式增援时的组织体系,确保在突发公共事件情况下能迅速、安全地疏运乘客。

如果因局部区间发生故障导致地铁停运,乘客被迫在徐家汇站下车,而徐家汇站又为换乘站,这便会造成车站大量乘客滞留集聚,高峰时,安全风险会很大,因此必须有一套应急方案来有效地疏散客流。

由于地铁 11 号线与 9 号线的站厅层连接,一条地铁线路出故障会对另一条线路影响较大,所以,本文以地铁 11 号线上行方向徐家汇站至交通大学站区间发生故障,假设地铁列车只能在首末站至两站间小交路运行为例，给出一套具体的应急疏散方案。

3.3 应急预案启动时间阈值和密度标准的确定

1. 时间阈值的确定

目前，国内外学者在乘客忍耐度方面的研究大多停留在公交层面，我们可对该研究简要借鉴。根据对文献资料的研究结果，乘客对延误的平均最大忍耐时长为 23 min，这也将成为整套应急预案启动的时间阈值。

2. 密度标准的确定

在开始站内、站外同步引导之前，首先需要获取各个出入口的人群密度数据，进而引导疏散中的乘客向人群密度较低的出入口转移。

3.4 站内引导

3.4.1 基于 Wi-Fi 探针的人群密度检测

Wi-Fi 探针可以自动探测区域内的智能手机、平板电脑等客户端，以获取其唯一的 ID，在地铁各个出入口布设 Wi-Fi 探针检测设备，探测各出入口的人流密度，当出入口人流密度过大时，可通过站内实时引导标识将人流引导至其他出入口出站。

3.4.2 实时引导标牌

站内引导标识主要是配合 Wi-Fi 探针的数据监测功能，进行实时引导。

当站外出口附近 Wi-Fi 探针探测到的人群密度高于阈值即处于拥挤状态时，站内的引导标识需要实时变化来调整引导方向，与站内广播配合，将站内的人引导至其他出口疏散。站内引导标识需设置在乘客出闸机正对墙面上(图 2)，其布局如图 3 所示。

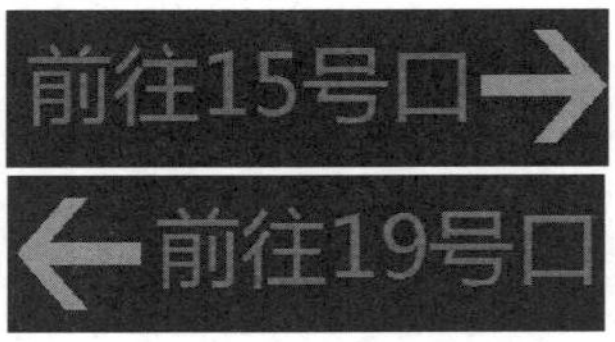

图 2　引导牌示意

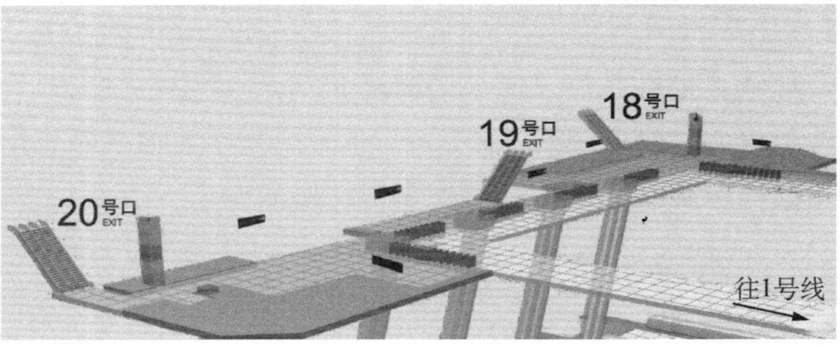

图 3　引导牌布局示意

3.5 站外引导

3.5.1 出口处引导

在出口处，需要通过标志标识将信息传达给乘客，让其明确目标方向，在各出口的门口处设置电子引导标牌，提供步行的距离、时间和方向信息，以及接驳公交站的方向、车辆到达时间信息等，以便乘客快速作出选择，减少在站口的停留时间。

3.5.2 步行引导

对于徐家汇地铁站的人员疏散，大部分乘客会通过步行到下一站乘坐地铁，所以有效地将行人引导至交通大学站是十分必要的。

1. 步行路径设置

为 15 号口—20 号口设置步行路径，路径的设置需要综合考虑人行道宽度、红绿灯数量、交叉口数量、步行时间和步行距离，以便乘客选择最优路径。

2. 路面彩色铺装

通过地面铺装可以进行有效的引导，将徐家汇站与交通大学站间人行道的盲道地砖铺成红色，引导人们沿着红色地砖前往下一站。

3. 引导牌

位于交叉口的引导疏散员需要举引导牌，标明至交通大学站的距离及行走方向，为前往下一站的乘客提供信息，指引方向。

3.5.3 共享单车调配

1. 设置共享单车临时停放点

在地铁发生故障后，共享单车会是一部分乘客的选择，需要在开阔地带设置共享单车站外临时停放点，通过指示标牌、广播、秩序维持员引导人们前往共享单车停放点。共设置两个共享单车停放点。

2. 从其他地点紧急调运共享单车

考虑到疏散时地铁客流量大，周边共享单车数量会急剧减少，此时就需要从其他地方紧急调用共享单车，用卡车运送至徐家汇站，供人们骑往下一站或目的地。

3. 交通大学站与徐家汇站共享单车调运

考虑到会有较多人骑往下一站，导致大量共享单车集中在交通大学站，此时就需要安排卡车来往于徐家汇站与交通大学站，将人们骑到交通大学站的共享单车运送到徐家汇站，与从其他地点运送过来的共享单车一起为共享单车供应提供保障。

3.5.4 接驳公交

1. 接驳公交位置和线路

接驳公交运力较小，主要起到辅助地铁运送滞留乘客的作用，它主要服务于孕妇、老年人等行动不便的人员，供其前往下一站继续乘坐地铁。

2. 接驳公交调用数量设置

考虑到故障发生在高峰期间，很难调用到多余的公交，而且司机数量有限，接驳公交的数量应该以能够满足地铁人员疏散需求的最小值作为标准。

当地铁故障发生时，假设一趟列车疏散的人数为 n，列车到达的时间间隔为 t，乘坐接驳公交的人数比例为 μ，接驳公交在两站间往返的时间间隔为 T，一辆公交车的运量为 N，那么需要的应急公交数量 X 为

$$X=\frac{nT\mu}{tN} \tag{1}$$

对于两个地铁站间的接驳公交分配数量，我们采用 LEGION 仿真软件，根据需要乘坐接驳公交的乘客从出站后到坐上公交车后的平均时间来确定。

3.6 最终方案

步行、共享单车和接驳公交方案如图 4 所示。

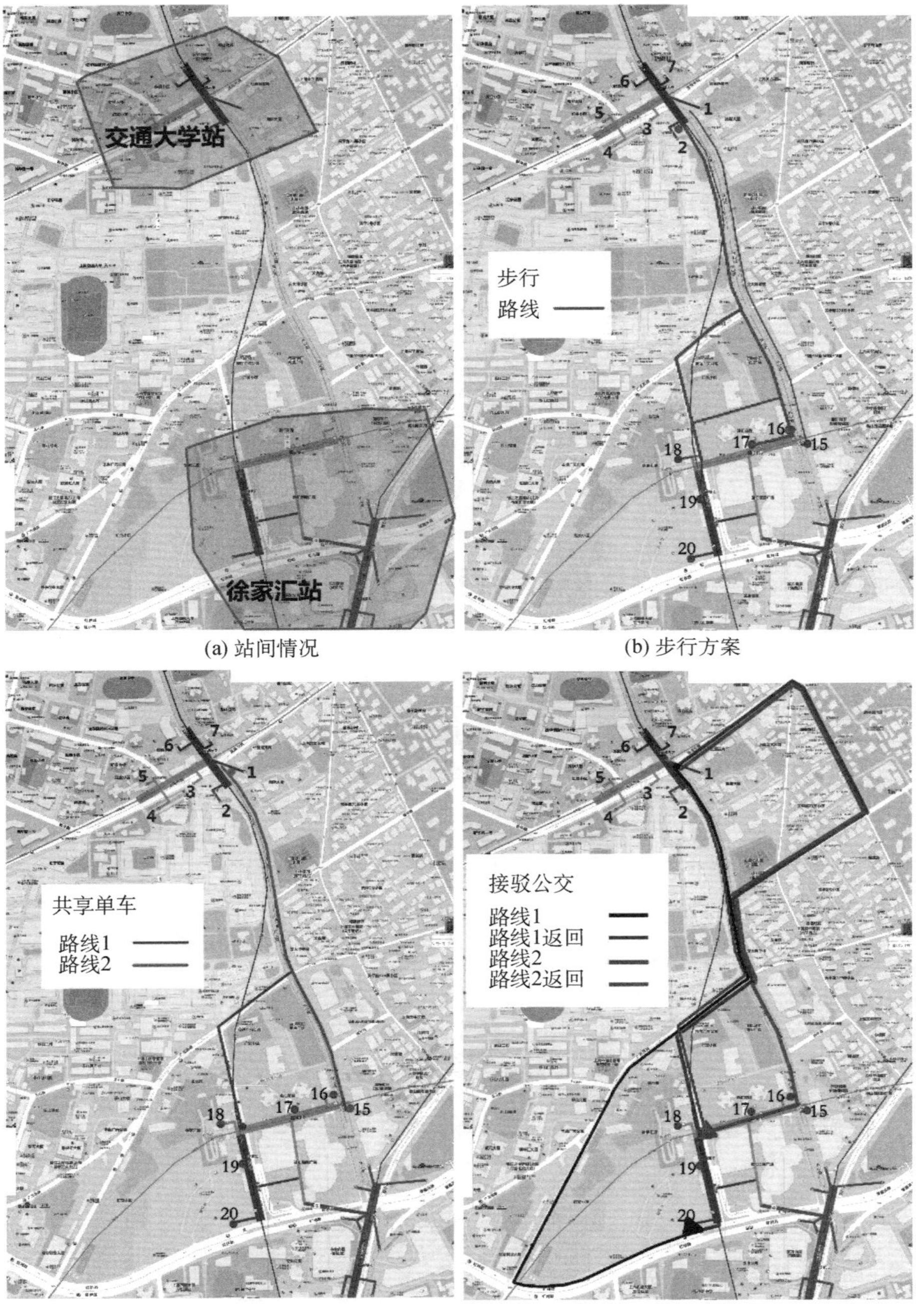

(a) 站间情况　(b) 步行方案

(c) 共享单车方案　(d) 接驳公交方案

图 4　步行、共享单车和接驳公交方案(彩图见附录)

4 站内引导方案评价

4.1 安全性评价

根据 LEGION 仿真软件得到 18 号口、19 号口、20 号口附近的 3 个闸机行人密度时变曲线，如图 5 所示。

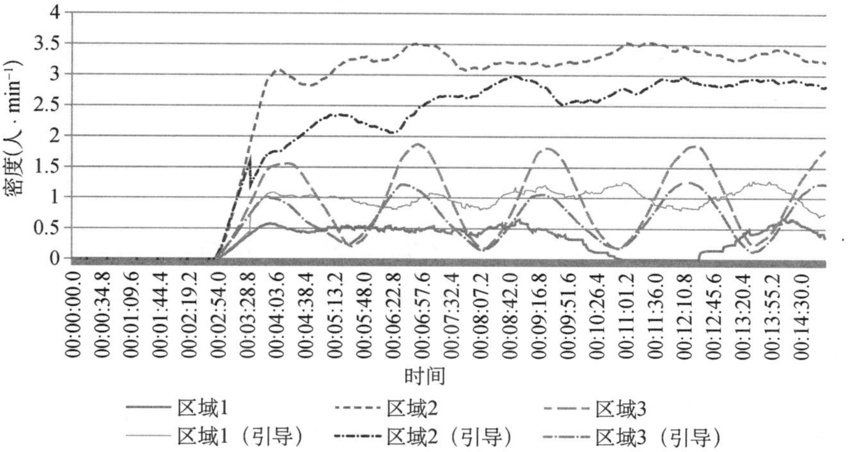

图 5 引导前后行人密度变化曲线(彩图见附录)

根据仿真结果可以看出，原先高密度的区域 2 引导后行人密度降低，低密度的区域 1 引导后行人密度上升，区域 3 引导后行人密度也有所下降，这说明引导措施减轻了拥挤，安全性得以提高。

4.2 效率评价

我们用乘客在站内的平均时间来评价引导方案的效率。从表 1 可以看出，虽然为了缓解拥挤，降低风险，乘客被引导至较远的出入口出站，步行距离有所增加，但是因为减少了排队拥挤而导致的滞留时间，所以总时间是减少的，也就是说引导后效率略有提高。

表 1 引导前后乘客站内平均时间

	9 号线乘客出站时间/s	11 号线乘客出站时间/s
引导前	163.97	229.23
引导后	160.39	227.94

4.3 乘客满意性评价

LEGION 仿真软件给出了乘客不满意度指标，不满意度是根据不便、挫折、不适三个方面计算得出的。行人平均不满意度时变曲线如图 6 所示。可以看出，11 号线引导后的行人不满意度较引导前下降明显，9 号线行人不满意度很低。由此可以得出，经过站内引导后，乘客的满意度提高，站内引导措施有效。

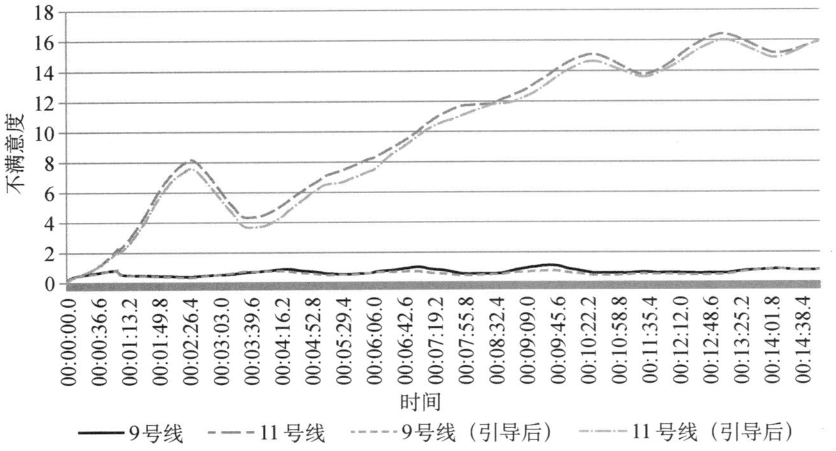

图6　行人平均不满意度时变曲线（彩图见附录）

5　总结

本文以保障地铁乘客安全出行为目标，以 Wi-Fi 探针检测技术为依托，提出了基于站外出入口实时人群密度的站内乘客实时诱导策略，经仿真评价检验后，可以证明站内的安全性和乘客满意度均有所提高，且减少了乘客在站内的总时间。

本文还设计了一个城市轨道线路运行突然中断时的应急方案体系框架，包括出口实时引导牌的设计，步行路径的选择与引导，共享单车临时停放点的设计与车辆调运，接驳公交的站点设置，线路，数量确定与分配，并对保障疏散至轨道交通出入口周边大客流的后续出行需求进行了针对性的研究。

本文采用了基于仿真进行优化的研究方法，根据研究思路提出了相关的改善措施，并借助仿真工具对不同组合的改善措施进行对比，进而选出最优方案。最终，通过仿真软件，对方案设计进行了评价。

本文提出的是一种对轨道线路运行突然中断时的应急预案设计体系，以及基于仿真工具对相关应急预案进行优化与评价的方法，并以一个地铁线路方向为例进行说明，对于其他地铁线路方向的应急预案，仍可参照本文提出的方法及思路进行设计。

参考文献

[1] 辛晓敏. 城市轨道交通车站应急疏散研究[D]. 北京：北京交通大学，2015.
[2] 黄启友. 基于群集流动特性的地铁人员疏散模型的研究[D]. 北京：北京交通大学，2007.
[3] 刘阳. 地铁站客流疏散应急信息发布系统研究与实现[D]. 西安：西安建筑科技大学，2015.
[4] 谢斌. 地铁应急公交接驳的相关问题分析探讨[J]. 建筑工程技术与设计，2016(24)：1714.
[5] 汪旻磊，董德存. 城市轨道交通事故公交应急接驳研究[J]. 城市建设理论研究（电子版），2011(32)：

1-6.
[6] 刘轩. 城市轨道与地面公交应急协调方法研究[D]. 成都：西南交通大学，2014.

作者简介

琚梦颖，同济大学交通运输工程学院，交通工程专业。
崔以晴，同济大学交通运输工程学院，交通工程专业。
王歆远，同济大学交通运输工程学院，交通工程专业。

指导老师

李　健，副教授，同济大学交通运输工程学院。

基于光纤传感技术的车辆动态称重系统

边泽英，朱宇昕，李　进，王增逸，宗启迪

| 摘要 |

随着我国公路运输行业的蓬勃发展，超载超限问题日益严重，实时动态称重已成为道路研究的一个热点。目前，主流的称重装置(如压电传感器等)受行车速度、使用寿命和传输距离等限制，无法有效获取车辆的重量信息。本文基于布拉格光纤光栅，设计了一种采用液压缓冲方式的动态称重装置和液压缓冲装置，并采用 Fluent 流体力学分析和 ABAQUS 有限元分析进行了验证和优化，对设计的称重装置进行不同级位的加载，实验结果表明装置的测量精度基本符合需求，可继续深入研究。最后，本文利用 ABAQUS 对布设装置后的路面整体性能进行了分析：装置的布设会造成路面应力集中现象，部分区域最大拉应变增大 50%，有待后续改进。同时，本文进行了车牌识别的软件设计，以提高智能化服务水平。

| 关键词 |

动态称重；光栅传感器；液压缓冲；模块化设计；有限元分析

1　研究背景

随着经济贸易和运输业的发展，世界上很多发达国家的公路运输在 20 世纪初就出现严重的超载现象。为抑制车辆超限超载现象、弥补静态称重的不足、提高交通管理效率，欧美等地区率先对车辆动态称重技术进行了研究，美国 MSI 公司研发的压电共聚物轴传感器在进行动态称重的同时，可以获取车速、轴距和车辆类型等信息。德国 PAT、瑞士 Kistler、美国 Mikros 和英国 Golden River 等公司均研发了较为成熟的动态称重(Weigh-In-Motion, WIM)系统。国内的动态称重研究起步较晚，改革开放以后才开始得到广泛重视。山西省检测检验中心和太原理工大学联合开发了轴计量式动态汽车衡，国内各大厂家的动态称重产品有广东华普电器的 XK3121 多功能称重仪、正茂称重系统公司的 GCS 便携式电子汽车轴重检测仪等。目前，市面上的动态称重系统普遍存在高速测量精度低、感压材料易衰变、成本高昂难推广等问题。

综上所述，提高测量精度、降低成本是车辆动态称重领域面临的主要问题，因此开发传输距离远、使用寿命长、测量精度高、易大范围布设的车辆动态称重系统十分有必要。

2 设计原理

2.1 设计思路

本文采用以光纤光栅作为传感元件、液压装置作为缓冲和传力装置的方案，并考虑模块化布设，以期获得更加准确、廉价、高速的动态称重装置。

液压动态称重装置主要由缓冲部分和传感部分组成。当汽车高速驶过时，装置受力下压，腔内体积减小，液体被迫向上流动，流过内置的阻尼板，将一部分动能转化为内能，使得待测液压值不会过高，从而提高了装置的耐久性。传感器部分的核心是贴于悬臂梁上的Bragg光栅。由于液体会推动活塞上移，导致悬臂梁形变，因而可以通过测量悬臂梁形变，得到液压的精确值，推算出装置受力，得到汽车质量，如图1所示（虚线为液体，箭头为液体流动方向）。

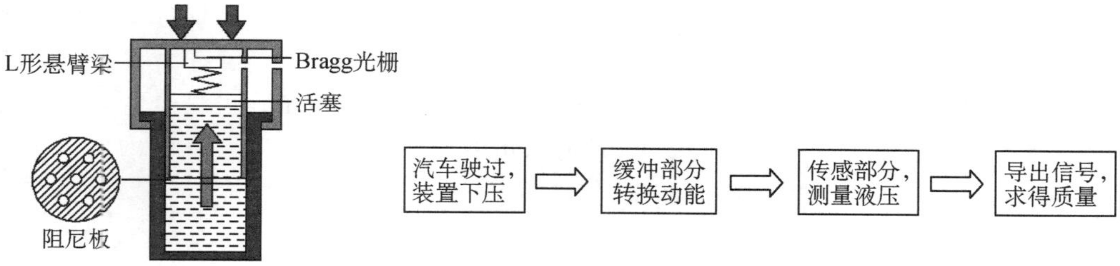

图1 装置原理简介

2.2 光栅传感部分设计

根据要求本文设计了三种尺寸的悬臂梁，并利用ABAQUS进行受力分析。悬臂梁1、悬臂梁2和悬臂梁3的三视图分别如图2—图4所示。结果分析如图5所示。

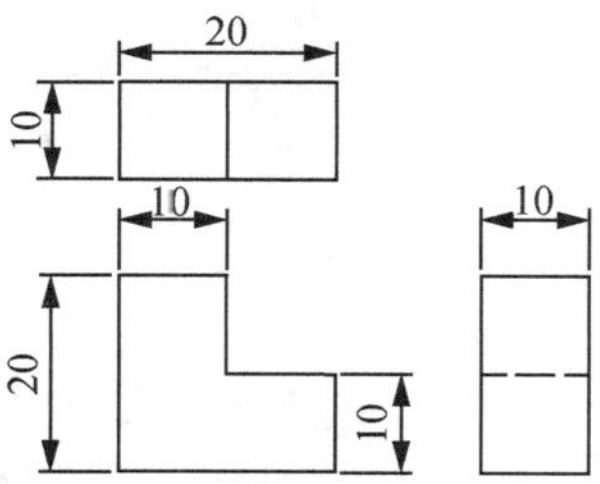

图2 悬臂梁1三视图

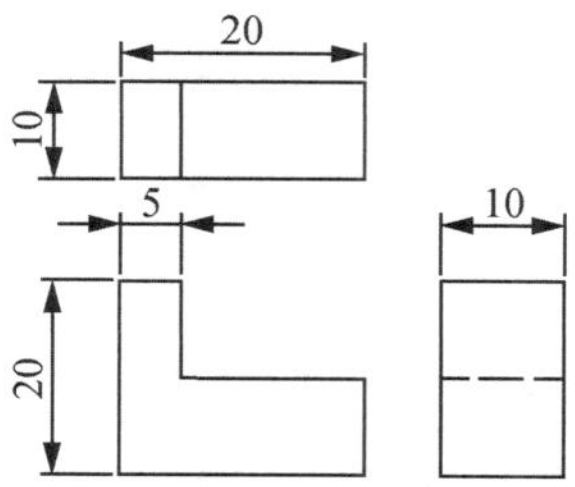

图3 悬臂梁2三视图

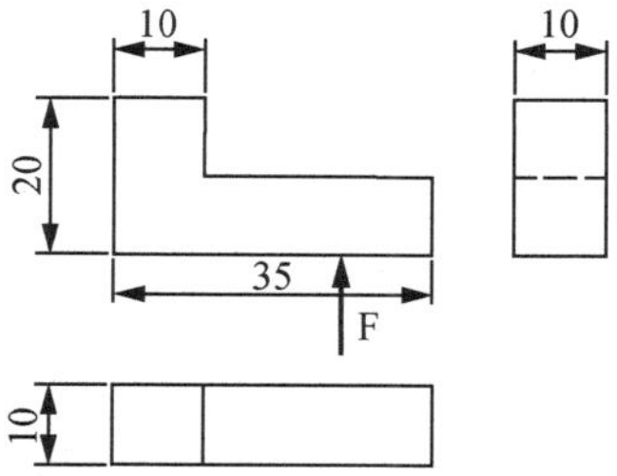

图4 悬臂梁3三视图

从图5可以看出，悬臂梁1的形变相对较小且更均匀，在200 με左右。悬臂梁2的形变过大。悬臂梁3的形变量适中且较平稳。另外，悬臂梁3的上下表面有足够的面积来布置光栅，能保证光栅有足够大的转弯半径，从而降低光信号的损耗，达到良好的传输效果。综合考虑，选取悬臂梁3进行接下来的分析。

由于光纤光栅的实际工作区段为栅区部分，故应在悬臂梁上确定光栅栅区的最佳安放位置。光纤光栅的栅区长度一般为 5～24 mm，符合悬臂梁的尺寸要求。对悬臂梁 3 上表面进行不同受力状况下的分析，结果如图 6 所示。

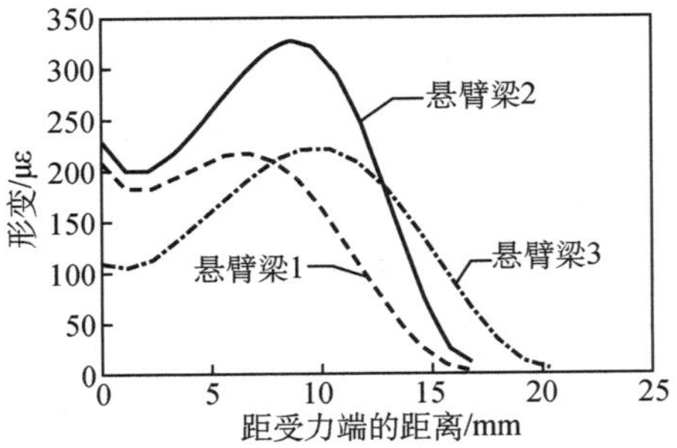

图 5　悬臂梁 1、悬臂梁 2、悬臂梁 3 的上部形变分析

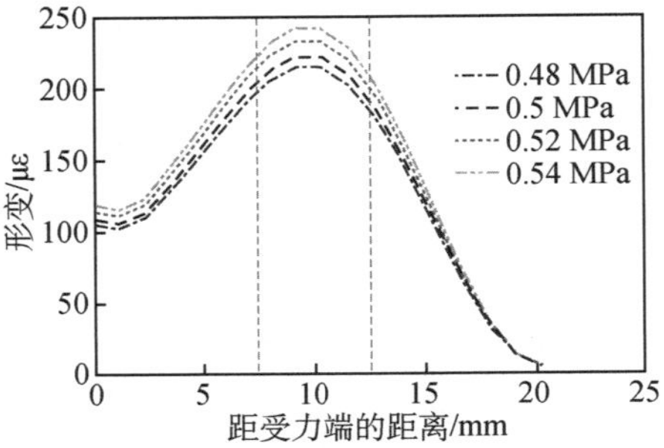

图 6　悬臂梁 3 上部形变随荷载变化

从图 6 可以明显看出，在距离受力端 7～13 mm 范围内，同一受力状态下的形变较为均匀，不同受力状态下其变形相较于其他区域也更明显，便于放大测量。因此，将光栅栅区布置在距受力端 7～13 mm 范围内。

确定结构以后，对上下两只光栅进行变形分析，结果如图 7 所示。可见悬臂梁上下均有一定的形变，且在光栅的量程和测量精度范围内，可有效测量应变。

最终悬臂梁的尺寸 3D 图如图 8 所示。

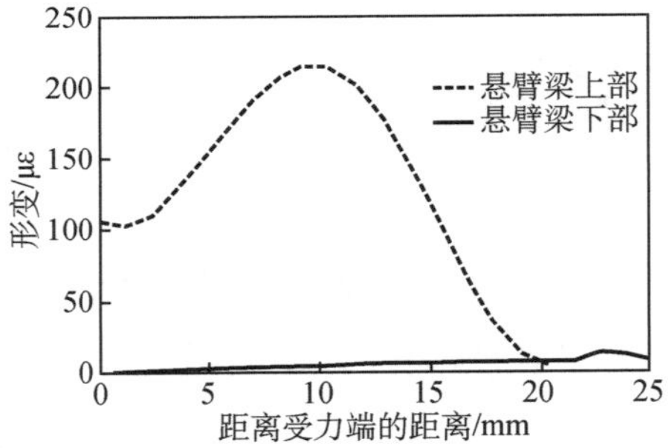

图 7　悬臂梁 3 上下部分形变

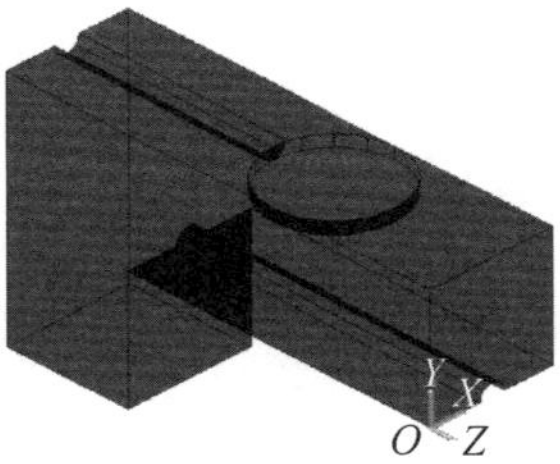

图 8　最终悬臂梁 3D 图

（注：图上凹槽均为后面组装弹簧和光栅预留）

2.3　缓冲装置设计

鉴于车辆振动是动态称重的关键影响因素，本文创新性地采用液压装置作为缓冲装置，从而尽可能地减小车辆振动对测量精度的影响。液压装置另一大优点是可利用液体的阻尼作用，平稳地将系统的机械能转化为内能。

鉴于动态称重的特点，液压缓冲装置必须满足以下两点要求：①活塞行程短、路面变形小，从而保证车辆行驶的安全性和舒适性；②响应时间短，装置响应时间需短于下次荷载（后轮）压上的时间间隔。下面基于上述两点要求进行方案比选，方案 1 和方案 2 的缓冲装置分别如图 9 和图 10 所示。

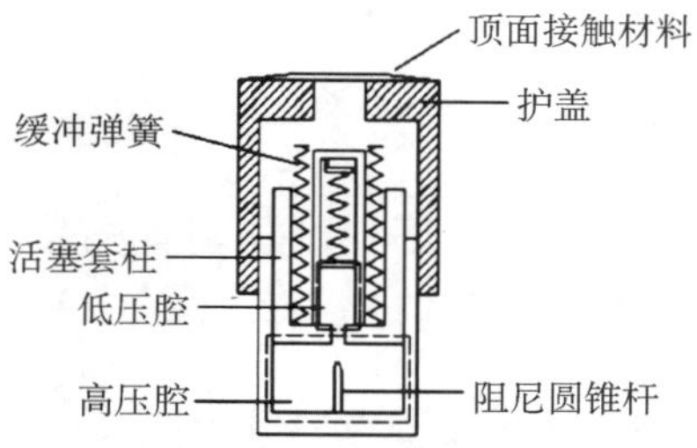

图 9　方案 1 缓冲装置

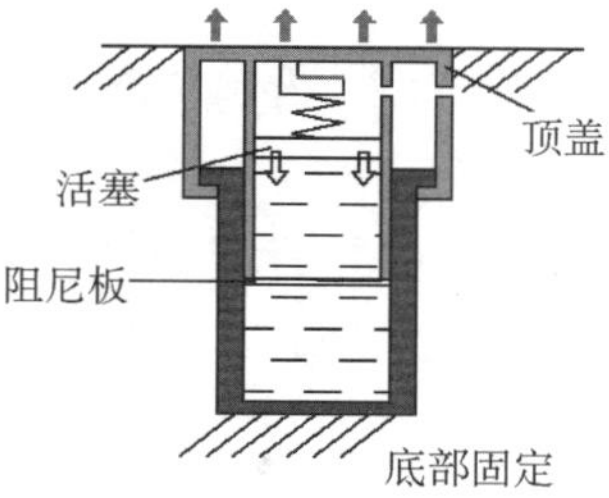

图 10　方案 2 缓冲装置

方案 1 的缓冲性能良好，但响应时间过长。方案 2 的活塞行程-活塞速度关系如图 11 所示，其响应时间和活塞行程均较短，符合动态称重要求。故采用方案 2 通过 Fluent 软件进行后续流体力学分析。

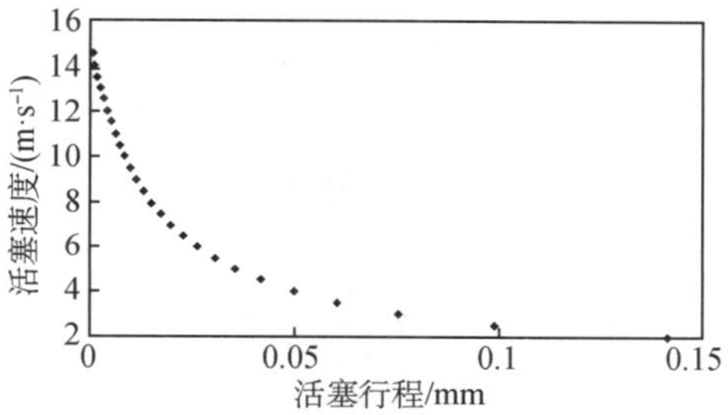

图 11　活塞行程-活塞速度关系

2.4　缓冲装置 Fluent 软件流体力学分析

将 Fluent 软件的操作环境设为 1 个标准大气压，温度为 20℃。进口边界设为压力进口，进口压力取 2.94 MPa。

进行流体力学分析，可得压强-时间变化关系如图 12 所示。可见压强在经少许波动后迅速趋于稳定，且响应时间仅为 0.1 ms。

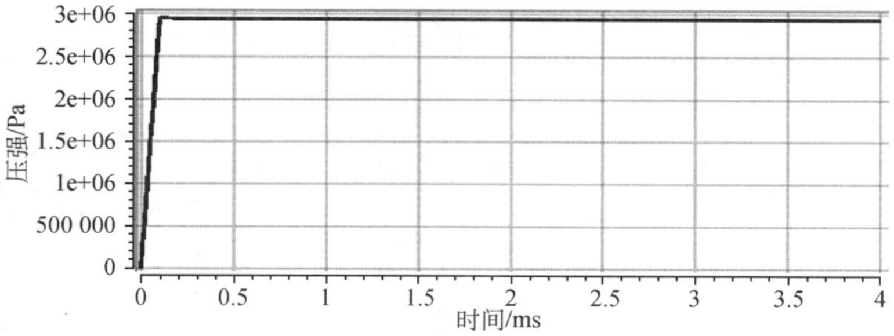

图 12　流体压强-时间变化关系

另外，对活塞的位移-时间变化关系进行分析，可知活塞的最大位移为 1 cm，且加速度变化稳定。综上所述，基于 Fluent 软件的缓冲装置流体力学分析结果基本符合预期。

3　称重实验设计及结果分析

根据分析确定的装置图，我们分别通过 3D 打印和在工厂定制了装置样品，如图 13 和图 14 所示，利用 MTS 设备设计了称重实验，并对实验结果进行分析。

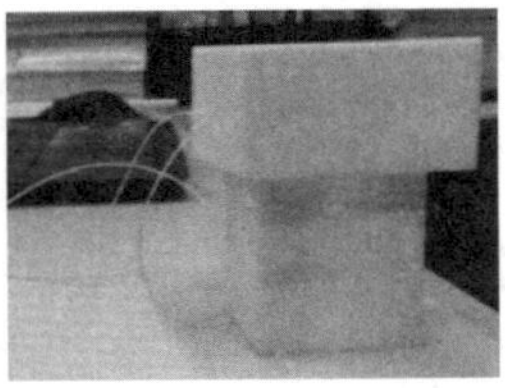

图 13　3D 打印的装置样品

图 14　工厂定制的装置样品

称重实验的步骤为：①控制装置内部液压油的体积为 300 mL，将光纤光栅传感器与解调仪连接；②将不同级别的配重块依次放置在动态称重传感器上，并记录下每次放置前后光栅传感器的光反射波长值；③利用应力标定实验中测得的波长-质量灵敏度系数，计算标定质量与实际施加质量之间的测量误差。

实验测试光路及称重实验的具体过程见图 15 和图 16。

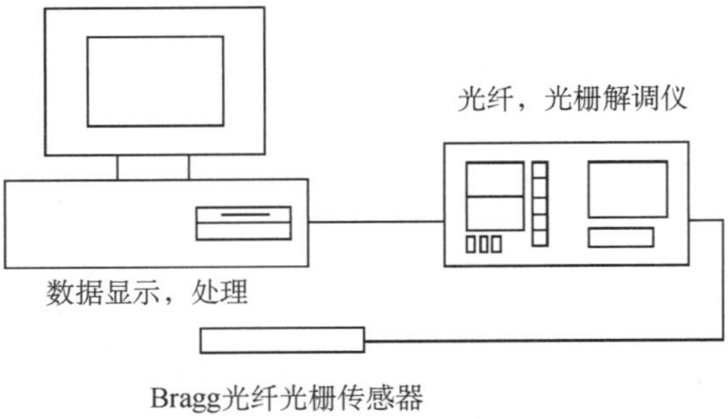

图 15　实验测试光路

图 16　称重实验过程

由称重实验得到的数据以及实验结果分析分别如表 1 和图 17 所示。

表 1　称重实验数据记录

荷载/N	波长/nm	荷载/N	波长/nm	荷载/N	波长/nm	荷载/N	波长/nm
0	1 550.038	140	1 550.353	280	1 550.968	420	1 551.238
20	1 549.903	160	1 550.398	300	1 550.863	440	1 551.208
40	1 550.278	180	1 550.413	320	1 550.983	460	1 551.193
60	1 550.368	200	1 550.773	340	1 550.818	480	1 551.253
80	1 550.158	220	1 550.848	360	1 551.223	500	1 551.478
100	1 550.413	240	1 550.488	380	1 551.118	—	—
120	1 550.248	260	1 550.608	400	1 551.253	—	—

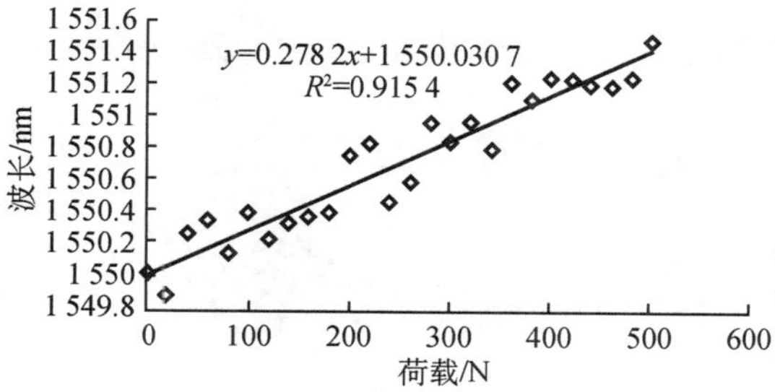

(a) 线性拟合曲线

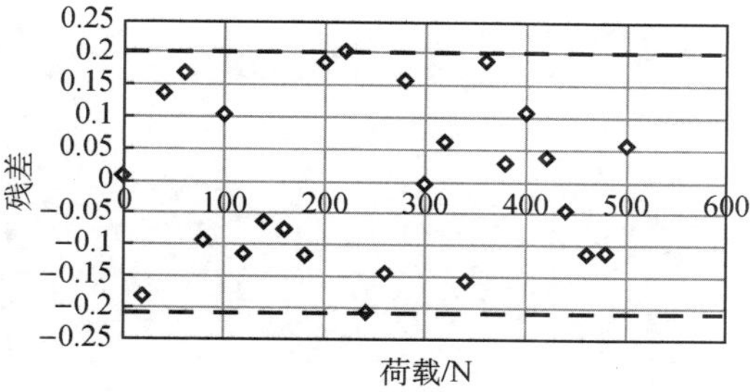

(b) 残差分析

图 17　线性拟合曲线和残差分析

由图 17 可见 $R^2=0.915\ 4$，表明拟合效果较好；残差点较均匀地落在水平区域内，表明选用的模型合适。拟合得到的直线方程的斜率即表示每增加 1 kN 的荷载，波长变化 0.278 2 nm(即 278.2 pm)，因此波长每变化 1 pm，其对应承受的荷载变化为 0.003 59 kN。

此外，本研究还进行了重复性实验，得到的试验数据如表 2 所列。

其中，$\sigma_R=\pm\frac{\alpha\sigma_{\max}}{y_{FS}}\times 100\%=0.017\ 2$（取 $\alpha=3$），由此表明：传感器输出一致性，重复性较好，离散程度低。

表 2　重复性实验数据

荷载/N	第一次波长	第二次波长	第三次波长	标准残差 σ
100	1 550.068	1 550.077	1 550.066	0.005 859 4
200	1 550.188	1 550.187	1 550.181	0.003 785 9
300	1 550.878	1 550.892	1 550.874	0.009 451 6
400	1 551.598	1 551.606	1 551.604	0.004 163 3
500	1 551.838	1 551.842	1 551.847	0.004 509 2

4　路面结构评价及软件设计

4.1　路面影响 ABAQUS 仿真软件分析

本文利用有限元仿真软件 ABAQUS 对装置布设后的路面整体性能进行了分析，可知动态称重装置的布设会造成路面应力集中。路面上部分区域的最大拉应变将增大 50%，这对于路面性能和使用寿命会有一定的影响。因此，需要对接缝和接缝料进行讨论设计。

4.2　车牌识别软件设计

在动态称重的基础上，本研究加入车牌识别功能，这有利于超重车辆监管以及车辆载荷信息的收集。车牌识别主要分为两部分：车牌检测和字符识别。利用深度学习技术，使软件具备了车牌识别功能。称重软件车牌识别功能如图 18 所示。

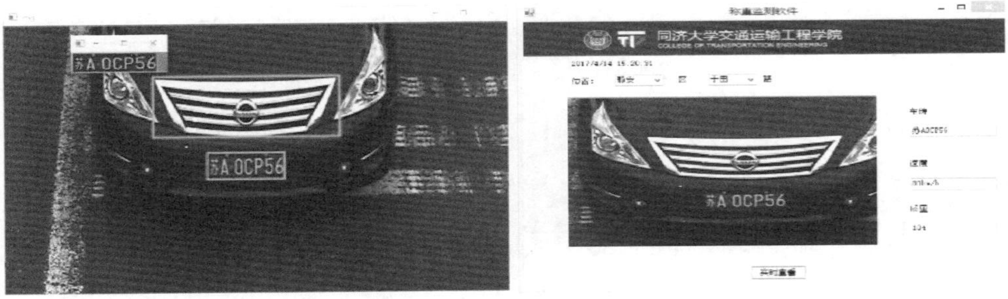

图 18　称重软件车牌识别功能

5　创新特色

(1) 采用液压装置：可有效避免轮胎横向偏移；反应速度快；操控方便，可大范围布设；可自动实现阻尼保护；使用寿命长；与路面整体协调性好。

(2) 采用光栅传感器：质量轻、体积小；灵敏度高；可实现分布式测量。

(3) 称重软件设计：基于深度学习；识别正确率高达 90%；便于监测超重车辆。

6　应用前景

以 Bragg 光栅作为传感装置的动态称重系统是道路工程领域一个全新的研究方向，也是一个相当复杂的问题。本文借鉴现有动态称重装置，改用光栅作为传感元件，创新性地引入了液压和模块化这两个概念，设计出基于光纤传感器的液压动态称重装置，并通过理论分析与实验验证得到如下结论：首先，该称重装置满足了动态称重的精度要求；其次，可以大范围布设；最后，单个装置造价低廉，成本约为 200 元。展望未来，可进一步完善传感装置以进行多模块实验，从而改进本动态称重系统。

参考文献

[1] 周祖濂. 车辆动态称重及其在公路管理系统中的运用[C]//中国衡器协会. 第四届全国称重技术研讨会论文集，2003：28-33.

[2] Wei T, Fricker J D. Weigh-In-Motion data checking and imputation[R]. FHWA, 2003.

作者简介

边泽英，同济大学交通运输工程学院，交通工程专业。

朱宇昕，同济大学交通运输工程学院，交通工程专业。

李　进，同济大学交通运输工程学院，交通工程专业。

王增逸，同济大学交通运输工程学院，交通工程专业。

宗启迪，同济大学交通运输工程学院，交通工程专业。

指导老师

赵鸿铎，教授，同济大学交通运输工程学院。

基于 3D 打印的声子晶体声屏障降噪研究

刘思磊，赵　雪，汪杨鑫

|摘要|

近年来，交通降噪问题越来越受到研究人员的重视。声子晶体是一种可以在特定频率降低噪声的宏观晶体结构，有潜在的交通降噪应用。但多数研究只停留在理论研究方面，实验研究的成果很少。本文利用 3D 打印技术克服模型制作难题，成功试制出三维声子晶体模型并进行了测试，从而得到了一系列构型的降噪频率分布特征，并探索出了适合交通领域降噪的构型。

| 关键词 |

交通降噪；声子晶体；3D 打印；带隙特征

1　研究背景

随着经济的发展，近年来城市交通也得到了迅速发展，不仅节约了人们的出行时间，也为人们的出行带来了极大的便利。但是，交通发展带来的噪声问题逐渐干扰了人们的正常生活。噪声污染是当今四大环境污染之一，现已成为一个世界性问题。

研究表明，当交通干线周围的夜间交通噪声达到 65 dB 时，会对周围居民的睡眠有轻微影响；当交通噪声达到 69 dB 时，周围所有处于轻睡眠的居民都会被惊醒；当交通噪声达到 74 dB 时，除了处于酣睡状态的人，其他居民均会被噪声惊醒。日本城市中高速公路声屏障设置率高达 80%，国外发达国家的实际案例也证明搭建声屏障是最直接有效地改善公路、铁路沿线声环境的办法。

近年来，弹性波在声子晶体中的传播特性受到了广泛关注。声子晶体通常由基体材料以及基体材料中周期性排列的散射体复合而成。由于声子晶体中存在禁带，频率位于禁带范围内的弹性波不能在声子晶体中传播，因此声子晶体在减震、降噪、集成声学器件等领域有着广阔的应用前景。这为声屏障降噪的创新提供了一个新思路。

2 研究内容

2.1 研究目标

为解决降噪装置效率较低与交通噪声污染逐年增长之间的矛盾，本文旨在将三维声子晶体构型通过3D打印技术从理论层面转变为实验层面，从而提高降噪效率，并弥补原有声屏障体积大、吸声少的缺点。

(1) 交通噪声特征分析。根据交通噪声数据，计算处理得出交通噪声所在的频率范围。

(2) 三维声子晶体禁带特性及局域共振现象及试验研究。三维声子晶体的弹性波带隙对特定频率范围声波有极强的屏蔽作用，可以进行噪声控制，更具有针对性，比二维的效果更好。

(3) 黏弹性声子晶体低频宽带隙及局域共振现象的理论和试验研究。补充发展了国内外对黏弹性声子晶体的理论和实验研究。

本文采用理论分析与实验研究相结合的方式，探索与交通噪声频率范围相匹配的三维声子晶体材料和构型。

2.2 技术路线

本研究的技术路线如图1所示。

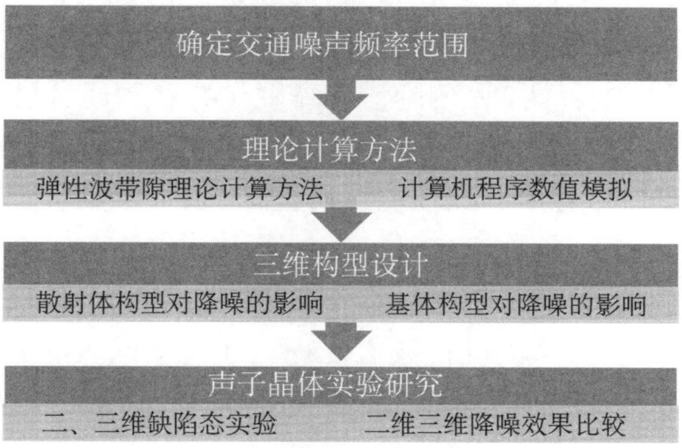

图1 技术路线

3 声子晶体带隙

3.1 声子晶体简介

当周期性弹性介质材料的周期尺度与声波或弹性波的波长可比拟时，声波或弹性波在该周期性弹性介质结构中传播时会形成能带结构，能带之间出现的带隙称为声子带隙，相应的复合材料称为声子晶体。与天然晶体类似，处于声波带隙频率范围内的振动或声波禁止在声子晶体中传播。当把这个带隙的频率调整到交通噪声的频率左右时，就可以有效减少交通噪声对人体的危害。实验与理论研究均表明，这个想法是可行的。

声子晶体既是对传统晶体的延伸，同时也是超越传统晶体的一个概念。对于声子晶体的研究是在传统晶体和光子晶体研究的基础上提出的新课题。虽然，研究弹性波和声波在层状(一维)介质中的传播已有近40年的历史，但是关于二维和三维声子晶体的研究还刚刚起步，目前仅局限于理论和实验室工作的初步阶段。

3.2 声子晶体带隙

研究表明，在布拉格散射机理作用下，弹性波带隙的产生及其特性与复合介质的材料参数(密度和弹性常数)及结构参数(晶格结构、周期尺寸及填充率等)均紧密相关。一般来说，声子晶体中各组分的弹性常数和密度差异越大，越容易产生带隙。同时，弹性波带隙的频率随周期尺寸的增加而单调降低。针对布拉格散射机理作用下的声子晶体带隙特性及其影响规律，目前已有大量的理论研究工作，而实验研究工作相对较少。所以，本文参考理论研究的结果，进行了一些二维和三维方面的实验，并观测将其运用到道路噪声方面的可行性。

4 实验验证

4.1 二维声子晶体实验

将1号和2号传感器分别布置在喇叭口与声通道的出口。在布设传感器时，扬声器管口距1号传感器15 cm，扬声器距管口15 cm。1号传感器贴在声子晶体表面或距离2 cm处，2号传感器贴在声子晶体表面，所有传感器高度设置在声子晶体高度一半的位置，确保两个传感器高度一致，不同构型间保持传感器与模型相对位置不变。

空场测试不加吸声材料，有声子晶体测试时侧面、顶部都加吸声材料，周围两侧的吸声材料加至10 cm厚。

由喇叭发出从0开始的频率逐渐增加的噪声，到10 000 Hz左右终止，其间两个传感器会实时地将声压信息返回至计算机进行数值处理。通过声强级的转换公式，见式(1)，换算成标准的、广泛使用的分贝(dB)单位，通过相减、相除的方法，可以得到该二维构型的声强降低数值和降低效率。

$$L_{\mathrm{p}}=20\lg\frac{p}{p_0} \tag{1}$$

式中，p_0为基准声压，大小取2×10^{-5} N/m^2。

在测试不同点缺陷构型时，我们还考虑到由于声通道为“L”形结构，正对通道入射和斜对通道入射扬声器角度不同可能带来的影响，因此每个构型需要进行两次实验，即按喇叭正对L形通道的0°和喇叭与模型呈45°两种入射方式进行实验。实验所需仪器见表1。

实验实测的数据，经声学软件HEAD Artemis进行数据处理后，可将传感器测得的声压数据换算成声强数据，进而得到一系列测点频率与前后传感器的声强对应的值。频率从0开始，每次以0.781 25 Hz的差值逐渐递增，每一次递增均作记录，当频率增至12 800 Hz

时停止发声。由该声学软件可以得到相关图像，以图 2 为例，其中上面一条曲线为测点前的传感器声强值，下面一条曲线为传感器后的声强值，可以看到一个较为明显的声强值降低的情况，由此定性上充分说明了该模型具有良好的降噪性能。

表 1　实验仪器

名称	型号和参数
传感器	生产厂家:北京声望
	直径:1/4 in①
	灵敏度:①Serial No. 490241:3.7 mV/Pa;②Serial No. 490242:4.0 mV/Pa
喇叭	Fostex: FF85K
功率放大器	Norsonic Power Amplifier Nor 280　Serial No. 2803938
信号采集器	NI 信号采集器

注:1 in=25.4 mm。

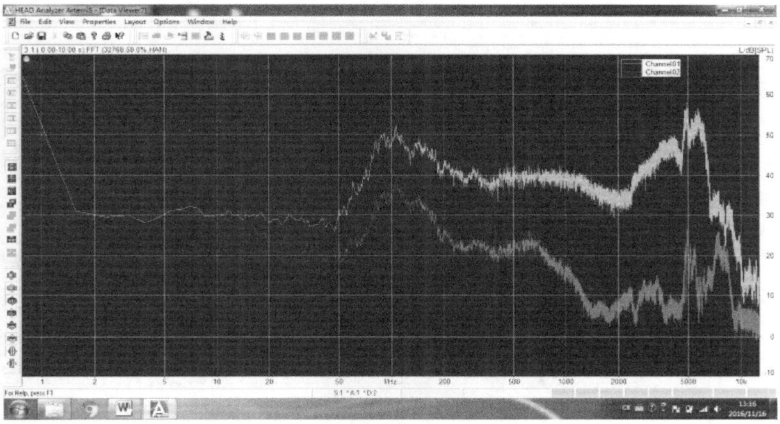

图 2　HEAD Artemis 软件处理结果

通过 HEAD Artemis 声学软件虽然可以得到精确的测点频率和声强值，但是其绘图效果只能在定性层面得到反映，存在横向频率不成比例(如低频范围过于拉长)、无法精确取点读数造成精度不理想等问题。因此，采用 MATLAB 软件对数据进行处理，既能提高精度，也便于对多组实验结果进行横向比较。

对声子晶体模型的降噪指标，我们采用最直观的将两个测点的声强值相减的方法，绘图可以得到不同构型的降噪效果与晶体带隙。

4.2　三维声子晶体实验

在制作三维模型前，需要对模型结构进行设计，我们采用简立方散射体、球形散射体，经推导得到，三维固体/固体模型(即散射体与基体均为固体)时带隙出现在密度比和模量比均较大的情况下，带隙上边界和下边界分别受 ρ_1/ρ_2 与 μ_1/μ_2 的影响，并且带隙宽度随着两个比值的增大而增大。相反地，当两个比值接近 1 时没有带隙。

考虑到材料的物理性质及3D打印的可操作程度，我们以声子晶体常用的环氧树脂作为基体，202不锈钢球作为散射体。取数值模拟结果，进行晶体基本尺寸设定。

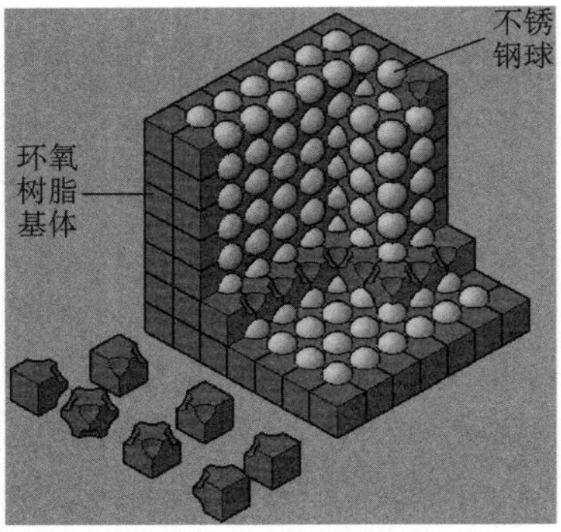

图3　CAD建模

以半径为3.908 mm的钢球作为散射体，设计6 mm×6 mm×6 mm的立体结构，基体采用边长为70 mm的立方体，用绘图软件进行建模，如图3所示，为了方便之后对其进行缺陷态测试，在3D打印的时候没有采用一体化的结构，而是采用可以拼装的零件式结构，用多个小零件便于多次使用。

对16种三维构型进行带隙研究，在其带隙频率范围内，找寻到该带隙范围内的降噪量范围和降噪率范围，得到每个构型适合的吸声降噪的工作频率及其降噪效果，结果如表2所列。

表2　16种三维构型带隙统计

编号	分类	带隙宽度/Hz	适宜降噪量/dB	适宜降噪率
1	对照组	8 500～9 500	45～50	0.95%～0.97%
2		4 500～4 800	36～40	0.89%～0.93%
3	点缺陷态	4 000～6 000	22～30	0.78%～0.85%
4		4 000～6 100	20～35	0.78%～0.90%
5		3 800～6 000	22～30	0.77%～0.88%
6		5 000～7 400	23～34	0.76%～0.80%
7	线缺陷态	6 000～8 800	24～38	0.63%～0.86%
8		3 000～4 900	28～37	0.86%～0.87%
9		3 900～4 800	30～45	0.86%～0.88%
10		4 200～6 200	30～40	0.84%～0.89%
11		6 100～7 500	32～50	0.89%～0.92%
12		6 200～7 500	36～55	0.84%～0.85%
13	面缺陷态	1 000～3 900	18～26	0.74%～0.83%
14		1 100～3 800	20～25	0.76%～0.81%
15		1 400～4 800	20～34	0.81%～0.90%
16		5 000～7 100	21～36	0.78%～0.91%

将这16组构型分为4组，即对照组、点缺陷态、线缺陷态和面缺陷态。对照组的实验结果证明了试验方案具有合理性，有必要进行下一步细化方案，而根据缺陷态的不同，其适合的工作范围也具有鲜明的特征。点缺陷态的带隙范围比较稳定，集中在4 000～6 000 Hz的中高频率波段，能降低20～30 dB的噪声，降噪效果稳定但不出色。线缺陷态因其构型复杂多样、通道角度变化大，带隙宽度没有一致的规律，但分析其构型可以得到带隙与通道的角

度关系不大(第 7、8 组与第 9～12 组没有明显差异),阶梯形的通道差异则有明显影响对带隙影响较大,可以得到依次向下缺少的结构比依次向上的带隙频率要高。

研究三维声子晶体的初衷是探究适合于交通降噪的模型结构,面缺陷态的带隙范围最适合于交通领域的降噪要求,前三种面缺陷态的带隙范围在 1 000～3 500 Hz,第四种面缺陷态因其与其他类似结构差异过大应考虑到实验的偶然性,暂不采用编号 16 的结构。就前三种面缺陷态结构而言,其带隙范围符合交通噪声频率范围,且其带隙相对而言宽度适中,可以特定地吸收噪声,降噪效果为 20～30 dB,这与二维声子晶体持平。不过三维构型在尺寸、重量上具有显著优势,即更轻型、更便捷。

综上所述,三维声子晶体面缺陷态的三种结构(对角线面缺陷、边侧 L 形通道面缺陷和折线面缺陷)是适合交通降噪的合理构型,其余构型因其带隙频率较高故不适合于交通领域,但可能对于特定波段的降噪(如工业生产等其他场合)具有潜在的应用价值。

5 创新点

(1) 本研究改进了现有声屏障吸声隔声效果一般、原理简单、针对性差的现状,同时,定量分析并改进了隔声材料,使之能高效率地适应公路沿线、轨道交通沿线、场站等不同场合。

(2) 声子晶体共振腔的共振频率有单一性,一组声子晶体共振腔只适用于一定频率范围的声波。设计可调节的共振腔组合,结合对交通噪声特点的分析,使材料吸收噪声更有针对性,从而实现更好的吸声效果。

(3) 声子晶体按周期性结构维数可分为一维、二维和三维。由于受到制作条件的限制,国内外目前已发表的有关声子晶体器件的研究大多集中在一维和二维。随着 3D 打印技术的发展,制作三维黏弹性声子晶体声屏障,使之更适合于屏蔽交通低频噪声,提高降噪效率。

参考文献

[1] 颜琳. 声子晶体带结构研究[D]. 湘潭:湘潭大学,2005.
[2] 王刚. 声子晶体局域共振带隙机理及减振特性研究[D]. 长沙:国防科技大学,2005.
[3] 周晓舟. 影响声子晶体带隙的材料参数研究[D]. 北京:北京交通大学,2011.

作者简介

刘思磊,同济大学交通运输工程学院,交通工程专业。
赵　雪,同济大学交通运输工程学院,交通工程专业。
汪杨鑫,同济大学交通运输工程学院,交通工程专业。

指导老师

朱兴一,研究员,同济大学交通运输工程学院。

高速铁路联程运输的技术关键与计算机实现

韦　锦，王舒颖，俞　璐

|摘要|

近年来，高速铁路网络愈渐完善，如何更好地利用高速铁路的运输能力，提出最优的路径规划成为提高效率的关键。本文首先引入 A* 启发式算法，对传统的 Yen 的 k 条最短路径算法(KSP)进行改进，提出了一种新的解决高速铁路联程运输的 Yen-KSP 问题搜索模型。在空间上，利用动态路径长度作为约束条件对搜索空间进行剪枝；在时间上，结合车次表筛选出大站作为偏离节点，极大地降低了算法的复杂度。实验证明，本算法适用范围广、效率高，具有现实意义。接着，利用前 k 条路径，结合车次搜索表，利用 TNS 车次搜索模型求解出行方案。最后，利用软件编译出具有路径查询、路径选择、自我定制时间和定制途经站功能及拓扑图显示的智能规划程序。

|关键词|

高速铁路网络；k 条最短路径；改进的 Yen 算法；TNS 车次搜索模型

1　研究背景

近年来，高速铁路发展迅速，高速铁路网络愈渐完善。相应地，出行起始节点和各个中转节点间的联程路径规划问题也变得越来越复杂。与此同时，乘客的需求复杂度与日俱增，对于时间、舒适度、中转次数等产生了不同的选择偏好，因此高速铁路路线规划、运输能力资源分配便成了一个复杂且具有重要意义的问题。目前，在换乘方面，已有研究提出了换乘次数矩阵的相关算法、Dijkstra 最短路径算法、换乘网络 Space P 的拓扑结构、遗传算法寻找最优解等各种技术手段，并取得了丰硕的成果。

路径搜索算法中最经典的即最短路径问题，旨在图中找到 OD 对间的一条最短路径。针对高速铁路联程运输问题，搜索算法要求能够在结合中转站的基础上根据乘客所指定的始发终到站给出最优的路径组合，即要求算法能够返回满足用户中转或直达需求的前 k 条最短路径或者返回几条相对可靠度较高的路径，这里所指的最短可以是时间上耗时最少、全程路径最短、花费最少等。因此，如何对 k 条最短路径算法做改进以适应高速铁路联程运输就成了接下来要研究的问题。

2 决策约束分析

2.1 乘客换乘主体接受度模型

从票务供给、主观心理和客观吸引力三个方面分析换乘的决策情况，本文建立了乘客换乘主体接受度模型。经分析，时间偏好系数 α 和价格偏好系数 β 会直接影响乘客的换乘主体接受程度 ρ（$\rho=\alpha\times\omega_1+\beta\times\omega_2$）。通过分析问卷调查的结果，对换乘次数、换乘车站、换乘时间等参数进行了标定，从而保证了模型的可靠性。

2.2 高速铁路网络通达性分析

本文分析了高速铁路网络在时间和空间上的通达性，为后续高速铁路联程运输系统在构建中选定换乘大站模拟仿真提供了便利。与此同时，通过矩阵分析的方法结合了空间可达性和时间可达性，并用 MATLAB 运算筛选出合理的换乘次数范围。另外，本文还验证了高速铁路网络的高度通达性，间接表明了换乘的复杂性和程序开发的必要性。

3 Yen 算法优化及实现

3.1 算法优化

3.1.1 Yen 算法优化

Yen 算法适用于解决有向无环图的路径搜索问题，而在高速铁路网络中站点与站点之间属于双向可达，即形成环状图，故在进行路径搜索时会出现大量“走回头路”的情况，从而导致搜索次数大大增加，但这并不符合实际情况。因此，为了避免出现这类情形，在搜索前就需要对偏移节点进行设定，即当搜索到下一站点名称与已存在的偏离节点的名称相同时，跳过该站搜索。

3.1.2 换乘站点优化

当某站点衔接的站点数小于 3 时，其有效实际衔接点只能为前后站，也就是说，路径只能在“走回头路”和“继续延伸”之间选择，而这种方式显然是不合理的，因此无须将其作为偏离节点进行搜索。非换乘站的偏离是无意义偏离，对其求解偏离路径反而会造成函数的无效使用和无效程序运行，故应跳过该站进行搜索。

3.1.3 启发式算法应用

A^* 启发式算法的核心思想是：算法在寻找最优路径时无须遍历图中所有节点，而是通过估价函数计算某个节点的估价值，并基于节点估价值选择即将扩展的下一个节点，从而使得扩展节点朝着目标节点搜寻。结合调查分析，将搜索得到的最短路径长度作为判断标准，设置 n 倍为阈值进行筛选（表 1）。

表 1 最短路径长度阈值

最短路径长度（minlen）	阈值
<200	2
[200, 500]	1.8
>500	1.5

3.2 算法的目标及流程

算法的目标是根据乘客输入的 OD(或中转)需求,输出 k 条最短路径。其核心思想是:用估价函数作为筛选手段,将遍历算法查询出来的冗余线路过滤后,得出合理的偏离节点,并构造 k 条最短路径。这样可以大大缩小扩展候选路径的搜索范围,从而能够在更短的时间内求得从起始站至终到站的 k 条最短路径。

在此之前,我们需要引入当前节点 S_{mid} 的估价函数 $f(S_{mid})$。估价函数 $f(S_{mid})$的定义如下:$f(S_{mid})=\sum_{S=S_O}^{S_{mid}} len+\sum_{S=S_{mid}}^{S_D} len$,即把从起点站$S_O$ 到当前节点S_{mid} 的最短路径与当前节点S_{mid} 到终点站S_D 的最短路径之和定义为偏离路径估价总值。其中,对于所求最短长度路径的规划通过 Dijkstra 算法求出。每条路径的偏离路径估价是动态变化的,因此引入动态评价值 maxlen 来评价不同偏离路径的可能性。

最终,可行路径包括以下元素:起点站S_O(输入信息)、途经站 S_i、终点站S_D(输入信息)和当前节点S_{mid}。利用改进的 Yen 算法求解高铁网络中同线路多车次 KSP 问题的步骤如下:

(1) 初始化算法参数,主要包括起点站S_O 和终点站S_D,定义集合 A 用于存储可行路径且初始值为空集,路径长度最大限值(maxlen)为动态变化值且初始值由最短路径长度决定,k 的初始值为 0。

(2) 采用 Dijkstra 算法求得第一条最短高速铁路路径 p。

(3) 将 p 作为可扩展的高速铁路路径,求出该路径上的偏离节点 S_i 集合。

(4) 判断集合是否为空集,若是,则转至步骤(7);否则将 S_i 看成偏离节点S_{mid},根据估价函数 $f(S_{mid})=\sum_{S=S_O}^{S_{mid}} len+\sum_{S=S_{mid}}^{S_D} len$ 依次计算偏离集合中每个途经大站点节点 S_i 的估价值,取最小估价值所对应的偏离大站节点 S_i。

(5) 判断 $f(S_{mid})$的值是否超过路径长度上限(maxlen)。若不超过,则把节点 S_i 作为能够扩展候选高速铁路路径的最终偏离节点;若超过,转至步骤(6)。

(6) 将结合了偏离节点 S_i、起点站S_O、终点站S_D 和 Dijkstra 算法求得的新路径 p_i 存储于集合 A 中,用 p_i 替换 p,转至步骤(3)。

(7) 输出已求出的所有高铁路径,算法终止。

3.3 算法应用及实例测试

为了验证本文前述改进的 Yen 算法解决高速铁路联程运输问题的有效性,选取了高速铁路网中京广、京沪、沪汉蓉和沪昆 4 条铁路线的实际数据作为仿真数据,其中共包含 179 个铁路停靠站点和 379 条站间距的数据。将这些数据作为样本数据进行测试,测试内容涵盖交通枢纽城市、省会城市和小城镇等。计算结果观测是否准确,并分析比较算法的运行时间和次数的效率。采用的实验环境如下:处理器为 Intel Core i7-7 500U,CPU 主频为 2.94 GHz,物理内存为 8.00 GB;操作系统为 Windows10,开发工具为 Python2。通过随机假设 2 个车站站点作为交通流的起讫点,对中国高速铁路网的相关数据进行整理并建立了相应的数据结构。

以麻城北站为例，它的相邻站点分别为红安西站和金寨站，站间距分别为 39 km 和 109 km。以此类推，做出高速铁路网络的站间距表，如表 2 所列。

表 2　高速铁路网络站间距(截取部分)

<table>
<tr><th>站点</th><th colspan="6">相邻站点</th></tr>
<tr><td rowspan="2">麻城北</td><td colspan="3">红安西</td><td colspan="3">金寨</td></tr>
<tr><td colspan="3">39</td><td colspan="3">109</td></tr>
<tr><td rowspan="2">红安西</td><td colspan="2">汉口</td><td colspan="2">麻城北</td><td colspan="2">武汉</td></tr>
<tr><td colspan="2">72</td><td colspan="2">39</td><td colspan="2">72</td></tr>
<tr><td rowspan="2">汉口</td><td>云梦</td><td>武昌</td><td>孝感北</td><td>武汉</td><td>汉川</td><td>红安西</td></tr>
<tr><td>98</td><td>20</td><td>126</td><td>36</td><td>46</td><td>72</td></tr>
</table>

改进的 Yen 算法的路径搜索结果与运行时间及 k 的取值和动态路径长度有关。k 的取值过小可能会导致路径搜索过少，存在遗漏；k 值过大可能会导致运行时间的浪费。本文以 $k=30$ 进行模拟实验，对武汉—南京南，郑州东—长沙南，上饶—韶山南进行了 Yen 算法的逐步优化过程实现，具体如表 3 所列。

表 3　Yen 算法逐步优化过程 ($k=30$)

联程	参数	算法逐步优化过程			
		Yen 算法	Yen 算法优化后	换乘站点二次优化后	启发式策略三次优化后
武汉—南京南	运行次数/次	22 981	7 372	1 245	450
	运行时间/s	0.380 238	0.12	0.03	0.01
郑州东—长沙南	运行次数/次	23 430	21 890	4 255	250
	运行时间/s	0.538 618	0.32	0.07	0.01
上饶—韶山南	运行次数/次	56 209	5 853	1 130	101
	运行时间/s	0.826 057	0.08	0.02	0.01

将 Yen 算法和改进的 Yen 算法进行比较，从算法运行时间和候选路径数目来看，改进的 Yen 算法在解决高速铁路联程运输问题上，是可行且高效的。改进的 Yen 算法降低了算法的复杂度，减少了算法的运行时间，提高了效率。

4　TNS 车次搜索模型

在改进的 Yen 算法搜索结果的基础上，结合车次表遍历每条线路上所有站点换乘的可能性。铁路各个线路站点停靠不一导致同一路径下的子路径异化，而各个子路径之间的相互组合又增加了问题的复杂度。将每个站点看成起点站或终点站，每段站间行程看成全程，不同全程间的车次即为一个子路径。针对问卷反馈，设置直达、一次换乘和两次换乘，子路径之间只采取二次组合，从而形成高效的TNS车次搜索算法。算法复杂度体现为找到k条最优路径需要的时间$O(kd^{n+1})$。TNS算法流程如下：

（1）初始化算法参数，主要包括起点站与终点站、record数组、时间衔接长度最大限值(maxtime)。

（2）调取改进的Yen算法中求得的所有路径集合P。将p作为可编辑的高速铁路路径，根据该路径p上所有的高速铁路车辆的途经站分别检索。

（3）依次选取路径先搜寻直达站点。

（4）继续搜索一次换乘点。依次根据车次表中各车次列车（即直达车次）的发车时间判断集合中是否存在两车次在途经站停靠并且分别衔接起点站与终点站。若存在则将这一节点视为换乘站，计算节点处两列列车的换乘时间间隔，若满足条件，则将换乘站存放到record数组中；否则转步骤（6）。

（5）搜寻多次换乘路线。继续将p作为可编辑的高速铁路路径，列出该路径上所有的途经站集合，依次根据车次表中各车次列车的途经站分别检索。遍历衔接起点站的途经站，依次将其迭代为新的起始站并转至步骤（3），到终点站为止。若存在，则将途经站迭代成为新的起点站，转步骤（3）；否则，转步骤（6）。

（6）判断record数组是否为空。若非空，则输出节点对应的换乘信息；否则，更换候选路径转步骤（2）。

5 高速铁路联程运输系统的构建

由于现有的铁路服务查询系统只提供购票服务，对于换乘路径和自定义出行路径的选项没有做优化处理，因此，需要构建一套能为乘客提供最优出行路径、车次信息等全方位选择的查询系统，以便更好地为乘客的出行提供方案，提高铁路行业的服务水平。结合Visual Studio，Python，百度地图API和SQL Server 2012，编译出具有路径查询、路径选择、定制时间、定制途经站和拓扑图显示功能的智能化规划程序。查询系统的智能规划查询界面如图1所示。

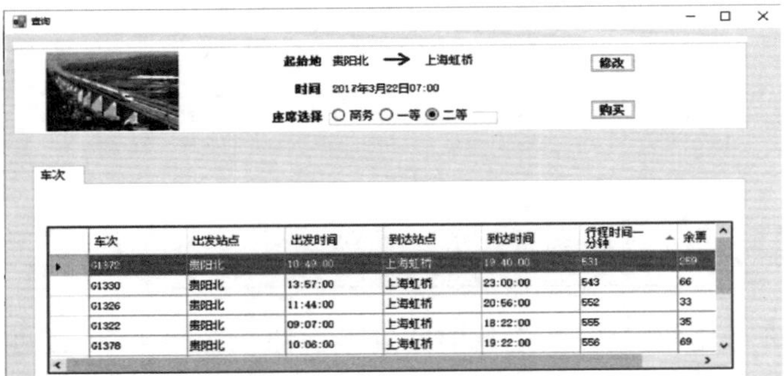

图1 智能规划查询界面

6 创新点

本研究中的创新点主要体现在以下几个方面：

（1）提出了一种新的解决高速铁路联程运输 KSP 问题的搜索模型。引入启发式算法，对传统的 Yen-KSP 算法进行改进。在搜索前进行数据预处理，筛选出大站作为偏离节点，利用动态路径长度作为约束条件对搜索空间进行剪枝，以缩小算法的搜索范围，使路径搜索更具有针对性，从而大大提高了算法的求解效率。

（2）提出了基于时刻表的子路径规划模型。根据改进的 Yen 算法求得最短路径，结合旅客的需求和车次表输出每条线路上多种子路径的换乘。铁路各个线路站点停靠不一导致同一条路径下的子路径异化，而各个子路径之间的相互组合又增加了问题的复杂度。将每个站点看成起点站或终点站，每段站间行程看成全程，不同全程间的车次即为一个子路径。TNS 模型具有广泛的适用性。

（3）突破传统 App 中选择局限性和时间的衔接等弊端。旅客可自行选择换乘站点和所需换乘时间，搜索结果以选择换乘站和换乘时间一体化的方式呈现，避免了乘客分页自主选择，满足旅客出行的个性化。

参考文献

[1] 于冉冉. 基于铁路旅客需求异质性的换乘服务方案优化研究与系统[D]. 北京：北京交通大学，2011.

[2] 徐涛，丁晓璐，李建伏. 国际航线网络联程路径搜索的 KMCSP 问题研究[J]. 西南交通大学学报，2014，49(1)：153-159.

[3] 郑健琛，陈建宇，龙燕君. 距离加权公交换乘复杂网络最短路算法研究[J]. 城市交通，2012，10(6)：86-89.

[4] 刘兰芬，倪晓宇. 铁路客运中转换乘模型的遗传算法研究[J]. 铁道运输与经济，2006，28(2)：86-89.

[5] 尹伊伊，王富章，单杏花，等. 启发式算法在铁路换乘的应用[J]. 铁路计算机应用，2016，25(1)：20-23.

[6] 胡欣，徐涛，丁晓璐，等. 国际航线网络中 K 条最短路径算法改进与仿真[J]. 计算机应用，2014，34(4)：1192-1195.

[7] 谢继文，徐涛，姜锡珂，等. 基于扩展 KMCSP 的国际航线运价搜索模型及算法[J]. 计算机工程与设计，2015(8)：2103-2107.

[8] 余震江. 基于最短路径 Dijkstra 算法的铁路客运中转径路优化研究[D]. 重庆：重庆大学，2008.

[9] 钟少颖，郭叶波. 中国高速铁路建设对城市通达性影响分析[J]. 地域研究与开发，2013，32(2)：46-51.

作者简介

韦　锦，同济大学交通运输工程学院，交通运输专业。

王舒颖，同济大学交通运输工程学院，交通运输专业。

俞　璐，同济大学交通运输工程学院，交通运输专业。

指导老师

江志彬，副教授，同济大学交通运输工程学院。

BIM 技术在轨道交通车站布局设计方案生成中的应用

王晔涵，刘东亮，申　硕

| 摘要 |

目前，信息技术快速发展，过去简单的二维建模如今已无法满足项目从设计、施工到维护这一全生命周期过程中的信息管理和共享。三维建模是大势所趋，然而传统的建模过程往往烦琐又耗时耗力。本文主要介绍了一个城市轨道交通车站行人设施布局设计方案辅助设计插件工具的实现过程，以达到车站行人设施布局方案的快速生成和行人流线网络快速抽象的目标。在辅助设计插件的开发过程中，本研究用到的开发工具主要有 Visual Studio 2012 和 Autodesk Revit 2015，用到的语言是 C#.NET。

| 关键词 |

车站布局；辅助设计；轨道交通

1　研究背景

轨道交通车站的设施往往较为相似，当在 Autodesk Revit 中建立轨道交通车站的设施时，往往需要进行大量的重复工作。本文主要利用 C# 编写 DLL 插件，然后加载到项目中，通过 Autodesk Revit 自有的应用程序接口（Application Programming Interface，API）来修建、修改、创建模型元素，以完成一些重复性的工作。例如，通过读取 Excel 文件中的数据点，一键式快速创建轨道交通车站模型。

2　详细设计

2.1　接口文件的创建

如果想在 Autodesk Revit 中调用插件，需要对插件进行注册。Autodesk Revit 通过后缀名为.addin 的文件（XML 格式）来实现测试。Autodesk Revit 会在启动时自动搜索 Addins 文件夹中的.addin 文件并进行加载。

2.2 系统族的创建

在 Autodesk Revit 开发过程中，以给定的轮廓和楼板类型在特定标高上创建楼板的方法为 NewFloor(CurveArray, FloorType, Level, bool)。在该方法中，需要用到的参数变量有楼板轮廓曲线、楼板类型和楼板所在标高，这些数据可以通过读取 Excel 文件中的 Floor 表获得。楼板创建结果如图 1 所示。

单个柱子的创建可以通过构造函数 CreateColumns (FamilySymbol columntype, Document document, Level levelBottom, Level levelTop, double x, double y)来实现。这里用到的参数有柱子类型、柱子的底层标高与顶层标高以及柱子的 X 坐标和 Y 坐标。这些都可通过读取 Excel 文件中 columns 表中的数据得到。由于柱子往往是多个成列布置的，所以为了减少重复工作，提高工作效率，我们引入了批量生成的方法 ICollection〈ElementId〉 NewFamilyInstances2(List〈FamilyInstanceCreationData〉 dataList)，这个函数中的参数 dataList 是一列柱子的坐标列表。柱子创建结果如图 2 所示。

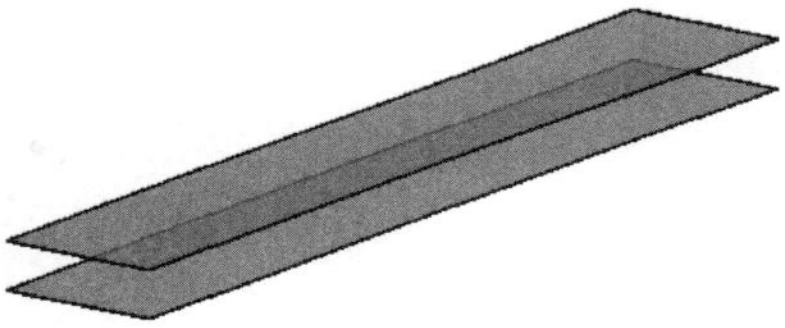

图 1　楼板创建示意

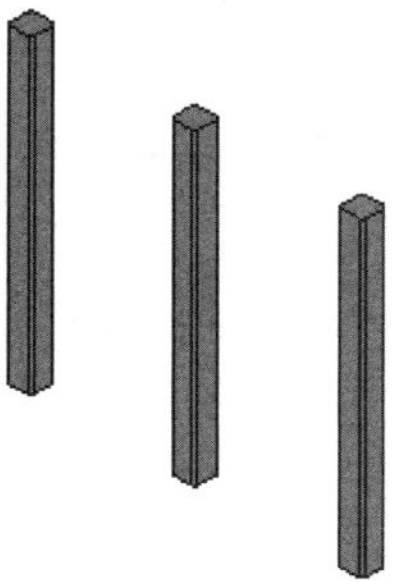

图 2　柱子创建示意

2.3 规范校验

本插件在读取 Excel 数据进行车站布局设施布置时，会先对所读取的坐标进行位置判定。如果族实例的坐标位置不符合常理或者违反规范要求，将不会实现该族实例的放置并弹窗提醒。首先，利用 if 函数对坐标进行计算和判断，若符合规范要求，则用 Commit 方法结束事务并提交所有的修改到文档中，记录成功创建的信息；若不符合规范要求，则用 RollBack 方法结束事务并撤销事务对文档所做的修改，并记录错误信息。在最终完成整个车站模型的建立后，会跳出一个 message，显示各个设施的创建情况，其中包括已经成功完成创建的设施信息和未成功完成创建的设施信息及错误信息。

3 以上海汽车城站为例

上海汽车城站是上海轨道交通 11 号线的一个高架侧式车站，位于上海市嘉定区曹安公路南侧。

以上海汽车城站为例，通过查阅资料，我们向 Excel 数据库里录入了上海汽车城站的车

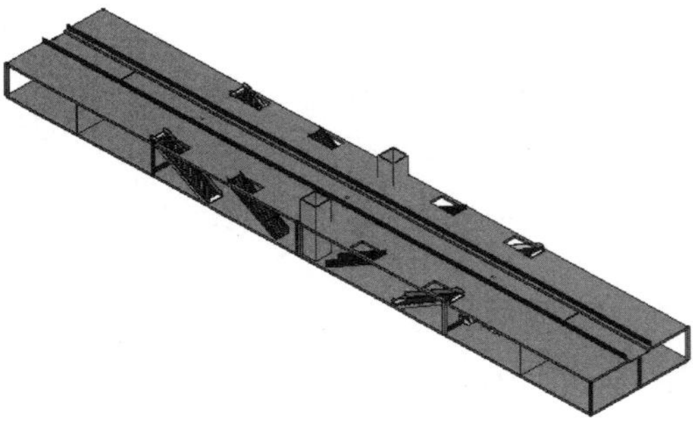

图 3　上海轨道交通 11 号线上海汽车城站布局设施生成结果

站布局及各项行人设施的三维坐标等参数。录入数据后，通过调用本插件，实现了上海汽车城站车站布局设施的快速生成。图 3 为成果展示。

4　结论

文本插件同时将车站模型与数据库相连，从车站设计初期开始就将有关车站的数据都录入数据库，在车站建设以及后期的运营管理过程中，也可以随时对数据库进行增加、删除、查询、修改，由此可实现轨道交通车站的全生命周期管理，也为搭建 BIM 平台提供服务。在读取 Excel 数据绘制 Autodesk Revit 车站模型时，还加入了相关规范的约束。通过插件自动判断有关坐标是否满足相关规范的要求，以减少设计时由于粗心或是仅凭经验设计而犯下的不必要的错误。

本插件同时集成了车站布局设施快速生成、行人流线网络的抽象生成、根据规范政策进行校验、空间冲突报错、与数据库连通等诸多功能，大大减少了绘制车站 BIM 模型的工作量、提高了工作效率。本研究将国外的软件技术与本土政策规范相结合，减少设计时的错误，填补了我国在运用国外先进软件进行二次开发生成车站方面的空缺，具有较好的研究前景和应用价值。

参考文献

[1] 肖贝. Revit 二次开发在基坑土方工程中的应用研究[D]. 南昌：南昌大学，2016

[2] Autodesk Asia Pte Ltd. Autodesk® Revit® 二次开发基础教程[M]. 上海：同济大学出版社，2015.

[3] 中华人民共和国住房和城乡建设部. 地铁设计规范：GB 50157—2013[S]. 北京：中国建筑工业出版社，2014.

[4] 冀程. BIM 技术在轨道交通工程设计中的应用[J]. 地下空间与工程学报，2014(S1)：1663-1668.

[5] 刘纯净. BIM 技术在城市轨道交通工程设计阶段的应用研究[J]. 建设监理. 2016(8)：8-11.

作者简介

王晔涵，同济大学交通运输工程学院，交通运输专业。

刘东亮，同济大学交通运输工程学院，交通工程专业。

申　硕，同济大学交通运输工程学院，交通工程专业。

指导老师

顾保南，教授，同济大学交通影响工程学院。

基于航拍飞行器的人群预警系统

翁凡易，吴俊儒，戴　璐，董　朋，王一伟

| 摘要 |

为了对人群密集的活动可能存在的危险情况做出预警，本文对人群密集场所中的行人进行了有效的检测和跟踪。结合交通流相关知识，首先建立了行人的交通流模型。

其次，本文利用航拍飞行器采集人流视频，在车库入口和十字路口两个不同的地方，对采集到的视频先用MATLAB软件进行防抖动和去噪声处理，之后进行基于高斯混合模型的人群检测，以及采用Blob匹配法与Kalman滤波相结合的方法进行跟踪。

再次，在人群检测数据的基础上，本研究建立了人群预警系统，将不同的人群检测情况分为不同等级，并对此采取不同的措施。

最后，本文利用AnyLogic软件对人群及环境进行了仿真模拟，为不同的预警级别安排不同的疏导策略，共有三个仿真模型。

| 关键词 |

人群交通流；人群检测；人群跟踪；AnyLogic仿真模拟

1　行人交通系统

本文将交通流有关知识与人群特点相结合，建立了关于人群的交通流特征。

通常，交通流特征研究采用应用数学或物理学的理论，适用于对交通流的各个参数及其之间的关系进行定性和定量分析，以寻求道路交通流的变化规律，从而为交通规划、交通管理、道路设计及运营、路政管理提供理论依据。道路上的人流和车流共同形成了交通流。交通流的定性和定量特征被称为交通流特性。如同机动车交通流一样，行人交通流也可以用流量、速度和密度三大基本参数来描述。

1.1　流量

由于人行道不像机动车道那样有固定的宽度，所以，为了将不同的人行道进行对比分析，行人交通流量被定义为在单位时间内通过单位宽度人行道上的实际行人数量，单位为p/(s·m)或p/(h·m)。

1.2 密度

按照流量定义的思路，我们将行人交通流的密度定义为在某瞬间单位面积上存在的行人数量，反映了人行道上行人的密集程度。计算公式如下：

$$K = \frac{N}{L \times W} \tag{1}$$

式中 K——某人行道的行人交通流密度；
N——某瞬间在人行道上行走的行人数量；
L——人行道长度；
W——人行道宽度。

1.3 速度

行人的步行速度同样可以参照机动车流的速度进行定义，将行人通过道路上某一断面的瞬时速度称为地点速度或瞬时速度；将行人行走距离与所用时间的比值称为行人交通流速度，简称为步速。行人的步行速度同行人的自身因素、道路交通条件和环境条件有关。影响行人速度的其自身因素包括：体力、出行目的、情绪和意志等；影响行人速度的道路交通条件包括：道路纵坡、道路宽度、隔离条件与方式、交叉口控制等。根据相关的交通管理条例，行人设施可以分为连续型（非间断型）场所和非连续型（间断型）场所。大型活动的场所主要由连续型设施构成。影响行人速度的因素多、变化范围大，综合研究结果表明，由于行人生理（年龄）和调查地点的不同，行人速度在 0.9～1.5 m/s 之间。

1.4 行人交通流模型

行人交通流特性可以通过交通流模型进行分析。行人自由流速度主要受个体特征、出行目的和场所条件等影响。当行人密度逐渐增大时，行人的速度受到行人密度制约，速度、密度和流量呈现相互影响的关系（图 1）。行人交通流模型可以通过三个变量之间的关系来表示：

$$q = ku \tag{2}$$

式中 q——行人流量，人/(m · min)；
u——行人速度，m/min；
k——行人密度，人/m^2。

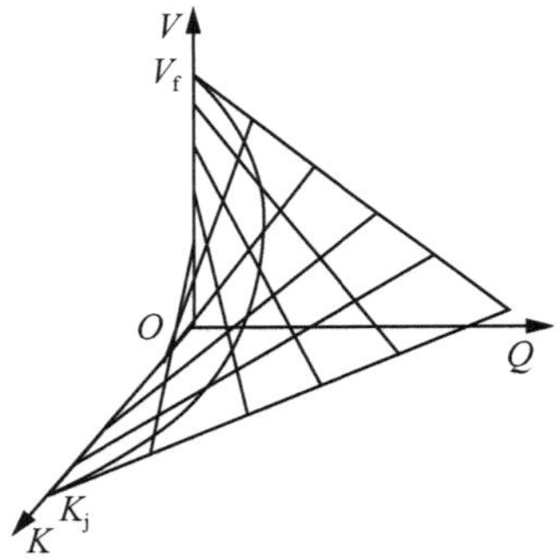

图 1 交通流流量-速度-密度三参数关系曲线

2 航拍飞行器视频检测与跟踪

2.1 视频防抖处理

我们对于航拍飞行器采集到数据，基于特征点匹配的方法进行视频防抖处理。首先，对图像进行特征提取。其次，利用合适的相似度度量标准进行图像间特征的匹配。再次，通过匹配到的特征得到相应的映射关系，这里我们使用了仿射变换。最后，对抖动的视频进行运动补偿以得到稳定的视频。由于特征匹配方法的精度较高，因此这种方法具有很好的鲁棒性。经过一些去除误匹配的算法处理后，这种方法可以很好地将视频中的前景运动与背景运动区分开，从而提高视频的防抖效果。视频防抖处理过程如图 2 所示。

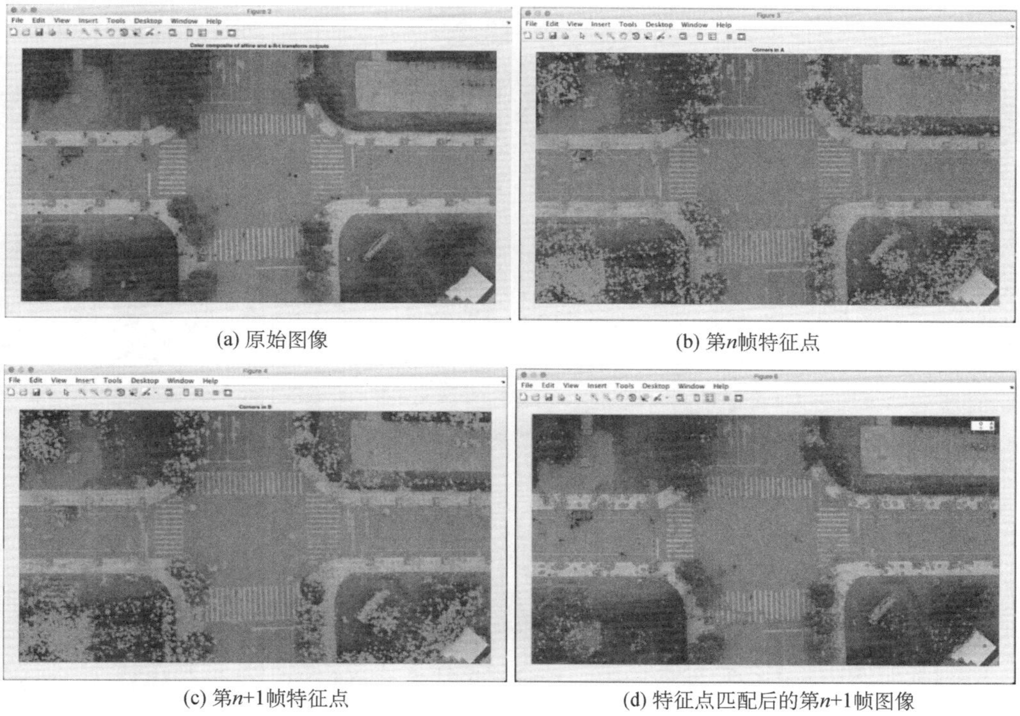

(a) 原始图像　(b) 第n帧特征点

(c) 第n+1帧特征点　(d) 特征点匹配后的第n+1帧图像

图 2　视频防抖处理过程

2.2　目标检测

最常用的一种运动目标检测方法是背景减除法。本文使用了基于高斯混合模型的背景减除法。该算法通过将当前帧与背景模型进行差值运算，对结果进行形态学处理，消除噪声后得到运动目标区域。噪声消除流程如图 3 所示。

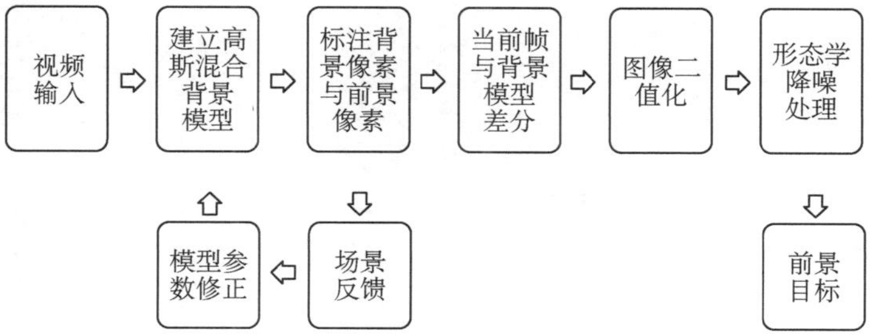

图 3　噪声消除流程

1. 高斯混合模型

在高斯混合模型方法中，我们运用多个高斯模型对每一个像素的背景进行表示，并且利用迭代方式进行模型参数的更新。多个高斯模型表示的背景，就可以同时把周期性变化的背景都涵盖其中，因此该模型可以有效克服光照变化、背景图像周期性扰动所带来的干扰。在建立了多个背景模型后，运动目标区域就可以用当前帧与这些背景模型进行有条件的差分得到。背景减除法实验结果如图 4 所示。

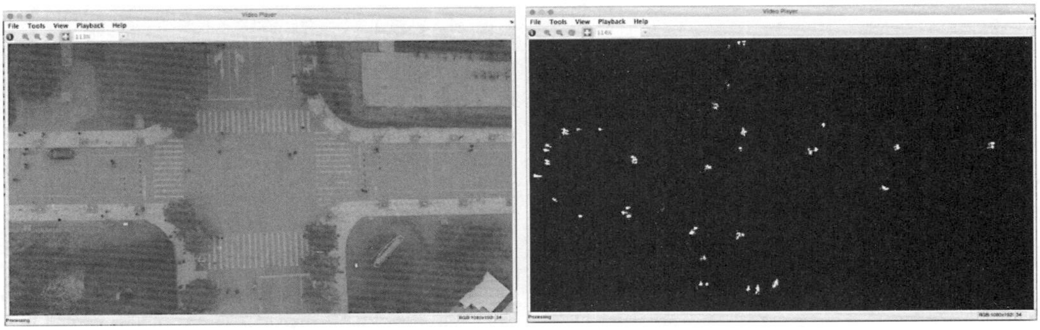

(a) 当前帧　　(b) 当前帧与背景模型差分得到的二值前景图像

图 4　背景减除法实验结果

2. 形态学降噪处理

在求得前景图像后，由于图像抖动、环境等外界干扰，有许多小的空洞、毛刺噪声以及被误检的一些细小部分会存在于检测出来的运动目标区域，如果只是简单地去除这些无用的噪声斑点，视频监控系统中后期处理的准确性将会受影响。

于是，我们使用了形态学处理操作。形态学操作主要包括四个基本操作：膨胀、腐蚀、开操作和闭操作。我们先使用 MATLAB 中的 imopen 函数进行开运算操作，并以一个半径为 3 的圆作为结构元素，平滑了图像中的目标轮廓，并断开了狭窄的间断和消除细的突出物，平滑了图像中的目标轮廓。然后又使用 MATLAB 中的 bwmorph 函数去除图像中的孤立噪声点。经过这几步形态学操作，大大降低了目标的误检率。形态学操作实验结果如图 5 所示。

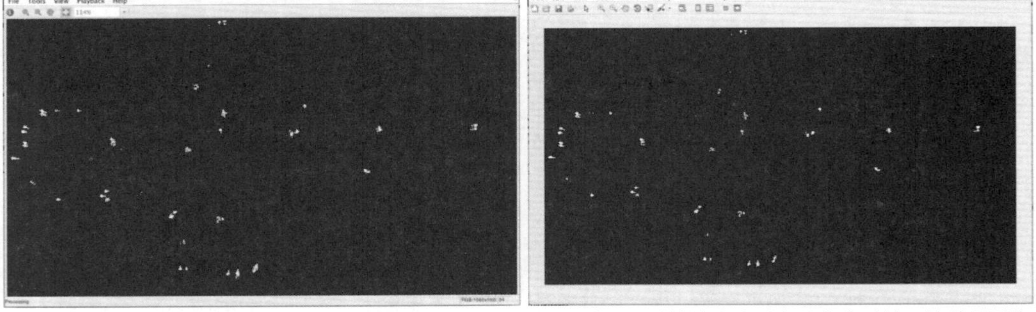

(a) 当前帧与背景模型差分二值前景图像　　(b) 进行开运算并去除孤立噪声点后的二值前景图像

图 5　形态学操作实验结果

2.3 目标跟踪

在目标跟踪算法上，我们通过 Blob 匹配法与 Kalman 滤波相结合的方法，先使用 Kalman 滤波预测运动目标的大致位置，然后再通过该预测的位置进行 Blob 匹配。目标跟踪实验结果如图 6 所示。

(a) 目标跟踪效果

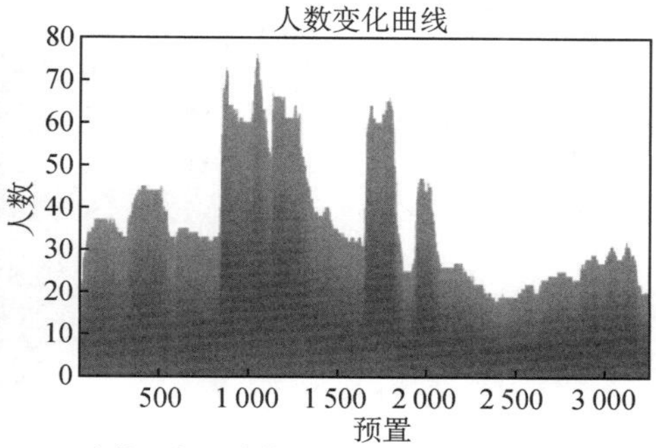

(b) 由检测与跟踪算法得出的全局人流量变化曲线

图 6 目标跟踪实验结果

3 基于 AnyLogic 仿真的人流交通系统

本文在详细分析了人流交通系统的概念及特性的基础上，针对不同的预警级别提出了不同的疏导策略，运用 AnyLogic 软件模拟分析了三个仿真模型：人群环境模型、人流引导模型和人群疏散模型。在人群环境模型中，我们可以控制和改变会场的布局，从而直观地分析在某种特定的进出口设置下是否会产生人群拥挤，并预测该物理环境布局下能容纳的人数。人流引导模型指路径上的引导，人群要到达某个确定的目的地，但经过引导策略后，路径可能有所变化。人群疏散模型用于人群的疏散，因某种特殊情况，人群将不再去往原先的目的地，而是往某个出口撤离。

3.1 人群环境模拟

对某特定布局下的露天广场进行模拟，人群环境模型仅考虑特定区域内人流发展过程及其物理环境布局对人群情况的影响，只是单纯地作为一个外部假设。该模拟可为某区域或会场布局规划的合理性和可行性提供参考，避免人群拥挤情况的发生；同时，也可为航拍飞行器的预警做演示，但未涉及人群疏散。人群环境模拟仿真运行界面如图 7 所示。

3.2 人流引导模拟

人流引导模型的研究重点是预警后人流的引导模拟演示（图 8），对某一方向移动的人流，可选择上下行通道共用或开放两条通道等引导策略。

图 7　人群环境模拟仿真运行界面

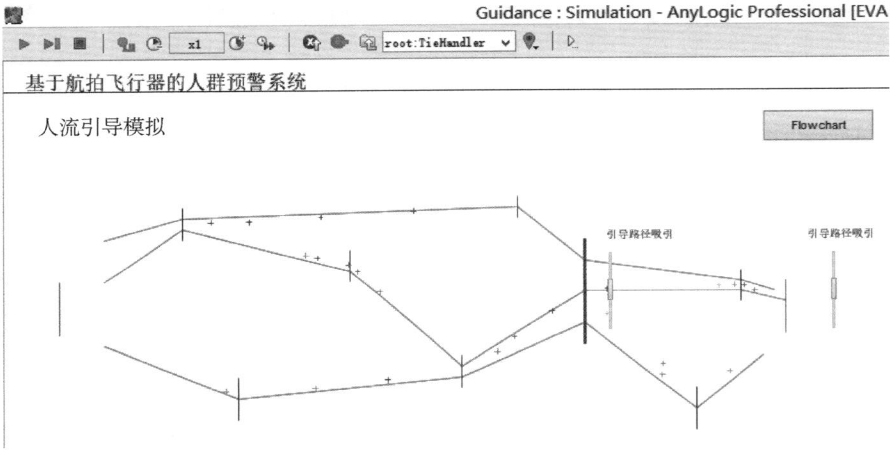

图 8　人流引导模拟演示

3.3　人群疏散模拟

人群疏散模型的研究重点是预警后人群的疏散模拟演示，人群疏散总时间由人群对预警系统指示的反应时间以及从所在位置到安全出口的行走时间构成，主要依赖外部环境的报警装置、空间照明和安全指示等，同时也依赖人群的性能指标，如警惕性、反应能力和行动能力等。

在人群疏散的初始条件设置方面，模型不考虑疏散前拥挤的发生和发展过程及其影响。本文定义了两套行为流程：一套流程是平常状态下的行动规则，另一套流程是紧急状况下的行动规则。当人群按照平常的行动规则行动到一定程度时触发紧急状况，之后让人群按照预先制定的规则或方案进行疏散，但需要结合真实区域来制订方案才能达到较为真实的初始设置和模型展示。

参考文献

[1] 梁春岩,杨文学,倪铁山,等.行人交通流模型研究[J].吉林建筑工程学院学报,2009, 26(3):15-19.
[2] 陈涛.火灾情况下人员疏散模型及应用研究[D].合肥:中国科学技术大学,2004.
[3] 周金旺,邝华,刘慕仁,等.成对行为对行人疏散动力学的影响研究[J].物理学报.2009,58(5):3001-3007.
[4] 田娟荣.地铁火灾人员疏散的行为研究及危险性分析[D].广州:广州大学,2006.
[5] 王炜,过秀成等.交通工程学[M].南京:东南大学出版社,2000.
[6] 史建港.大型活动行人交通特性研究[D].北京:北京工业大学,2007.
[7] 李旸.大型人群密集活动行人交通影响分析[D].北京:北京工业大学,2008.
[8] 胡玉婷.复杂场景密集人群的流动规律研究[D].上海:上海交通大学,2014.
[9] 崇信毅.基于视频监控数据的人群行为分析[D].北京:北京交通大学,2012.

作者简介

翁凡易,同济大学交通运输工程学院,物流工程专业。
吴俊儒,同济大学职业技术与教育学院,电子信息工程专业。
戴　璐,同济大学交通运输工程学院,物流工程专业。
董　朋,同济大学交通运输工程学院,物流工程专业。
王一伟,同济大学交通运输工程学院,物流工程专业。

指导老师

杜豫川,教授,同济大学交通运输工程学院。

基于 3D 打印技术的路面降噪方法

张哲恺，焦　宝，王舒邈，李思雨

| 摘要 |

交通运输业的发展在给人们带来极大便利的同时也带来了一系列环境污染问题，而交通噪声问题就是其中之一。路面噪声是交通噪声的主要组成部分，所以本文主要从降低路面噪声的角度出发，寻找具有降噪功能的新型路面模型。将现有的路面结构、材料和施工工艺完全抛开，以在保证路面使用性能的前提下具有更好的降噪能力为目的，运用计算机软件建模与模拟仿真以及 3D 打印技术，构建出新型降噪路面模型并实现。本研究提出了在道路工程领域应用 3D 打印技术的可能性。随着科学技术的不断进步，3D 打印路面的出现将会大大提高筑路的效率和质量。

| 关键词 |

降噪路面；3D 打印；声学软件计算；有限元分析；吸声系数

1　引言

随着现代科学技术、现代工业和交通运输业的不断发展，人民的生活水平虽然提高了，但是同时也带来了环境污染等负面影响，环境噪声就是其中之一。并且随着社会经济的飞速发展和人们对高质量生活的不断追求，噪声污染问题也愈加突出，尤其是在城市里，人们几乎日夜都要饱受噪声之苦。联合国早在 1979 年的世界环境保护工作会议上，就将噪声列为当代人类最不可容忍的灾难之一。

据有关调查数据表明，目前市民公认的噪声的主要来源是交通噪声。全国有 16%的居民住在道路两边，有约 3 400 万人受到交通噪声的影响，其中 80%的人(约 2 700 万人)日夜在噪声超标的环境中生活。白天，我国城市道路交通噪声几乎超标 5 dB 左右，公路交通噪声污染已逐渐成为沿线居民最为关注的环境污染问题。

2　研究内容和意义

在现有的道路交通噪声防治措施中，无论怎样增加附属设施，如声屏障等，都是在必需的结构外附加上去的。我们认为，在路面这一块做文章，既不必附加设施，又能起到较好的效果，如此才是最便捷的方法。然而，现有的降噪路面似乎在功能上还有着这样或那样的欠缺，因此我们希望抛开现有路面，设计出一种完全不同的路面模型，它的降噪性能更为突出，且用一定手段便可实现。本文的主要研究内容包括以下几个方面。

1）降噪路面模型的构建

从其他领域，如建筑领域、机械领域等，借鉴其吸声材料结构的经验，并结合理论实际，提出几种降噪路面模型，再运用三维建模软件构建出来，模拟分析其受力特点。

2）最佳结构的选择——声学软件模拟

运用声学软件对已构建的模型进行模拟吸声实验，并测量其在不同频率下的吸声系数，综合比较后选出一个最佳的吸声结构。

3）材料选择

这里的材料既指路面结构材料，又指填充孔隙的材料。如果孔隙是空的，那么就是传统概念上的空隙，但如果觉得效果不好，那么也可以尝试在孔隙中填充一些吸声材料，但要注意填充材料的防水性和透水性。

4）结构模型的实现——3D 打印技术

确定了模型之后，通过 3D 技术将模型打印出来。对模型利用驻波管法进行吸声测试实验以验证其吸声性能。

3 降噪路面模型设计

3.1 双层空腔模型

目前，在各种吸声结构中，空腔共振吸声结构是应用最为广泛的一种。

双层空腔模型采用空腔共振吸声结构中的亥姆霍兹(Helmholtz)共振器模型，整个路面面层分为上下两层。上层为厚度 10 mm 的薄板，上面均匀分布着直径为 5 mm 的圆形通孔。下层厚度为 20 mm，布有 20 mm×20 mm 的贯通空腔。上层的圆孔正好位于空腔的正中，以保证上部圆孔通透到下部空腔中。

对模型施加 0.7 MPa 的荷载，可以看到上表面受到的应力较小，而且由于空腔尺寸远小于轮胎尺寸，所以空腔上板局部所受的弯拉应力也较小。但下部空腔隔板处由于受力面积突然减小，隔板中部出现了较大的应力，最大值达到 2 MPa 以上，如果采用具有足够强度的材料制作隔板，则可以保证受力。

3.2 圆孔穿孔板模型

通孔型多孔材料(穿孔板)是现代工业和交通运输等领域常用的材料。通孔型多孔材料不仅具有良好的轻质特性和多功能性(如传热、电磁屏蔽、高比强度、高比刚度等)，而且具有优良的吸收声能的特点。模型采用最简单的密铺圆形穿孔板，孔径 5 mm，圆板直径 100 mm，板厚 20 mm。

当我们给模型表面施加 0.7 MPa 均布轮压时，可以看到整体表面受力较为均匀，大约处在 0.4 MPa 的应力分布下。最大应力出现在圆孔内部靠近底部位置处，达到 0.6 MPa。总体来说，受力情况较好，荷载经过扩散传递有所消减。

3.3 吸声尖劈模型

吸声尖劈模型借鉴了目前消声室中采用的吸声尖劈结构，整个路面由若干个大小均为 15 mm×15 mm×5 mm 的长方体相互交错排列而成。长方体的相互交错提高了结构的稳定性，统一尺寸的小长方形也便于 3D 打印。整个模型结构具有较高的空隙率，便于声波入射与衰减。吸声尖劈结构外部应当是尖角，本模型中为了提高路面的平整度和耐久性选择使用平整的长方体，这对于模型的吸声性能会有一定影响。

3.4 仿生模型

仿生模型中孔的形状为螺旋结构，借鉴了人耳和海螺的形状。整个构件为直径 100 mm 的圆柱体，这是为了方便之后进行驻波管声学模拟而确定的尺寸。上表面布满了直径为 15 mm 的圆孔，随着孔深度的增加孔径逐渐减小，最底层圆孔的直径为 2 mm。

3.5 多层蜂窝模型

多层蜂窝模型采用多层多孔结构，且孔隙形状选择六边形，借鉴了蜂窝的稳定结构。对于蜂窝的研究已经证实了六边形具有很高的稳定性，且具有很好的扩展性和对称性，利于密铺于整个路面。各层厚度均为 1 cm。第一层孔边长为 3 mm，为了增加表面摩擦，在表面刻 1.5 mm 宽、3 mm 深的刻槽；第二层孔边长为 10 mm，此后各层孔边长逐层递减，分别为 7 mm、5 mm 和 3 mm。

多层多孔材料经过优化设计后，材料表面具有较为合理的流阻(特性阻抗)，能够在表面产生最为有效的入射和反射，使得进入材料后的声波能够发生多次反射最终被耗散，因此其吸声性能指标比单层均一孔径材料的最优设计有一定程度的提高。当材料背衬刚性壁面(路基)时，在声波入射面处使用孔径较小的面层，随后一层孔径突然变大，之后各层孔径逐渐减小，呈梯度分布。这样设置的作用在于减少声波通过材料后反射回表面以上的情况，并且使得声波在材料内部产生多次反射而逐渐衰减。

4 声学仿真计算

4.1 声学软件 Virtual. Lab Acoustic 和计算方法简介

Virtual. Lab Acoustic 声学模块是在集成 SYSNOISE 的基础上开发的一套专门用于声学仿真计算的工具，它可以计算辐射声场的声学响应，如声压、声强和声功率等。辐射声场可以由结构振动引起，可以由声源引起，也可以二者都有。声学模块采用最先进的声学有限元法和声学边界元法这两种数值计算方法，既可以在时域内计算，也可以在频率域内计算。声学模块能预测声波的辐射、散射、折射和传递以及声载引起的声学响应。根据所分析类型的不同，不仅可以建立非耦合的声学模型，还可以建立结构和声学耦合的模型。所建立的模型可以是封闭的，也可以是敞开的，流体材料既可以是均质流体，也可以是多质流体。

Virtual. Lab Acoustic 声学模块的基本原理是用数值方法得到满足边界条件的亥姆霍兹方程的解。数值方法通常有声学有限元法和声学边界元法，理论上可求解任意形状的结构振动和声振幅问题。本文通过数值计算的方法模拟阻抗管法测量材料吸声系数的实验。

4.2 声学仿真计算过程

4.2.1 仿真模型构建

我们通过 SolidWorks 软件将模型尺寸进行缩减与修改，使其符合驻波管试验的尺寸要求。此外，我们还对模型进行布尔减操作，从而将模型中的空隙模型建立出来。由于模型材料可近似认为是刚性的，其吸声能力可以忽略，因此模型中的空隙结构是影响模型吸声性能的主要原因。

在建立好空隙模型之后，我们又在模型的上表面建立了一个直径为 98 mm 的柱状空气模型，以模拟驻波管中的空气。我们分别在距离空隙模型上表面 50 mm 与 90 mm 处各设置了一个传声装置以测量该处的声压值。空隙模型的另一侧尽头设置了一个声源，以提供试验所需的声波。

4.2.2 模型网格划分

为了达到仿真的精度要求，网格划分应满足以下条件：一个声波的波长应该至少包含 6 个网格单元，即一个网格的最大尺寸不能超过所测试声波波长的六分之一。例如，1 000 Hz 声波的波长为 340 mm，那么每个网格的尺寸均应小于 340/6 mm。这样模拟得到的结果才具有一定的精度。

4.2.3 仿真过程

声源处给空气提供了一个 1 m/s 的振动速度使其传播，声波与模型发生作用后，入射波与反射波相互叠加，最终形成一个较为稳定的状态。这时在上述两点处可以分别测定该处声压值的实部与虚部。将所得数据导入 Excel 表中，利用驻波管试验的理论公式进行不同频率下模型吸声系数的计算。

根据计算结果，我们可以绘制出该模型的吸声系数与声波频率的关系曲线。通过比较各模型的曲线图，从中可以找出一个吸声效果较好且有效吸声范围较大的优质模型。

4.3 声学仿真分析结果

以下为各模型的声压云图和吸声系数曲线图，如图 1 和图 2 所示。

4.4 小结

由图 3 可以发现，在路面噪声的频率范围内，仿生螺旋模型与多层蜂窝模型的表现最为稳定，而且蜂窝模型的吸声系数比仿生螺旋模型要更高一些。虽然在 1 200 Hz 之后多层蜂窝模型的吸声系数低于圆形穿孔板模型的吸声系数，但是在 1 000 Hz 内多层蜂窝模型的吸声效果更优。

因此，通过综合对比，我们选择采用多层蜂窝模型进行 3D 打印与实验操作。

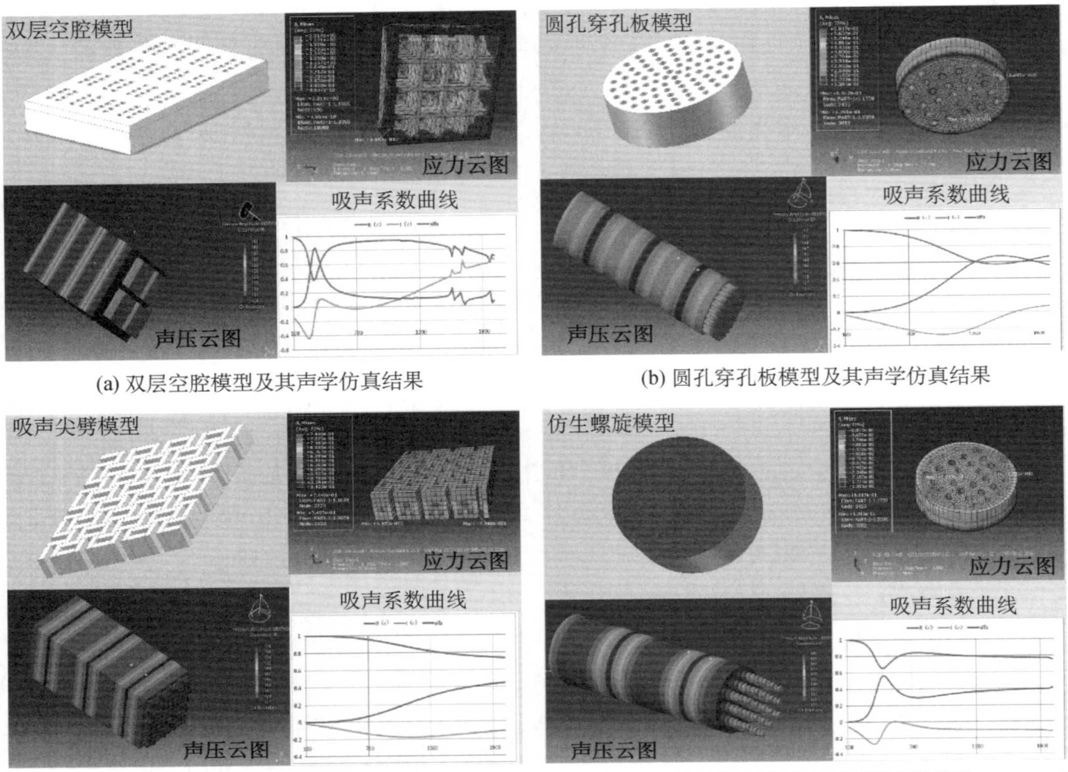

(a) 双层空腔模型及其声学仿真结果　(b) 圆孔穿孔板模型及其声学仿真结果

(c) 吸声尖劈模型及其声学仿真结果　(d) 仿生螺旋模型及其声学仿真结果

图 1　各模型结构和声学仿真结果(彩图见附录)

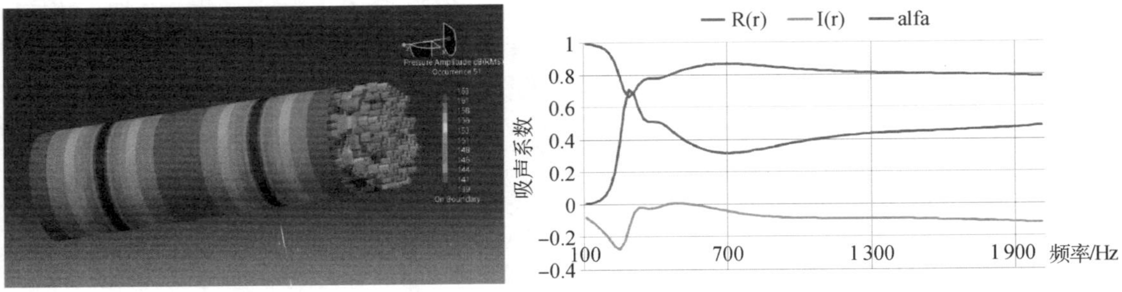

图 2　多层蜂窝模型声学仿真结果(彩图见附录)

5　模型实现及实物实验

5.1　模型实现——3D 打印

3D 打印是一种以数字模型文件为基础，运用粉末状金属或塑料等可黏合材料，通过逐层堆叠累积的方式来构造物体的技术。3D 打印属于快速成型技术的一种，由于其在制造工艺方面具有独创性，因而被称为是“第三次工业革命的重要生产工具”。

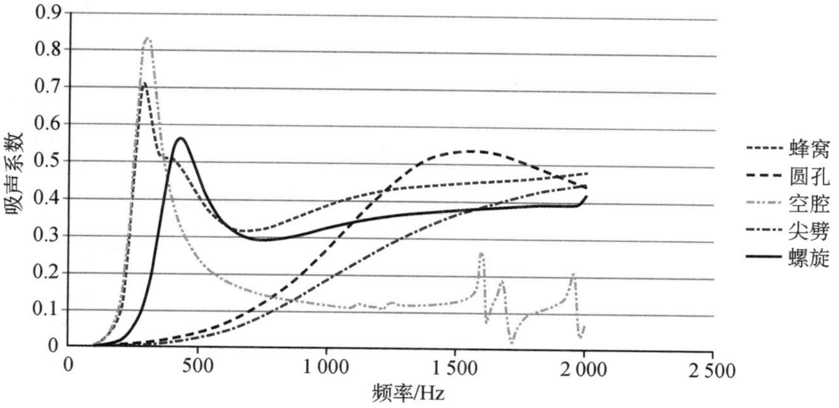

图 3　各模型吸声系数对比

通过 3D 打印技术打印成型的多层多孔模型如图 4 所示。目前,受到 3D 打印材料及成本等因素的限制,我们选择价格较为低廉的光敏树脂材料进行模型打印。

图 4　3D 打印成型的多层多孔模型实物

5.2　驻波管实验

从吸声系数随声波频率变化的曲线图[图 5(a)]可以看出,在低频区段,多层蜂窝模型的吸声系数存在一个小的峰值,但是与仿真结果相比,其峰值较小,曲线较为平缓。

在声波频率为 1 000 Hz 以后,模型的吸声系数急剧增大,在 1 200 Hz 附近达到最大值(0.857),这是在模拟实验中没有出现的。

总体来看,本实验验证了多层蜂窝模型在路面噪声的频率范围内具有较好的吸声降噪能力。

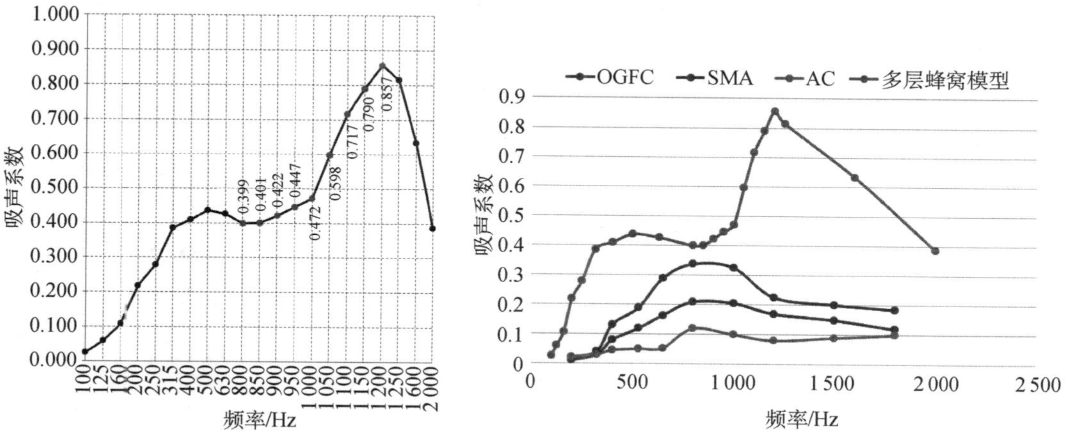

(a) 驻波管实验结果　　(b) 与现有降噪路面对比

图 5　驻波管实验结果及与现有降噪路面对比(彩图见附录)

从图 5(b)中我们可以看出，OGFC 作为现有的降噪路面，其吸声性能最佳，SMA 的吸声性能相比 AC 也好很多。但是，即使是吸声性能最优的 OGFC 路面，其吸声系数的峰值也未超过 0.35。而多层蜂窝模型的吸声系数要远远优于传统的路面结构，在路面噪声的频率范围内其吸声系数的最低值也接近 0.4。因此，我们可以得出，多层蜂窝路面结构作为降噪路面相比于现有路面结构，有着更好的降噪能力。

参考文献

[1] 刘明珠. 无所不在的烦忧　城市噪声污染调查[J]. 科学生活，2007(4):24-25.
[2] 刘明珠. 交通噪声 我国噪声污染的主要源头[J]. 科学生活，2007(4):30-31.
[3] Makerewicz R. Influence of ground effect and refraction on road traffic noise[J]. Applied Acoustics, 1997, 52(2): 125-137.
[4] 刘惠玲. 环境噪声控制[M]. 黑龙江：哈尔滨工业大学出版社，2002.
[5] 胡辉，徐晓林. 现代城市环境保护[M]. 北京：科学出版社，2004.
[6] Tsukui K, Oshino Y. Basic Study of the Increase in Road Traffic Noise Caused by the Installation of Traffic Lights[J]. Japan Automobile Research Institute Journal, 2001:23(10).
[7] 傅建玲. 道路-轮胎噪声试试检测分析仪的研制[D]. 武汉：武汉理工大学，2008.
[8] 谭伟，张崇高，曹卫东，等. 轮胎/路面噪声机理与降噪路面[J]. 公路与汽运，2008(4):85-87.
[9] 王彩霞. 公路路面噪声技术与防治方法研究[D]. 西安：长安大学，2010.
[10] 俞悟周，毛东兴，王佐民. 轮胎/路面噪声及其测量[J]. 声学技术，2000(2):90-94.
[11] 王兆康. 空腔共振系数结构的吸声机理及特征[J]. 常州工业技术学院院报，1994(4):72-74.
[12] 田汉平. 穿孔板吸声结构的频率特性分析[J]. 淮北煤炭师范学院学报(自然科学版)，2005(1):37-39.
[13] 厉艳才. 尖劈吸声结构吸声性能理论与实验研究[D]. 哈尔滨：哈尔滨工程大学，2008.

作者简介

张哲恺，同济大学交通运输工程学院，交通工程专业。
焦　宝，同济大学交通运输工程学院，交通工程专业。
王舒邈，同济大学交通运输工程学院，交通工程专业。
李思雨，同济大学交通运输工程学院，交通工程专业。

指导老师

赵鸿铎，教授，同济大学交通运输工程学院。

“海绵城市”多孔隙全透水铺装设计体系研究及效果评价

陈晓灿，周浩南，傅　哲，万上上

|摘要|

随着我国经济和社会的不断发展，交通网络不断完善，以及对道路环境方面认识的逐渐深入，人们开始关注和研究生态道路。“海绵城市”的构建是解决城市雨洪问题、建设生态文明城市的新举措，而透水铺装的研究和应用则是其中较为重要的环节之一。本文对国内外“海绵城市”与透水铺装的研究现状进行了分析、总结，在现有研究的基础上提出了相应的透水水泥混凝土材料配合比设计方案，并进行抗压强度及透水性试验，以同济大学嘉定校区的道路为例，对透水铺装结构设计进行研究，并进行了透水铺装结构设计相关计算及降低雨洪风险的效果评价。

|关键词|

海绵城市；雨洪风险；多孔水泥混凝土；铺装结构设计

1　研究背景及意义

1.1　国内外关于“海绵城市”的研究成果

海绵城市是基于新一代城市雨洪管理概念，指城市在适应环境变化和应对雨水带来的自然灾害等方面具有良好的“弹性”，也可称之为“水弹性城市”。国际通用术语为“低影响开发雨水管理系统构建”。

“海绵城市”的道路如同海绵一般，具有良好的“弹性”，既能吸水、蓄水、渗水、净水，又能将蓄存的水“释放”并加以利用。

“海绵城市”这一设想既可以解决城市的雨洪问题，如 2012 年北京暴雨洪涝灾害致 37 人遇难事件，以及上海各大高校每逢大雨就出现“城市看海”等情况，又符合低碳环保可持续发展的理念。

事实上，目前已有许多国家或地区进行了“海绵城市”的设计利用：金斯敦市水敏性城市设计了 200 多个雨水花园、德国弗赖堡市的扎哈伦广场完全摆脱了污水处理系统、新加坡的

JTC清洁科技园利用沼泽森林来处理地表径流，等等。这些国家或地区往往是通过集水、蓄水、用水这三大环节来处理雨水等径流问题，从而实现“海绵城市”的构想。

1.2 国内外关于多孔隙全透水路面的研究成果

为了实现“海绵城市”，通常可以从七大措施中的透水铺装入手，以实现三大环节中的集水这一环。透水铺装作为其中一个重要的环节，拥有道路、停车场、广场、操场、园区、港口等大量硬化路面使用范围。一般来说，透水铺装包括透水沥青路面和透水混凝土路面，本文重点研究透水混凝土路面铺装。

由于多孔水泥混凝土路面材料具有诸多生态方面的优良特点，在人类寻求与自然协调、维护生态平衡和可持续发展的思想指导下，欧美、日本等一些发达国家和地区开始研发多孔水泥混凝土路面材料，并将其应用于广场、步行街、道路两侧及中央隔离带、公园内道路和停车场等，从而增加了城市的透水、透气空间。这一举措对调节城市微气候、保持生态平衡起到了积极作用。以日本、美国为代表的国家是世界上多孔水泥混凝土路面材料研究与应用较为先进的国家。它们在高强型多孔水泥混凝土的研究与应用方面也走在了世界前列。

反观我国，在多孔水泥混凝土路面方面的研究起步较晚，对其应用与推广也处于初级阶段。除去公园、广场、人行道等轻交通荷载作用处，虽然部分城市已在市政道路、隧道洞口等处铺筑多孔水泥混凝土路面，但这些工程的成功与否有待经受长期的观察和检验。在应用于路面面层时，多孔水泥混凝土仍表现出材料整体强度较低的问题。怎样选择原材料、怎样进行路面结构设计、怎样控制路用目标空隙率、怎样修复空隙等一系列问题亟须解决，而这些正是充分利用多孔水泥路面，实现“海绵城市”的关键。

1.3 研究目的及意义

与不透水的路面相比，透水性路面具有诸多优点，表现在吸声降噪、减少积水、缓解地表径流等方面。

另外，诸多城市每年“逢大雨必看海”的情形以及暴雨洪涝灾害导致的人员伤亡事件也提醒着我们，解决城市雨洪问题迫在眉睫。

从城市绿化、水体及铺装三要素出发，以创建良好的城市生态物理环境为目标，用系统论的观点优化城市绿化、水体及地面铺装三个要素的生态规划，并发挥其整体优势，在实践中不断探索改善城市生态物理环境的可行性方案和措施，最后达到最优化的城市生态规划要素配置，这也是实现城市生态环境可持续发展的必由之路。

2 多孔水泥混凝土配合比设计及材料性能研究

2.1 试件制作原材料的选取

透水性混凝土及其制品因其具有良好的透水性和生态环保功能被广泛用于路面和市政工程。作为具有承载能力的路面制品，强度是它的一个极为重要的技术性能指标。透水性混凝土一般是由特殊级配的集料、水泥、外加剂、增强剂和水按一定比例及特定工艺配制而成,由于集料级配特殊,形成了蜂窝状结构,这虽然有助于提高透水性混凝土的透水性,但同时也会对混凝土的强度产生不良影响。

充分考虑各原材料对试件性能的影响,我们进行原材料的选取。

(1) 水:选用普通自来水。

(2) 添加剂:由于各方面因素,本试验中没有采用减水剂等任何添加剂,只在模具上涂了机油,目的是方便脱模。

(3) 水泥:采用海螺牌 425 建筑通用水泥。

(4) 集料:集料粒径的大小决定着单位体积内集料颗粒的多少,粒径小则集料之间接触点多,透水性混凝土正是通过这些互相搭结的接触点来传递力的作用。合理地调整集料的级配、增加小粒径范围的集料可以提高透水性混凝土的强度。在相同孔隙率下,随着集料粒径的减小,透水系数呈下降趋势。从配合比来看,水灰比随着集料粒径的减小而稍微增大。

集料对透水性混凝土强度的影响,不仅在于集料的级配和含泥量,针片状颗粒的含量以及颗粒的形状都会对透水性混凝土的强度有影响。试验过程中,对集料进行预处理、用清水清洗、筛选集料,这些工序对透水性混凝土路面材料的强度提高是有益的。

基于对上述情况的考虑,由于本次试验制备试件的目标是使试件既拥有一定的强度,又能最大限度地保证试件的孔隙率,以达到透水的效果,因此在制备透水混凝土试件时,我们采用粒径范围 2.5～10 mm 的集料,细集料采用中砂。

2.2 试件配合比制定

透水性混凝土的透水性能、承载能力等各个方面的性能都是由其试件制作时的配合比决定的,其中最主要的是水灰比和孔隙率。

水灰比是指拌制水泥浆、砂浆、混凝土时所用的水和水泥的重量之比。水灰比影响混凝土的流变性能、水泥浆凝聚结构及其硬化后的密实度,因而在组成材料给定的情况下,水灰比是决定混凝土强度、耐久性和其他一系列物理力学性能的主要参数。在透水性混凝土的制备过程中,我们主要关心的是水灰比及所制备的试件的强度与透水性能之间的关系。水灰比过小会使水化热较大,混凝土易开裂,混凝土的和易性较差,不利于现场施工操作。水灰比过大则会降低混凝土的强度。而水灰比越大,水泥混凝土的孔隙率也越大,试件的透水性能就越好。因此,为了达到试件高强度、高透水性能的目的,选择一个适宜的水灰比是尤为重要的。

基于已有研究,在集料粒径不变、目标孔隙率不变的条件下,改变水灰比,静压成型 200 mm×100 mm×60 mm 试件,在标准养护状态下,随着水灰比的增加,透水性混凝土的强度不断增大。当水灰比大于 0.2 时,强度有明显增长。因此,一般未加减水剂的透水混凝土,水灰比可取 0.25～0.35。

孔隙率是保证试件透水能力的一个关键指标。特别是连通孔隙率,这种相互之间连通的孔是透水性混凝土透水能力的保证,也是透水性混凝土的强度低于普通混凝土的主要原因之一。如何既保证混凝土的透水能力又不使其强度偏低,孔隙率的选择和控制是十分关键的。一般透水性混凝土路面材料的最佳孔隙率范围为 15%～18%。

最初的一批试件的配合比,是通过查阅已有文献和相关规范后大致确定的,效果并不是特别理想，制备的试件会出现透水性不好、集料黏合度不佳、强度不够等问题。于是，我们修改了计划，通过改变水泥和集料的用量比例，做了大量的成品试件。在改进的过程中，几组试验结果较好的配合比的改进过程如下，表 1 中为 1 m^3 水泥混凝土的配合比试验数据。

表 1　各组试件配合比

组别	砂率	水灰比	碎石粒径/mm	砂子/kg	碎石/kg	水泥/kg	水/kg	目标孔隙率
1	12%	0.30	2.5～5	191	1 400	445	134	15%
2	12%	0.30	5～10	171	1 255	457	137	
3	12%	0.34	2.5～5	191	1 400	418.9	142.4	
4	12%	0.30	2.5～5	210.6	1 544.5	350	105	
5	12%	0.30	5～10	191.3	1 403.0	350	105	

2.3　试件制备与性能测试

在确定了配合比之后，我们按照《公路工程水泥及水泥混凝土试验规程》(JTG E30—2005)中的规定，制备了 100 mm×100 mm×100 mm 的试件，以进行性能测试。

由于时间关系，养护时间不足以达到 28 d，因此选择对 7 d 龄期的试件进行测试。按照《普通混凝土力学性能试验方法标准》(GB/T 50081—2002)，测试试件在无约束条件下的抗压强度及加荷速度应为：当混凝土强度等级低于 C30 时，取 0.3～0.5 MPa/s；当混凝土强度等级等于或高于 C30 时，取 0.5～0.8 MPa/s。本实验中，由于透水性水泥混凝土强度不高，所以我们取加压速度为 0.5 MPa/s。计算立方体混凝土试块的受压面积，以三块混凝土抗压强度的平均值作为试件的抗压强度。经过测试并换算成 28 d 龄期后，组别 4 的试件平均抗压强度为 28.5 MPa，组别 5 的试件平均抗压强度为 21.7 MPa，可以说基本满足轻载交通路面的抗压要求。

之后，我们又利用简易的透水测定仪粗略地检验了试件的透水性能。由于设计的几组配合比方案的目标孔隙率均为 15%，加之试验精度不大，因此试验测得试件均具有一定的透水效果，且性能差异不明显。

2.4　结果分析与改进

整体来看，试验中所得的透水性混凝土试件的强度低于普通混凝土的强度，原因有以下几点：①试验中，我们所做的试件的目标孔隙率都是 15%，不同组试件的区别只是有效孔隙率的不同，但这一数值已经高出普通水泥土混凝土的孔隙率，使得混凝土的强度降低。②试件所做的时间普遍是在春冬两季，室温较低，而对试件的温度养护本实验是放于室内洁净的地方，进行自然养护，因此强度会受到影响。③试验中没有使用减水剂、纤维等外加剂也是导致混凝土强度不高的原因，而这也是透水性水泥混凝土普遍存在的问题。相信经过研究与改善，透水性水泥混凝土的强度还能有很大的提升空间，例如通过采用更高标号的水泥、添加合适的外加剂以及注重制备养护条件等，这些均可在日后的研究中做进一步的尝试。

3 透水铺装结构设计研究与效果评价

3.1 多孔隙透水混凝土铺装结构设计原则与结构分析

多孔隙透水混凝土路面结构的主要特点就是孔隙率高，这也使得它相较于普通水泥混凝土具有更好的透水、降噪性能；但是，当结构内存在较多大孔隙时，也会造成多孔隙透水混凝土路面结构的承载能力不高。因此，多孔隙透水混凝土路面结构设计的原则是：在保证一定的透水降噪效果的前提下，尽量提高多孔隙透水混凝土路面结构的承载性能，使其能在更多的场所得到运用。

在结构方面，无论哪种路面结构，都是由面层、基层、垫层和路基几个部分构成的，但由于排水方式的不同使得多孔隙透水混凝土路面在组成结构上存在一定差异。一般情况下，透水路面结构主要分为透水面层、结构层和透水基层，有时也会设计垫层以改善土基的湿度和温度、蓄存更多的径流。

3.2 以同济大学嘉定校区为例进行透水铺装厚度设计

要使降雨不至于从路面流失，且能够在结构内部暂时储存，并逐渐向路基深处渗透，则路面本身需要具有透水性能和适应路基土渗透能力的足够厚度。

基于路面结构的平均孔隙率、路基土平均渗透速度、降雨强度和降雨持续时间，路面厚度 H 可由式(1)求得：

$$H=\frac{(0.1i-3\ 600q)\times t}{60V} \tag{1}$$

式中 H——路面厚度，cm；

V——路面结构的平均孔隙率，%；

q——路基土的平均渗透速度，cm/s；

i——降雨强度，mm/h；

t——雨水持续时间，min。

由于各地降雨特征不同，因此不同地区的降雨强度公式也不尽相同，其中上海市的降雨强度计算如式(2)所示。

$$i=\frac{33.2\times(P^{0.3}-0.42)}{(t+10+7\times\lg P)^{0.82+0.07\lg P}} \tag{2}$$

式中，P 为设计降雨期的重现期，以同济大学嘉定校区内主干路为例，可取重现期为 2，代入式(2)计算可得降雨强度为 44.23 mm/h。

假设路基土为粉土，取路基土的平均渗透速度为 5×10^{-4} cm/s，且透水路面结构的平均孔隙率为 15%，则理论上为使雨水透过而所需的路面厚度为

$$H>\frac{(0.1\times44.23-3\ 600\times5\times10^{-4})\times60}{60\times0.15}=17.49\ \text{cm}$$

因此，可取路面厚度为 18 cm。

当设计降雨强度为 44.23 mm/h 时，经过某段时间的连续降雨，路面表面达到一定深度的饱和度，雨天多孔透水性铺装孔隙中的水也达到饱和状态，此时路面的渗水能力可采用达西公式计算：

$$V=I\times K \tag{3}$$

式中 V——雨天渗透速度；cm/s；

I——水力梯度；

K——渗透系数，cm/s。

其中，水力梯度指水压面的斜率，在水压面斜率最陡方向上测得，降水在流动过程中会沿着水力坡降的方向流动。对于多孔隙透水路面，水力坡降可取 1，即有 $V=K$。也就是说，在降雨强度为 44.23 mm/h 的条件下，要求路面本身的透水速度为 $V=1.23\times10^{-3}$ cm/s，即其需要具有渗透系数为 1.23×10^{-3} cm/s 的面层透水混凝土。

至于透水基层，其透水、容水性能对整个透水结构的影响很大。一般情况下，路面的计算容水量可由式(5)求得：

$$W=V_1\times H_1+V_2\times H_2 \tag{4}$$

式中 V_1，V_2——透水混凝土和透水垫层的孔隙率，%；

H_1，H_2——透水混凝土和透水垫层的厚度，mm。

从设计角度考虑，水位下降的总时间也就是路面储存的水量被完全释放的时间，其越短就越理想，通常不超过 5 d。经查阅上海地区历史天气情况，曾经出现的最大暴雨是在 1991 年 8 月 7 日，上海市内 11 个区平均 1 h 雨量达到 101 mm，为保证不会由于路面结构容水量不足而产生地表径流，故取每小时降雨量为 100 mm。

同样地，取地基土壤渗透系数为 5×10^{-4} cm/s，则理论上每小时能够渗入地基的水量为

$$Q=q\times t=5\times10^{-4}\times3\ 600=1.8\ \text{cm}=18\ \text{mm}$$

因而透水基层厚度需要满足

$$W=V_1\times H_1+V_2\times H_2>100-Q=82\ \text{mm}$$

一般情况下，大粒径透水基层的孔隙率可以做到 30%～40%，这里取 35%进行计算。在厚度为 180 mm、孔隙率为 15%的透水混凝土下部的透水垫层厚度为

$$H_2>\frac{82-15\%\times180}{35\%}\approx157\ \text{mm}$$

事实上，还有部分水分通过蒸发消散。另外，为了确保路面结构具有足够的整体强度和透水性，透水基层一般采用粒径小于 10 mm 的天然碎石铺筑，厚度为 15～30 cm，故透水基层厚度取 20 cm 即可满足条件要求。

3.3 基于同济大学嘉定校区的透水铺装设置效果评价

同济大学嘉定校区位于上海市嘉定区安亭镇，校区总面积达 167 万 m^2，建成后的建筑

面积约为 40 万 m^2，水域面积约为 8 万 m^2，绿化面积达 60%。

若将水域面积扣除，则剩余的总汇水面积为

$$F=167-8=159(\text{万 } m^2)$$

假设在日降雨量为 50 mm(即大到暴雨)的情况下，每小时会产生的日降雨径流总量可由式(5)计算：

$$W=1\,000\varphi_c \times h_y \times F \tag{5}$$

式中 φ_c——暴雨强度径流系数，透水混凝土路面取 1，其余地面类型可查表确定；

h_y——设计日降雨量，mm；

F——汇水面积，m^2。

故可算得同济大学嘉定校区(假设铺设透水路面面积为 S 万 m^2)此时的日降雨径流总量为$(3.25+0.007\,5S)$万 m^3。

而 S 万 m^2 的透水路面可以解决的径流量为

$$W'=(V_1 \times H_1+V_2 \times H_2+q \times t) \times S=0.529S(\text{万 } m^3) \tag{6}$$

若要完全控制雨水径流量，则需要铺设的透水路面的面积 S 应满足 $W'>W$ 这一条件，即 $0.529S>3.25+0.007\,5S$，解得 $S>6.23$ 万 m^2。

也就是说，在同济大学嘉定校区理论上铺设 6.23 万 m^2 的透水路面即可基本缓解雨水径流问题。

3.4 设计及评价工具

根据相关规范取值及相应计算流程，借助 Visual Basic 编写了包含结构设计与效果评价在内的计算程序以方便日后的设计工作。只需按要求输入所设计区域、路面的相关参数，即可获得透水路面的厚度和面积的推荐值。

4 总结

本文通过对目前国内外在透水路面方面研究情况的分析总结，设计出在保证一定透水能力的前提下，尽量提高透水混凝土强度的配合比方案，并进行了抗压和透水性测试。以同济大学嘉定校区为例，结合降雨强度、路面透水性能、地基土渗透能力等多种因素，进行了包括透水面层厚度、透水性、透水基层厚度等的结构设计，并在同济大学嘉定校区现有占地面积的基础上，对透水路面的铺设进行了效果评价。同时，为了方便日后的设计评价工作，借助 Visual Basic 软件设计了相应的评价程序。

由于项目进行时间及试验条件有限，未能进行更多的试验来检验透水混凝土的抗车辙能力、劈裂性能等指标，也未能对所设计的透水路面进行耐久性等方面的评价，这些内容将在后续研究中继续深入。

参考文献

[1] 秦旭朝.降噪排水多孔水泥混凝土材料性能及路面结构设计研究[D].西安:长安大学,2011.
[2] 徐金欣.降噪排水多孔水泥混凝土材料性能与组成设计方法研究[D].西安:长安大学,2012.
[3] 廖秀华.透水性混凝土的研究[D].南宁:广西大学,2006.
[4] 霍亮.透水性混凝土路面材料的制备及性能研究[D].南京:东南大学,2004.
[5] 买淑芳.混凝土聚合物复合材料及其应用[M].北京:科学技术文献出版社,1996.
[6] 雷丽恒.透水性道路用生态混凝土性能的试验研究[D].镇江:江苏大学,2007.
[7] 宋中南,石云兴.透水混凝土及其应用技术[M].北京:中国建筑工业出版社,2011.

作者简介

陈晓灿,同济大学交通运输工程学院,道路工程专业。

周浩南,同济大学交通运输工程学院,道路工程专业。

傅　哲,同济大学交通运输工程学院,交通工程专业。

万上上,同济大学交通运输工程学院,物流工程专业。

指导老师

李　辉,教授,同济大学交通运输工程学院。

一组适用于路面能量收集的应力放大结构

权晨嘉，林中朴，姚佳蓉，王寒冰

|摘要|

压电换能器是路面能量收集系统的重要构件。通过将外界的机械能转化为电能，压电换能器为能源的二次利用提供了媒介和工具。本文在国内外相关研究的基础上，分析已有压电换能器的优缺点和路面工作性能，并设计了具有应力放大效果的压电结构，通过理论分析、软件模拟和室内试验对所研究的结构进行了性能检测。

|关键词|

压电换能器；应力放大；换能效率；内嵌桥式结构；能量收集

1 绪论

1.1 研究背景

一个典型的沥青混凝土结构在标准轴载(单轴双轮 100 kN) 的作用下，采用条分法可以得到纵向宽 0.01 m、横向宽 1.1 m 范围内，双轮所产生的功约为 0.536 J。若某一辆车以 60 km/h 的速度行驶，根据经验其位移约为静态的 60%，则 1 次标准轴载通过时对路面深 40 mm 处所做的功约为 0.644 J。这种能量最终会转换成路面的热能，耗散在路面环境中，从而增加路面产生车辙等病害的风险。基于这种情况，本文对路面中的机械能进行收集和利用，以期能研发出适合于路面能量收集的压电换能器，以及合适的能量存储方式，用于室内或现场实现路面的能量收集，从而提供一份可观的能量来源。压电式智能道路概念图如图 1 所示。

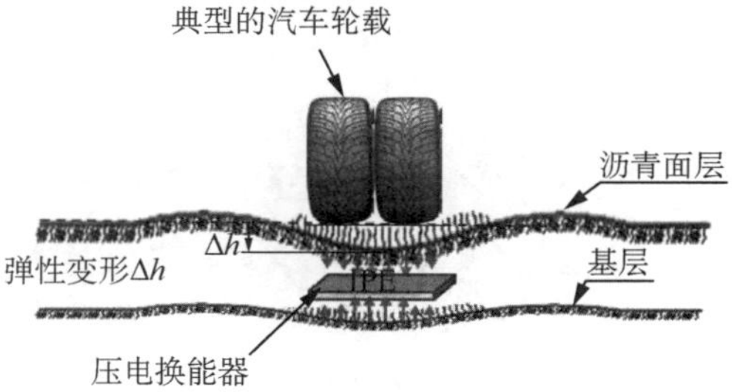

图 1 压电式智能道路概念图

通过分析，压电式智能道路需要考虑两个主要方面：①埋入道路内的压电换能器应具备较高的发电效率；②埋入压电换能器后，压电式道路应具备良好的路用性能。介质在外力作用下，电压 V 与外力 F 的关系如下：

$$V = g\frac{F}{A}h \tag{1}$$

$$U = \frac{1}{2}V^2C = \frac{1}{2}\left(g\frac{F}{A}h\right)^2C \tag{2}$$

式中 V——介质两端产生的电压，V；

g——与介质类型相关的常数，V·m/N，可通过实验测试得到，市场上销售的压电材料一般都提供该常数；

F——作用于介质顶面的力；

A——介质顶面面积，m^2；

h——介质高度，m；

C——电极间的静电容；

U——电势能。

由上面两式可以看出，在压电效应中，电压 V 与外力 F 成正比，能量 U 与外力 F 呈二次方关系，因此提高外力 F 可以有效地提高能量的转化效率。由于行车荷载是固定的（0.7 MPa），所以提高外力 F 的根本方法是通过改变压电换能器的结构来增大其横向受力。

1.2 研究内容

主要研究内容如下：

(1) 路面能量收集与换能器应力放大结构的提出；

(2) 面向能量收集的压电式器件；

(3) 结构评价及路用性能检测。

2 压电换能器结构设计流程

2.1 压电换能器结构评估方案

对于一定规格的压电材料，其具有的传递和放大应力的能力是稳定的，所以只有作用在压电材料上的外力越大，通过压电转换得到的能量才越多。因此，换能器换能效率的高低取决于压电换能器的结构能否将车辆作用于路面的荷载最大限度地转化到压电材料上，这也是主要的研究内容。

对于埋置在道路内部的压电换能器，通过压电效应转化的电能，可由式(3)确定。

$$U_E = \frac{1}{2}qV = \frac{1}{2}V^2\frac{\varepsilon_r^t\varepsilon_0 A}{t} \tag{3}$$

式中 q——产生电位移后材料表面所带电荷量；

V——开路条件下换能器两端电势差；
A——压电陶瓷顶面面积；
t——压电陶瓷厚度；
ε_0——压电陶瓷的真空介电常数；
ε_r^t——压电陶瓷的相对介电常数。

从压电效应得到的电能表达式可以看出，这一项是与压电陶瓷本身性质有关，电能与压电材料的面积成正比，与压电材料的厚度成反比。不同的压电材料具有不同的介电常数，这也会影响所获得电能的大小。V 指的是压电换能器的结构所能传递到压电陶瓷上的应力引起的电势，是外部因素。所以提高压电换能效率的措施可以从这两个途径入手。

2.2 压电换能器换能效率评价指标

压电换能器换能效率评价指标有三项：①应力放大倍数；②换能效率；③与路面耦合性。

3 不同压电换能器性能分析

3.1 楔块结构

最外侧物体为金属凹槽，凹槽内部左右各一块压电陶瓷，上面放置一个楔块状的金属物体，形状与压电陶瓷的形状正好符合。楔块用于传递应力，汽车胎压荷载通过上顶板转化为0.7 MPa 的均布荷载并通过楔块结构进行应力的放大。该结构叫做楔块结构。鉴于楔块结构在各个方向上应力放大效果均不理想，因此并未对其进行电压分析。

3.2 矩形桥式结构

中间为压电陶瓷，上下为矩形端帽，这种结构叫做矩形桥式结构。经有限元模拟得到矩形桥式结构在汽车荷载 0.7 MPa 作用下可以产生 212 V 的电压。

3.3 内嵌桥式结构

中间为压电陶瓷，上下各为一片内嵌式桥式端帽，这种结构叫作内嵌桥式结构。经有限元模拟得到内嵌桥式结构在汽车荷载 0.7 MPa 作用下可以产生 650 V 的电压。

3.4 叠加内嵌桥式结构

中间为压电陶瓷，上下各为一片叠加内嵌桥式端帽，这种结构叫作叠加内嵌桥式结构。经有限元模拟得到叠加内嵌桥式结构在汽车荷载 0.7 MPa 作用下会产生 230 V 的电压，电势沿厚度方向变化。

3.5 小结

各种结构的应力放大倍数统计结果如表 1 所列。

表 1 各种结构的应力放大倍数统计结果

结构类型	平均应力/MPa
楔块结构	−0.55
联能结构	−2.35
矩形桥式结构	12.7
叠加内嵌桥式结构	13.4
圆弧桥式结构	14.48
内嵌桥式结构	26.8

通过对已有文献查阅和改进后结构的介绍，以及进行的力学和有限元分析，得到以下结论：

(1) 多样的桥式结构都是在基于圆弧桥式结构的基础上进行创新与改进而来的。

(2) 内嵌桥式结构的应力放大倍数较大，在 0.7 MPa 的汽车均布荷载作用下产生的电压在 650 V 左右。

(3) 叠加内嵌桥式结构在有限元分析中产生的电压虽然只有 230 V，但是叠加内嵌桥式结构很大程度上缓解了应力集中现象。

经综合分析，确定出三种结构(圆弧桥式结构、内嵌桥式结构和叠加内嵌桥式结构)进行实物模型的制作以及后续的 MTS 和 MMLS3 加速加载试验。

4 试验设计

4.1 压电换能器设计

试验所采用的压电材料是 PZT-5H 复合材料，相对于有机压电材料和无机压电材料，复合的压电陶瓷具有更好的导电性和稳定性。在尺寸设计方面，考虑到换能器在制备完成后要放置在道路上面层中，体积不能太大，因此我们定做了长和宽分别为 3 cm 和 2 cm 的压电陶瓷。为了检测压电换能器的换能效率是否受到端帽材料刚度的影响，我们选取了三种不同的材料(磷青铜、黄铜和不锈钢)来进行实物模型的制作。

4.2 压电换能器的 MTS 测试试验

考虑到取材的便利性和实际试验台大小的限制，我们使用马歇尔试件的模具作为封装容器。马歇尔试件模具的底部用沥青混合料封住，模具内部填满细砂，以模拟换能器在道路中受均布荷载的情况。每次试验我们会记录不同埋置深度得到的电压大小来评价各个埋置深度对应的应力放大效果。试验选用 10 Hz 的正弦波作为外力加载的形式，以使试验效果更接近实际道路的工作状态。

0.3 mm 的磷青铜端帽材料过软且厚度不够造成整体刚度不够，致使磷青铜结构的能量转化效率不高。选用较硬的不锈钢并且增大端帽的厚度会有一定的改善效果。0.3 mm 的钢端帽在强度和应力放大效果上的表现均不如 0.4 mm 和 0.5 mm 的端帽。本组实验中我们仍然选择了两种不同厚度的陶瓷片。实验结果证明，压电陶瓷的厚度对能够得到的电压值并没有影响，但对产能会有影响，较薄的陶瓷片的产能相对更多。

从破坏形式上来看，选用了较硬的不锈钢材料避免了端帽压扁的破坏，大多数换能器的抗压强度都得到了提升，总体破坏强度在 0.7 MPa 以上。大多数的破坏是压电陶瓷和端帽黏接处的松动破坏，少数换能器在压电陶瓷或端帽底部内嵌处出现断裂。

叠加内嵌式结构的三组实验得到的数据都比较相似。叠加内嵌式的抗压强度也较大，均大于 0.9 MPa。在 0.7 MPa 的外部荷载作用下得到的电压也在 150 V 上下。叠加内嵌式结构的整体破坏强度较大，但是应力放大效果一般。

在前文的 MTS 测试试验中有提到，压电换能器在埋入路面之前必须进行封装。封装能够使换能器受到的荷载变得更为均匀、缓和，从而避免直接埋入路面可能受到的应力集中和冲击荷载。换能器封装如图 2 所示。

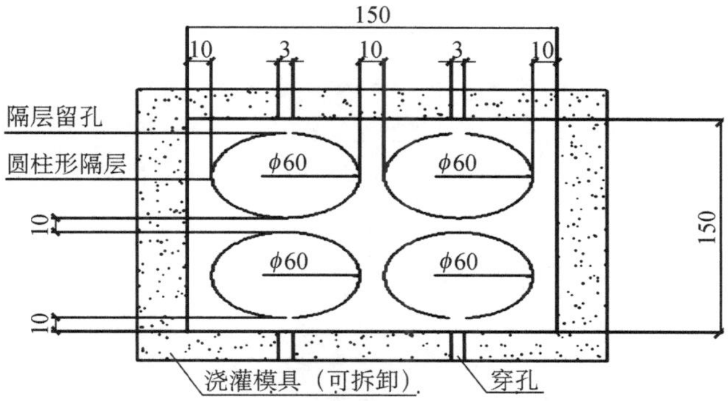

图 2　换能器封装(单位:mm)

4.3　MML3 加速加载试验

在试验开始前，由于在已经压好的车辙板中加入了压电换能器，所以要优先考虑换能器的工作状态，需要调整合适的胎压来保证换能器不会被压坏。

本次试验我们主要关注两方面的数据：一方面是不同加载次数下换能器的电压值；另一方面是不同加载次数下车辙板的车辙深度。加载次数设为 15 万次。每过 1 万次，记录测得的电压和车辙板的车辙深度。

为了能够在加速加载设备中进行试验，我们选择将压电换能器埋入车辙板中。首先，需要固定各个封装好的换能器的相对位置。这一步我们选择先做一个尺寸较小的沥青混凝土块，在混凝土块中放入换能器以便将换能器的相对位置固定住。之后便将整块小的沥青混凝土块放入车辙板中。

从直观效果来看，压电换能器在埋入车辙板之后仍然有一定的应力放大效果。在车轮作用下，换能器能够产生一定大小的电压，测得的电压最大值达到 202 V。在加载过程中，我们将 LED 小灯泡与单个压电换能器相连来查看换能器的工作状态。实验结果证明，单个压电换能器的电压足够点亮小灯泡。

4.4 小结

加速加载试验的疲劳加载次数为 15 万次。在检测到的电压中，荷载施加初期电压较小，随后迅速增大。当荷载达到 5 万次左右时，各个换能器的电压先后达到峰值。之后电压逐渐下降，并在荷载达到 10 万次之后趋于稳定。放有换能器的车辙板由于制作中压实不够，在各个应力条件下的车辙深度相比对照的空白板都较深。

实验过程存在一定的误差：在实际制作过程中，端帽的制作水平、压电陶瓷片的性能差异、实验误差和试验中放置时的受力情况都会导致实验数据与有限元理论分析数据不太一致。但实验结果说明，内嵌桥式结构具有应力放大效果且在路面能量收集过程中起到了核心作用。未来，智能压电式道路肯定会为城市的绿色低碳生活做出巨大的贡献。

参考文献

[1] 宋道仁，肖明山. 压电效应及其应用[M]. 北京：科学普及出版社，1987.

[2] 陶宇杰，赵鸿铎. 沥青路面内桥式压电换能器性能分析[J]. 上海公路，2012(1)：56-60.

[3] 贾杰. 压电发电装置的能量转换及存储特性研究[D]. 长春：吉林大学，2008.

作者简介

权晨嘉，同济大学交通运输工程学院，交通工程专业。

林中朴，同济大学交通运输工程学院，交通工程专业。

姚佳蓉，同济大学交通运输工程学院，交通工程专业。

王寒冰，同济大学交通运输工程学院，交通工程专业。

指导老师

赵鸿铎，教授，同济大学交通运输工程学院。

基于热电效应的沥青路面热能收集与利用技术研究

周正阳，孔雨萌，张秋晨，李君祥

|摘要|

本文针对沥青路面夏季面层温度较高的特点，在分析热电效应原理和半导体温差发电材料热电特性的基础上，结合对沥青路面内部温度场的研究，讨论并建立了沥青路面传热、吸热模型，开发了基于热电效应的沥青路面热能收集与利用技术及实验示范装置。在提出具有导热型沥青面层的热电模块理论布置的基础上，设计模拟示范实验，分析实验装置各单元温度，以及温差与开路电压、短路电流的关系，并计算了实验装置的热电效率与发电水平。结果表明，该装置加强了沥青混凝土内热量的转移，从而起到降低路面温度、减少高温病害的作用。

|关键词|

沥青路面；热电效应；半导体温差发电；温度场模型；导热型沥青面层；模拟实验；降低路面温度

1 研究背景

沥青路面太阳能集热技术在能源开发利用中具有独特的优势。黑色的沥青路面具有很强的太阳能吸收能力，其吸收率高达 90%，在夏季高温时路面温度可达 65℃。与传统的太阳能集热系统（如太阳能热水器的集热面板）相比，沥青路面具有很大的集热面积，并且路面温度的滞后效应使其可以在日落之后继续收集路面残留的热量，从而有效缓解夏天城市的热岛效应。因此，对于沥青路面太阳能集热技术的研究具有十分重要的理论意义和实用价值。

2 沥青路面热电模块基本问题

2.1 热电原理

1821 年，德国物理学家赛贝克发现在两种不同的金属构成的回路中，如果两个结点的温度不同，回路中就有电动势存在，这种现象被称为赛贝克效应。对温度分别为 T_1 和 T_2 的两个结点，用导体材料 A 和 B 相连，若结点间的温度差在一定范围内，则回路中将产生电动势。

2.2 热电模块

本文采用 SP1848-27145 型半导体温差片，它是由 P 和 N 两种不同类型的半导体温差发电材料经导流片串联并将导流片固定于陶瓷片上制成的。

本文对 SP1848-27145 型半导体温差片的热电性能进行了实测，并建立了温差与开路电压、短路电流的线性关系：

$$温差\text{-}电流：I = 6.1t + 110 \tag{1}$$

$$温差\text{-}电压：U = 0.0473t - 0.124 \tag{2}$$

2.3 热电模块布置

本文就沥青路面温差发电的热电模块布置提出了两种理论布置方法，以符合道路工程中的实际应用。为了简化热电转换过程，提高装置运行的稳定性，本文初期不考虑在沥青面层埋置管线，使用如自来水、空气等换热工质的热电布置，并以实现热电转换基本功能作为主要目标。

考虑到热电模块陶瓷材料的抗压、抗剪性能未知，为防止热电模块直接受到行车荷载的作用，故将其布置在路缘石与道路排水设施以下的位置。如图 1 所示，通过导热铝板将导热沥青面层的热流向路侧传递，导热铝板作为热源，采用隔热材料保证其热量不发生散失，结合对路面结构温度场的研究，以水泥混凝土基层作为冷源，竖向布置热电模块来实现温度差，减少半导体温差发电片冷热端之间的热交换。

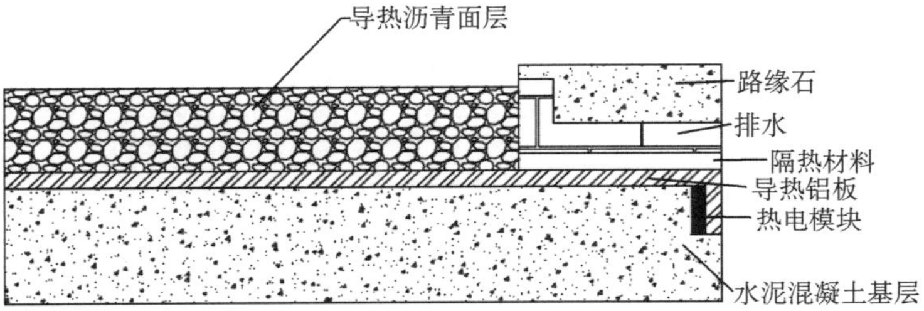

图 1　理论布置方法一

如图 2 所示，初期不考虑热电模块在行车荷载作用下的路用性能，将其直接布置在导热沥青面层下方，以导热沥青面层下表面作为热源，在水泥混凝土基层上布置导热铝板，将其作为冷源，增大散热面，并以隔热材料分隔热电模块，减少热源冷源之间的热交换。同时，考虑设置排水管线以保持导热铝板的温度稳定在较低水平，增大温差，实现持续稳定的热电转换。

基于对热电模块理论布置方式的研究，本文采用如图 3 所示的方式来布置沥青路面温差发电示范装置。其中，在导热沥青面层中埋设温度传感器以得到较为准确的沥青面层内部温度，从而为热电模块对沥青面层温度场影响效果的研究提供可靠数据。

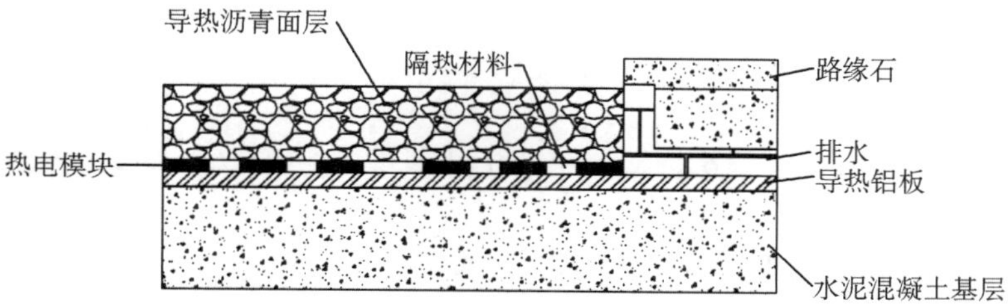

图 2　理论布置方法二

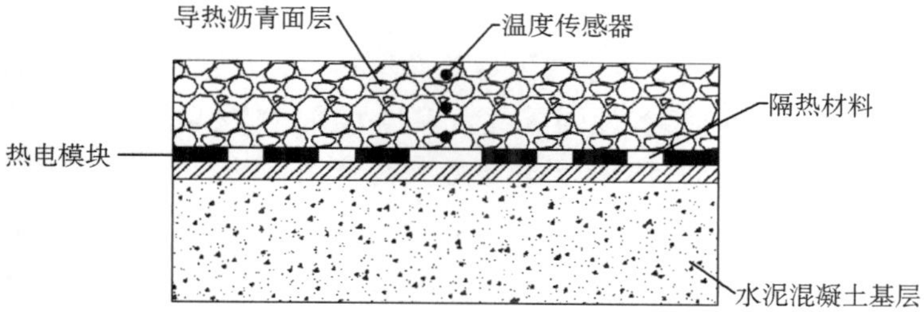

图 3　实验布置方法

2.4　沥青路面集热模型建立

沥青路面的集热过程包括了太阳直接辐射、逆辐射以及对流传导这三个主要过程。受外部环境和路面内部的综合影响，在集热模型中以材料的传导系数、对流系数和吸收系数等热学参数来体现。由于沥青路面的集热传导过程具有累积性和滞后性，其集热过程为动态过程，集热模型以热能流来表征。

由系统能量守恒定律可以得出路表面的能量平衡公式：

$$Q_g=A(q_s+q_{tr}+q_c) \tag{3}$$

式中　Q_g——路表面热力学增量，kJ；

A——路面表面积，m^2；

q_s——太阳直接辐射热密度，$kJ/(m^2 \cdot h)$；

q_{tr}——逆辐射热密度，$kJ/(m^2 \cdot h)$；

q_c——对流引起的辐射热密度，$kJ/(m^2 \cdot h)$。

各热流密度的计算分别如下：

$$q_s=\alpha_s I_t \tag{4}$$

式中　α_s——沥青混凝土的热吸收系数，取 $\alpha_s=0.9$；

I_t——沥青路面吸收的太阳直接辐射，W/m^2。

$$q_{tr}=\alpha_\beta(t_a-t_s) \tag{5}$$

式中　α_β——热辐射系数；

t_a——大气温度，℃；

t_s——路表温度，℃。

$$q_c = h(t_a - t_s) \tag{6}$$

式中,h 为对流换热系数。

所以,路表面热力学增量为

$$Q_g = A(q_s + q_{tr} + q_c) = A[\alpha_s I_t + (\alpha_\beta + h)(t_a - t_s)] \tag{7}$$

3　导热型沥青混合料的级配设计

3.1　导热性填料

沥青混凝土为热的不良导体,通过掺入导热性填料,可以改善其导热性能。石墨具有热导率高、耐腐蚀性能好、与沥青相容性强等优点。当石墨的体积含量大于某一临界值时,易形成导热网络,从而有利于提高材料的导热系数。片状结构的石墨具有润滑作用,有利于分散在沥青混合料中,石墨作为导热性填料具有较高的耐热性能,在沥青混合料的制备过程中不会因拌和温度高而改变其物理化学性质。故本次实验选用石墨作为导热性填料。

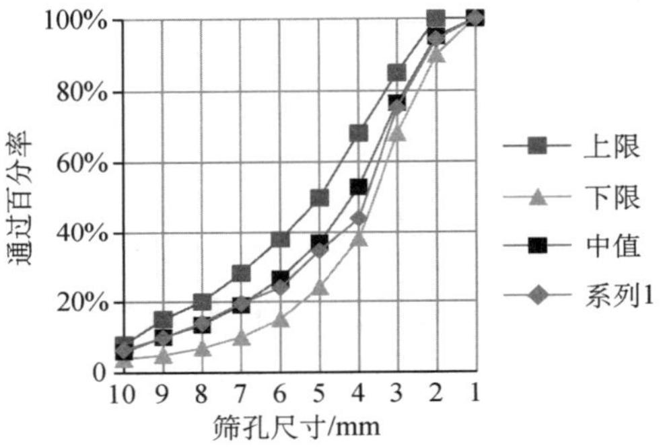

图 4　实验选用的 AC-13 的级配曲线

3.2　导热沥青混合料

在 AC-13 级配沥青混合料中掺入导热性填料石墨,进行热电路面的设计、制备。以代替部分矿粉的方式复合石墨,其掺量占沥青体积的 18%,这个掺量已经被证明能良好地发挥石墨的导热性能,又不会影响混合料本身的路用性能。

在工程实践中,矿质混合料的最大密实曲线接近 $n=0.45$ 的级配曲线,见图 4 中的中值。常用矿质混合料的级配曲线一般在 0.3~0.7 之间,见图 4 中的上限和下限。而本实验中所采用的级配位于上、下限之间且比较接近中值线,说明级配状况良好。

4　沥青路面集热实验

根据之前在室内进行的模拟实验,使用碘钨灯照射 1 h 后,沥青路面的温度大约为 70℃,与上海地区夏季高温时的路面温度接近,故选取 1 h 为照射时长,1 h 为散热时长,以 5 min 为间隔观测沥青面层表面、沥青面层地面(热源)和铝板(冷源)的温度,以及所产生的电压。

4.1　实验一

从图 5 可以看出,面层底面温度相较于面层表面温度有着明显的滞后效应,而与冷源直接相连的铝板则一直保持着较低的温度,且较为稳定。这些都与之前的理论预测保持一致,也证明了温度的测量方法选取适当,结果较为准确。

相比温度的平稳变化,电压的变化呈现初期猛增,后期平稳的特点,如图 6 所示,这主要

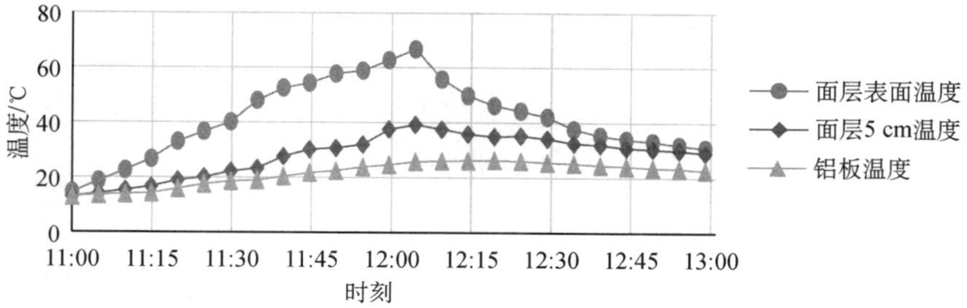

图 5　第一次实验温度变化

是由于电压的输出端连接了升压稳压装置。实验中最大温差出现在 12:05 时刻,温差为 39.2−25.7=13.5℃,根据前面拟合得到的公式,计算其理论电压应为

$$U=6\times(0.0473\times13.5-0.124)=3.09\ \text{V}$$

实测电压仅有 0.65 V(图 6),这是因为安装了升压器的缘故,使得所测的电压并不是温差发电装置的开路电压。但其好处在于可以通过升压器把电压提升至 5 V,且稳定地输出,从而带动用电器正常工作。

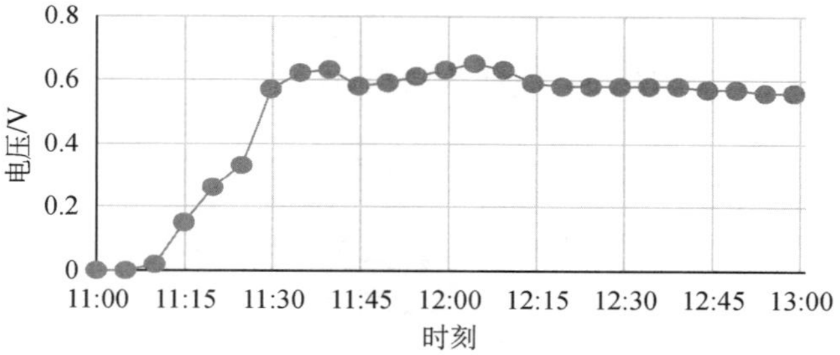

图 6　第一次实验电压变化

4.2　实验二

实验二和实验一相比有三点明显的改进:一是去除了升压稳压模块,从而可以测出整个装置的开路电压;二是为了获得更明显的实验效果,温差片采用八片串联;三是在铝板外侧贴上隔热材料,使得铝板与热源完全隔开。

实际最高电压为 1.26 V(图 7),达到了理论计算值的 45.2%。

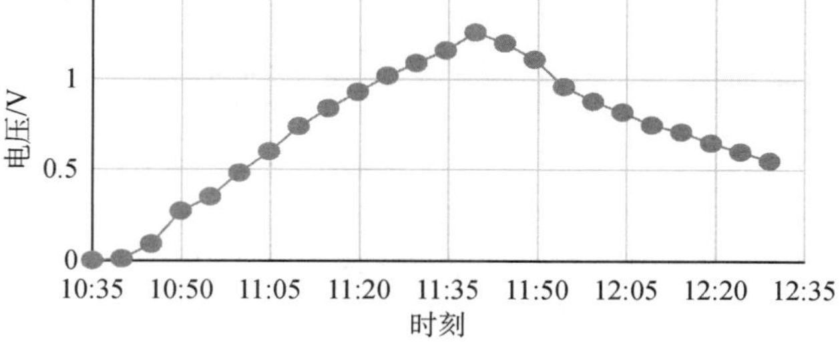

图 7　第二次实验电压变化

4.3 实验三

本次实验对象为掺杂了石墨的普通连续密级配道面板，且下接铝板和温差发电装置，观测其温度变化，并与实验二进行对比，结果如图 8 所示。

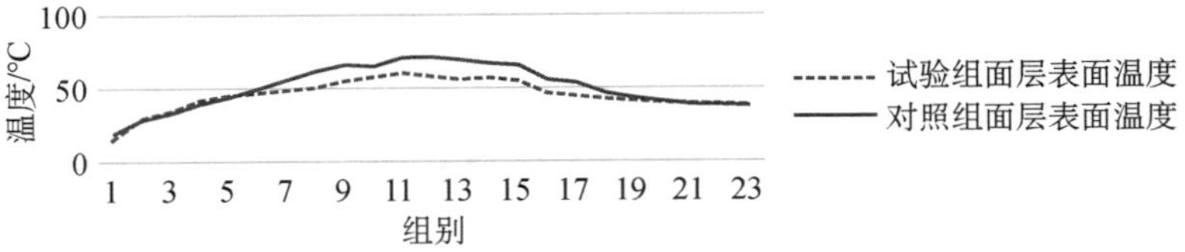

图 8　与第二次实验表面温度对比

从图 9 可以看出，掺杂了石墨的道面板温差比不掺石墨的平均低 3～4℃，证明石墨确实有助于提高沥青路面的传热效率，让路面的表层热量尽快传递到下部，实现热量的均匀分配，对降低表面温度及提升热电温差都有显著帮助。

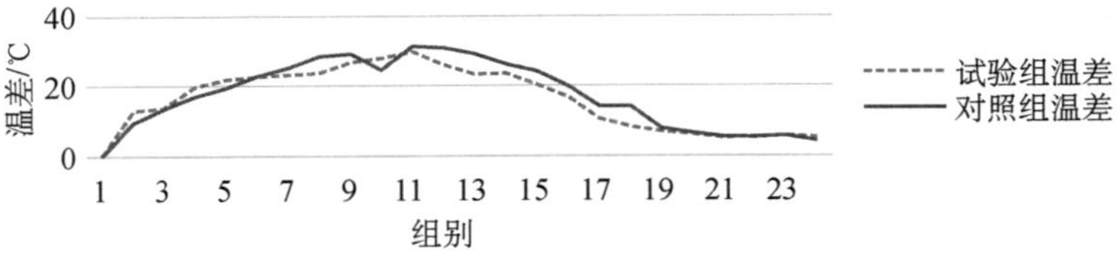

图 9　与第二次实验的表面至面层 5 cm 处温差对比

普通道面板温度变化的大致趋势和之前两组实验相一致，但无论是表面温度还是面层 5 cm 处温度，较第二次实验都有明显升高，虽然实验当天的环境有稍许差异，但无论是气温还是风力，两次实验都相差不大。在保证其他实验条件相同的情况下，利用碘钨灯照射 1 h 后，使用热电装置的道面板比普通道面板温度要低 10.3℃，由此可以看出热电装置对于将热能转化为电能，并辅以石墨的散热性，可以在一定程度上降低路面温度。

5　结论与展望

本文对热电的基本原理和转化效率进行了讨论；分析了沥青路面的传热模式、建立了传热模型；设计了导热型沥青混凝土混合料，后期可结合反射涂层技术，实现凉爽路面；进行了沥青集热技术的室内模拟试验，可进一步优化改进，记录长期数据。

参考文献

[1] 徐德胜. 半导体制冷与应用技术[M]. 2 版. 上海：上海交通大学出版社，1999.

[2] 秦键，张宏超，孙立军. 沥青路面温度场的分布特性及预测[C]//交通运输部科学研究院. 第八届国际交通新技术应用大会论文集. 北京：人民交通出版社，2004：488-492.

[3] 德尔蒙特. 碳纤维和石墨纤维复合材料技术[M]. 北京：科学出版社，1997.

[4] 李波. 导热沥青混凝土及其性能研究[D]. 武汉：武汉理工大学，2008.

[5] 胡甫才，朱顺敏，汪岸，等. 沥青路面温差发电系统设计分析与试验研究[J]. 武汉理工大学学报(交通科学与工程版)，2014(4)：834-838.
[6] 吴少鹏，陈明宇，韩君. 沥青路面太阳能集热技术研究进展[J]. 公路交通科技，2010，27(3)：17-22.

作者简介

周正阳，同济大学交通运输工程学院，交通工程专业。
孔雨萌，同济大学交通运输工程学院，交通工程专业。
张秋晨，同济大学交通运输工程学院，交通工程专业。
李君祥，同济大学交通运输工程学院，交通工程专业。

指导老师

孙大权，研究员，同济大学交通运输工程学院。

基于振动数据的城市公交车行驶平顺性评价研究

曾海天，齐澜仪，张舒沁

|摘要|

常规地面公交是城市公共交通系统的重要组成部分,公交车辆的行驶平顺性评价对于保障乘客的乘坐舒适性具有重要意义。本文基于实际行驶条件下的振动测试数据,从车辆固有振动性能、道路平整度、驾驶员操作的稳定性和攻击性四个方面对公交车行驶平顺性进行考量,构建了公交车行驶平顺性评价模型,并利用三次典型的测试数据进行了模型检验和平顺性主要影响因素的分析。

|关键词|

行驶平顺性；公交车辆；道路安全；振动检测

1 引言

常规地面公交在城市公共交通系统中占有重要地位。2014 年,上海市综合交通年度报告显示,全市公共交通日均客运量达 1 741.5 万乘次,其中公共汽电车占据主体地位,占比为 42.6%,高于轨道交通 39.4%的占比。在“以人为本”的交通发展理念下,如何保障庞大的地面公交出行人群的乘坐舒适性以及安全性已成为一个不容忽视的问题。

车辆的行驶平顺性是指汽车在行驶过程中,保持乘员所处的振动环境具有一定的舒适度及保持货物完好的性能。汽车在行驶状态下,车辆发动机的运转和其他外部因素会共同激起汽车的振动,从而使驾驶员、乘员处于振动环境之中。当人体长时间处于较强烈的振动环境中时,容易滋生头晕、烦躁、注意力不集中等状况,特别当振动频率接近人体器官的固有振动频率时,人体更容易产生不适并引发呕吐等症状。由于平顺性与乘坐舒适性之间存在直接联系,因此车辆的平顺性评价具有较好的实用意义。

车辆平顺性的客观评价一般以车辆的振动测试所得的数据为主要依据。现有的平顺性评价方法通常用于测试车辆本身的固有性能,但无法准确地反映实际行驶环境下公交车的平顺性。而在实际行驶过程中,公交车辆的平顺性除了受到车辆性能的影响外,还与路面平整度以及驾驶员的操作有关,例如不平整的路面会导致车辆上下颠簸,驾驶员剧烈的加减速、转向操作也会影响车辆行驶平顺性。结合上述分析,本文将针对实际行驶条件下的公交车辆，综合多方面因素，建立其平顺性评价模型并进行验证。

2 平顺性评价的现有标准

2.1 现有标准

国外对汽车平顺性最早的研究结果发表于1935年。20世纪60年代，国际标准化组织（International Organization for Standardization）启动了《人体承受全身振动的评价指南》的制定工作，并于1974年颁布了 *Aluminium oxide primarily used for the production of aluminium—Determination of an adsorption index*[ISO 2631:1974(E)]，它是最早的有关机械振动评价的国际标准。之后，该标准进行了一系列修订，最新版本为ISO 2631:1997(E)，是国际上通行的振动评价标准，权威性较高。我国标准《汽车平顺性试验方法》(GB/T 4970—2009)也是基于该标准制定的。在公交车等大型客车的评价方面，我国最新的汽车行业的推荐标准为《客车平顺性评价指标及限值》(QC/T 474—2011)，该标准主要规定了针对客车的平顺性测试方法及相应的指标限值。

相关国家标准中规定了平顺性测试所用的设备种类、数量及点位，并给出了一套标准化的程序，故广泛应用于车辆的平顺性质量检测。但是，实际运营状态下的公交车辆并不处于标准测试环境中，其行驶平顺性的影响因素更为复杂，仅以国家标准或国际标准进行判定的方式存在局限性。不过国际标准中对于振动数据的处理方式的确具有很高的科学性，因此本文在振动数据的处理方面采用了国际标准中所给出的方法。

2.2 加权加速度均方根值计算方法

在ISO 2631:1997(E)标准中，提出以计算振动加速度的加权均方根值作为振动的特征指标，并进一步根据此指标来进行振动评价。该标准中的方法通过加权滤波、求加权均方根等步骤，将振动加速度信号的幅值、频率等因素与人体对不同振动的反应联系起来。以下为ISO 2631:1997(E)标准中以频域法计算加权加速度均方根值 a_w 的过程。

频域法首先对记录的加速度时间历程 $a(t)$ 进行频谱分析，利用傅里叶变换并按Welch法得到振动信号的功率谱密度 $G_a(f)$，再根据下式计算加权加速度均方根值 a_w：

$$a_w = \left[\int_{0.5}^{80} w(f) G_a(f) \mathrm{d}f\right]^{\frac{1}{2}} \tag{1}$$

式中，$w(f)$ 是各轴向的频率加权函数。对于竖直方向的振动，其中轴向频率的加权函数 $w(f)$ 为

$$w(f) = \begin{cases} 0.5, & 0.5 < f < 2 \\ f/4, & 2 < f < 4 \\ 1, & 4 < f < 12.5 \\ 12.5/f, & 12.5 < f < 80 \end{cases} \tag{2}$$

频率加权函数的作用在于区分不同频率的振动对人体的差异性影响。

人体能够感知的频率范围为 1～1 000 Hz 的振动，且对 1～80 Hz 的振动较敏感，尤其是 4～8 Hz 的竖向振动以及 1～2 Hz 的水平振动。原因是人体各项器官的共振频率大多集中在此范围。当外界的振动频率与人体各项器官的固有频率一致或接近时，就可能引发器官的共振，从而对器官造成较大影响。

观察上述频率加权函数可以发现，当振动频率在 4～12.5 Hz 范围内时，$w(f)$取到最大值，这说明在计算 a_w 时考虑了不同振动频率对人体的不同影响程度。

3 公交车行驶平顺性的评价方法

3.1 指标选取

公交车辆的行驶平顺性受到多方面因素的影响。本文从车辆的固有振动性能、道路平整度、驾驶员操作的稳定性和攻击性四个方面，选取了四项指标作为评价模型的基本输入参数。

1. 怠速测试下的垂向加速度均方根值 $a_{w,s}$

不同型号的公交车辆的动力和悬架结构不同，导致它们的固有振动性能也不相同。然而，即使是相同型号的车辆，它们的固有振动性能也可能随着车龄、部件老化程度的不同而存在差异。车辆的固有振动性能必然会影响行驶时的平顺性。

因此，为了表征公交车辆的固有振动性能，本文选取了怠速测试下的垂向加速度均方根值这一指标。该指标的计算是基于车辆怠速运行时所测得的振动数据，反映出车辆在不受外部条件影响下的振动情况，用符号 $a_{w,s}$ 表示。

2. 行驶测试下的垂向加速度均方根值 $a_{w,r}$

公交车在道路上实际行驶时，其垂向振动主要受路面平整度的影响。当公交车在平整度差的路面上行驶或者以较快的速度通过减速带等凸起物时，车辆会产生大幅度的上下振动，进而引发车内乘客的不适。

为了表征公交车在实际行驶时的垂向振动情况，本文选取了行驶测试下的垂向加速度均方根值这一指标。该指标的计算方法是通过对实际行驶中的公交车进行振动测试，得到垂向振动数据后经过处理再得到均方根值，从而反映出公交车在行驶时上下振动的情况，用符号 $a_{w,r}$ 表示。

3. 水平面振动加速度的离散程度 D

水平面振动是指车辆前进方向、前进方向水平面内的垂直方向的振动，不妨将这两个方向的振动加速度分别用 a_x、a_y 表示。a_x、a_y 与司机的驾驶行为关系密切，a_x 反映了司机踩油门的大小或者刹车力度的大小；a_y 反映了司机转弯和变道操作的剧烈程度，a_y 值越大说明司机的操作越剧烈，乘客在车厢中也就越不容易站稳甚至可能摔倒。对于有经验、驾驶平稳的司机而言，他能够使车辆在水平面保持较好的平顺性，表现为车辆的 a_x、a_y 指标分布较为集中、方差较小。因此，考虑计算 a_x、a_y 的综合离散度指标 D：

$$D = \mathrm{Var}(a_x^2 + a_y^2) \tag{3}$$

式中，Var(…)为计算方差的函数。

4. 攻击性驾驶水平 A

攻击性驾驶行为的表现为车辆水平振动数据 a_x、a_y 出现过高的数值，反映了司机可能有猛加速、急刹车、急速变道等激进的驾驶行为。这类驾驶行为不仅会造成乘客的不舒适、影响公交车行驶的平顺性，而且存在一定的道路安全隐患。为了评价司机的攻击性驾驶水平，建立攻击性指标 A：

$$A=\frac{N_a}{N}\times 100\% \tag{4}$$

式中 N——测得的数据点对(a_x，a_y)的个数；

N_a——攻击性驾驶点对的个数。

对于数据点对(a_x，a_y)是否属于攻击性驾驶点对，可采用攻击性驾驶行为判定界限进行判断，如图1所示，超出安全界限的数据点对即为攻击性驾驶点对。

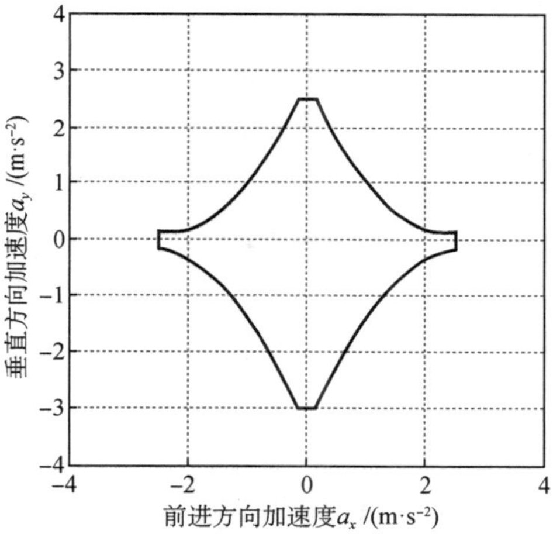

图1　攻击性驾驶行为判定界限

3.2　评价模型的建立

公交车的行驶平顺性受到多方面因素的影响。本文3.1节已经分析得到四项评价指标。为了对这四项指标进行综合考量并合理地分配权重，本节将利用AHP模型中的比较矩阵建立综合平顺性因子 R 的计算模型。

针对前述四项指标，构建比较矩阵 $\boldsymbol{A}$：

$$\boldsymbol{A}=\begin{bmatrix}1 & 1/5 & 1/3 & 1/4\\5 & 1 & 2 & 3\\3 & 1/2 & 1 & 2\\4 & 1/3 & 1/2 & 1\end{bmatrix}$$

其中，矩阵由上至下、由左至右依次代表 $a_{w,s}$、$a_{w,r}$、D 和 A 四个指标，a_{ij} 代表第 i 项指标相对于第 j 项指标的重要程度。

接下来对矩阵的一致性进行检验。计算得到矩阵的最大特征值 $\lambda_{max}=4.1172$，则一致性指标 CI 为

$$CI=\frac{\lambda_{max}-n}{n-1}=0.0391$$

式中，n 是矩阵的维数。查表可知，当 $n=4$ 时，平均一致性指标 RI 为 0.90，则 CR 的计算结果为

$$CR=\frac{CI}{RI}=0.0434<0.1$$

因此，可以认为该矩阵通过了一致性检验。

求得 λ_{max} 对应的特征向量为

$$\boldsymbol{W}^*=[0.0739,\ 0.4709,\ 0.2672,\ 0.1880]^{\mathrm{T}}$$

该向量即为各因子所占权重。

由于 $a_{w,s}$、$a_{w,r}$、D 和 A 四项指标中除 $a_{w,s}$ 以外，其余三项的计算均需要有一定的时间跨度。为了表征车辆在行驶过程中的平顺性变化，规定 $a_{w,r}$、D、A 以 100 个原始数据点为窗口移动计算。另外，由于指标间的数量级存在差异，因此对四项指标做归一化处理：

$$\left.\begin{aligned}a_{w,s}^*&=\frac{a_{w,s}}{0.08}\\ a_{w,r}^*&=\frac{a_{w,r}}{0.38}\\ D^*&=\frac{D}{1.2}\\ A^*&=\frac{A\times100}{1.9}\end{aligned}\right\}\tag{5}$$

最终，得到综合平顺性因子 R 的计算公式如下：

$$R=0.0739a_{w,s}^*+0.4709a_{w,r}^*+0.2672D^*+0.1880A^*\tag{6}$$

4 实验分析

本文选取了位于上海市不同区域的 3 条公交线路进行测试，采集实际运营中的三轴振动数据，测试的点位为《客车平顺性评价指标及限值》(QC/T 474—2011)标准中指定的驾驶员同侧最接近后桥正上方的座椅，每次测试时长设置为 45 min，在怠速条件下进行 1 min 左右的测试，并记录测试员对司机驾驶风格的主观评价。

依据实验中测试的振动数据，按照本文提出的平顺性评价模型，分别计算公交 42 路、730 路和安亭 1 路的综合平顺性因子 R，得到 3 条公交线路测试中的 R 值随时间的变化情况，结果如图 2—图 4 所示。其中，横轴代表时间序列，每个单位为 100 s。

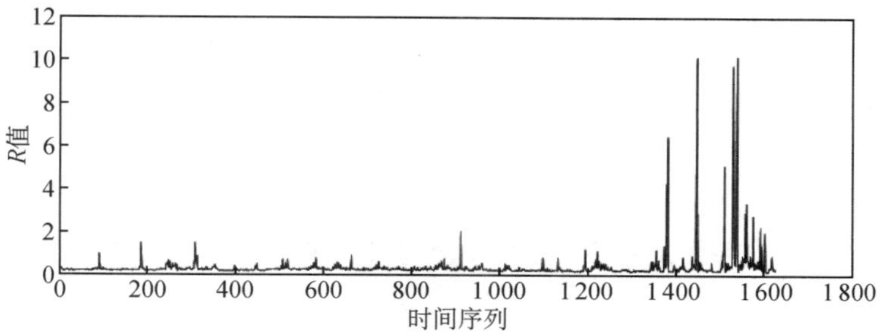

图 2　公交 42 路综合平顺性因子 *R* 序列

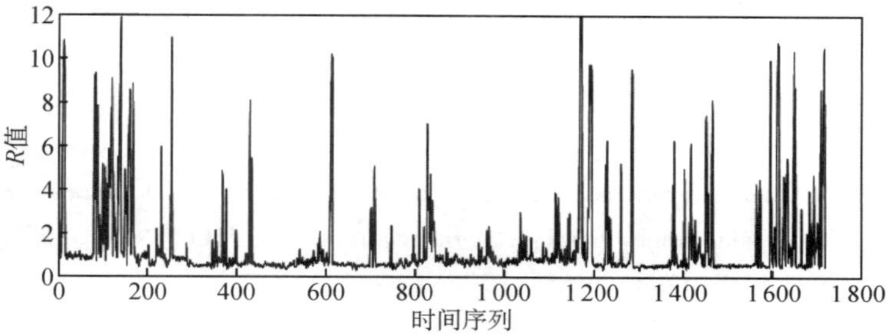

图 3　公交 730 路综合平顺性因子 *R* 序列

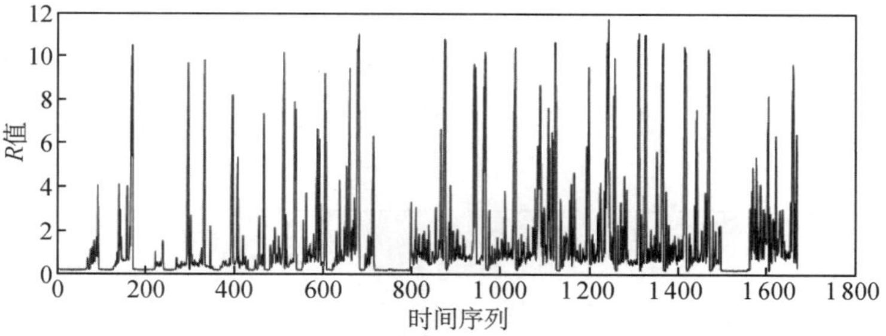

图 4　公交安亭 1 路综合平顺性因子 *R* 序列

从图 2—图 4 可以明显地看到：在测试中，公交 42 路的 R 值大部分时间保持在 2 以下，仅在时间序列为 1 400～1 600 时出现了平顺性下降的情况。总体来说，公交 42 路的平顺性良好，这与公交 42 路为电车线路、行驶路线的路面平整性良好等因素有一定关联。公交 730 路的平顺性表现中等，整个行程内多次出现了平顺性下降的情况。公交安亭 1 路则基本上全程处于不良平顺性的状态，其 R 值极不平稳且多次出现极高值（10 左右），说明安亭 1 路的整体平顺性不佳。

5　结束语

本文基于实际行驶条件下的公交车辆振动数据，从车辆固有振动性能、道路平整度、驾驶员操作的平稳性和攻击性四个方面，提出了四项评价指标，并采用比较矩阵构建了公交车行驶平顺性的评价模型。

通过位于上海市不同城区的 3 条典型公交线路的实测数据，对比分析了三向加速度原始数据的不同特征，以及综合平顺性因子 R 值的时空变化情况，最后分析了 3 条线路的总体平顺性特点及其影响因素。

公交车行驶平顺性评价方法不仅为交通管理部门监督城市公交服务质量提供了有效手段，同时也为城市道路的路面平整度监控、公交驾驶员的驾驶行为分析提供了一定的依据。

参考文献

[1] 上海市城乡建设和交通发展研究院. 2014 年上海市综合交通年度报告(摘要)[J]. 交通与运输，2014，30(6)：16-20.

[2] Lamm R, Psarianos B, Mailaender T. Highway Design and Traffic Safety Engineering Handbook [M]. New York, McGraw-Hill, 1999.

[3] International Organization for Standardization. Mechanical vibration and shock-evaluation of human exposure to whole-body vibration, part1: general requirements: ISO 2631-1-1997[S]. International Organization for Standardization, 1997.

[4] 中国第一汽车集团技术中心. 汽车平顺性术语和定义：GB/T 4971—2009[S]. 北京：中国标准出版社，2010.

[5] 中国第一汽车集团技术中心. 汽车平顺性试验方法：GB/T 4970—2009[S]. 北京：中国标准出版社，2010.

[6] 交通运输部公路科学研究院，国家客车质量监督检验中心，中国第一汽车集团技术中心，等. 客车平顺性评价指标及限值：QC/T 474—2011[S]. 北京：中国计划出版社，2011.

作者简介

曾海天，同济大学交通运输工程学院，交通工程专业。

齐澜仪，同济大学交通运输工程学院，交通工程专业。

张舒沁，同济大学交通运输工程学院，交通工程专业。

指导老师

段征宇，讲师，同济大学交通运输工程学院。

基于智能手机传感器的公交车行驶平顺性分析

饶建勋，刘琦雯，徐诣菲，李　斑，刘晋文

|摘要|

汽车行驶平顺性是指车辆在行驶过程中对来自车辆自身振动或是由路面不平引起的车辆振动的响应结果。行驶平顺性的好坏直接影响着驾乘人员的乘坐舒适性。智能手机的普及使得人们能够随时随地记录实时体验，为项目研究提供真实、实时的原始数据。本文利用智能手机的三轴加速度传感器和GPS传感器，开发测试App，并设计了实验数据采集系统，运用SPSS软件的聚类分析算法比较分析并评价了影响车辆平顺性的因素。最终，计算得到的评价结果与主观评价的感受是一致的，从而验证了评价方法的适用性以及聚类分析方法的有效性。据此提出改善公交行驶平顺性的建议与方案。

|关键词|

行驶平顺性；传感器；聚类分析；App开发

1　绪论

1.1　背景及目的

汽车行驶平顺性是指车辆在行驶过程中对来自车辆自身振动或是由路面不平引起的车辆振动的响应结果。平顺性的好坏直接影响着驾乘人员的乘坐舒适性。很多人选择汽车出行是因为汽车更为舒适，如果公交车也有较好的平顺性，那么人们或许会更多地选择公交出行。影响公交车行驶平顺性的因素概括起来可以分为两类：公交车辆的自身因素、行驶路况因素。通过软件设计以及不断地试验，我们试图探究影响公交车行驶平顺性的因素，以期帮助改善公交车行驶的平顺性，提高乘客的乘坐感受。

1.2　研究现状

我国对于汽车行驶平顺性的研究工作开展得较晚，大约在20世纪70年代左右。随着国外关于汽车行驶平顺性研究的不断深入以及精密测试设备的引进，加之国内科研人员在理论研究工作上的逐步开展，我国在车辆行驶平顺性的实验研究工作上取得了较大进展。

本文的研究内容是探究公交行驶平顺性的影响因素，由于现阶段尚没有完善的公交行驶平顺性的评价体系，因此需参考汽车平顺性的相关评价方法。

1.3 研究方法

本文利用智能手机的三轴加速度传感器和 GPS 传感器，开发测试 App，并设计了实验数据采集系统。在实验数据采集过程中，选定上海市公交 61 路其中的公交专用线路段作为试验对象，进行全程录像并记录。实验过程中主要采集公交在行驶过程中的实时位置、道路等级、车道数量、车内人数等数据，并计算出瞬时速度、加速度等参数，以便后续分析、比较及评价影响车辆行驶平顺性的因素。

2 公交行驶平顺性

2.1 定义

汽车行驶平顺性是指汽车对由车辆自身振动或由路面不平所引起的车辆振动的响应能力，是评价汽车性能的重要指标之一。频繁的加速、减速、转弯以及处于交通拥挤状况下的怠速行驶都容易使人感到不适。相对于其他交通方式，管理部门需要投入更多的资源来改善公交运行状况，从而为广大人民群众营造一个更舒适的出行环境。

2.2 影响因素

影响公交行驶平顺性的因素有两方面：一方面来自车辆本身的行驶特性，另一方面来自驾驶员的驾驶行为。而实时路况对驾驶员的驾驶行为起着决定性作用。在本试验中，一开始根据相关资料以及实际生活中的切身体验，选取了一系列可测或可计算的待验证的影响因素，具体包括：瞬时速度、道路线性、道路等级、车道数量、车道宽度、信号类型、站台类型和车内人数等。

2.3 平顺性计算方式

汽车的平顺性是指保持汽车在行驶过程中乘员所处的振动和冲击环境具有一定舒适度的一种性能。在车辆工程学科中，专门介绍了汽车的平顺性可通过“路面—汽车—人”系统进行分析。而在本实验中，由于采用的是智能手机，且无其他检测设备，所以“路面平整度”由道路等级与车道宽度间接反映，并且略去评价指标中的“撞击悬架限位概率”，仅重点考虑“加权加速度均方根”这一指标。

2.4 平顺性评价指标

国内在关联平顺性的主客观评价指标时，采用的是国际标准《人体承受全身振动的评价指南》附录 C 中评价舒适性时的建议，如表 1 所列，本文采用基本的评价方法。

以表 1 为依据，采用人对振动的主观反应的模糊随机评价模型来计算振动舒适度烦恼率。方法如下：

表 1　评价指标限界值

评定指标	大、中型客车			轻型客车		
	旅游		团体长途	城市	高级	普通
	空气悬挂	非空气悬挂				
加速度均方根值/(m·s^{-2})	≤0.459 5	≤0.707 9	≤1.027 0	≤1.122 0	≤0.683 3	≤0.812 3
等效均值	≤113.0	≤117.0	≤120.0	≤121.0	≤116.5	≤118.0
降低舒适界限	≥2.5	≥1.0	≥0.5	≥0.4	≥1.2	≥0.8

$$P(x)=\int_{u_{\min}}^{\infty}\frac{1}{\sqrt{2\pi}\sigma u}\exp\left\{\frac{-\left[\ln\left(\frac{u}{x}\right)+0.5\sigma^2\right]^2}{2\sigma^2}\right\}\cdot v(u)\mathrm{d}u \tag{1}$$

式中，$v(u)$是与振动强度有关的模糊隶属度函数，可表示为

$$v(u)=\begin{cases}0, & u<u_{\min}\\ a\ln(u)+b, & u_{\min}\leqslant u\leqslant u_{\max}\\ 1, & u>u_{\max}\end{cases} \tag{2}$$

式中，a、b 为待定系数，可通过隶属度曲线拟合计算得出 $a=0.482\ 7$，$b=0.557\ 7$。

3　基于软件的公交平顺性采集

通过手机软件采集得到的各项数据信息示例如表 2 所列。

表 2　手机软件采集到的数据信息示例

字段名	字段类型	字段格式	数据实例
时间	Date time	yyyy-mm-dd hh:mm:ss	2015-02-04 23:05:33
经度	Number (8,5)	xxx. xxxxx	121.49859
纬度	Number (8,5)	xxx. xxxxx	31.28849
X/Y/Z 加速度	Number (8,5)	xx. xxxxx	9.63068
X/Y/Z 方向角	Number (8,5)	xxx. xxxxx	286.1376

4　案例分析

4.1　数据的可视化表达

为了让实验测得的数据更为直观，且便于分析与比较，运用 Google Earth 手机软件，将从不同线路上实测的数据绘制在卫星地图上。根据测量点的经度和纬度描点画线，与公交

实际运行路线吻合。绘制折线图可以展现路线上各点对应的平顺性指标。在卫星图下方绘制折线图作为公交行驶 $V-t$ 工况图，可以反映公交车全程的行驶速度随时间的变化情况。

4.2 基于聚类方法的多因素分析

公交车行驶平顺性的变化是各种因素共同作用的结果，为了找出哪些因素对其有实质性影响，哪些因素影响较大，我们运用 SPSS 软件对数据进行两步骤聚类分析。

通过对公交 61 路进行两步骤聚类分析，得到以下结果，如表 3 所列。

表 3　公交 61 路行驶平顺性影响因素聚类分析结果

聚类	第一组	第二组	第三组	第四组
标签	四车道行驶； 直线线形； 横向加速度小； 平顺性指标小； 速度低	专线行驶； 直线线形； 横向加速度较大； 平顺性指标较大； 速度低	三车道行驶； 直线线形； 横向加速度较大； 平顺性指标较大； 速度低	三/四车道、专线行驶； 弯道、缓和曲线； 横向加速度大； 平顺性指标大； 速度低
平顺性指标	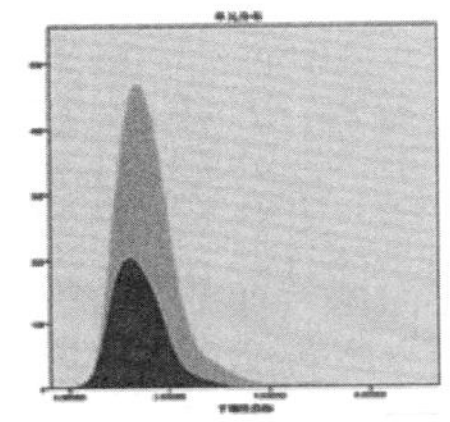 1.38	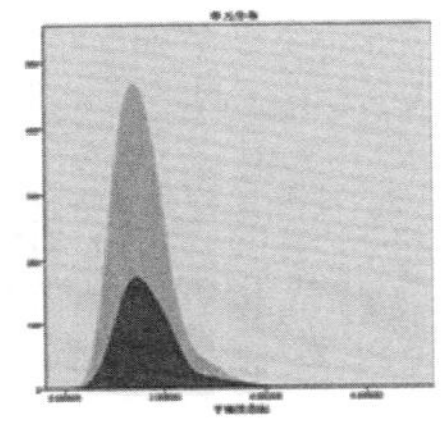 1.64	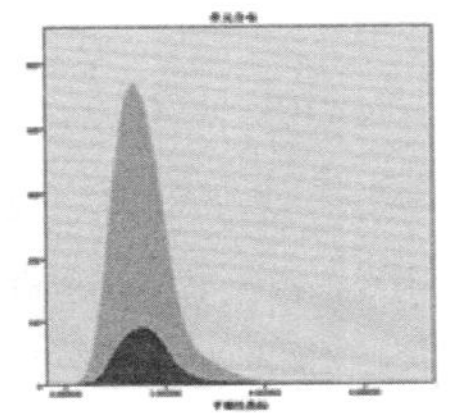 1.60	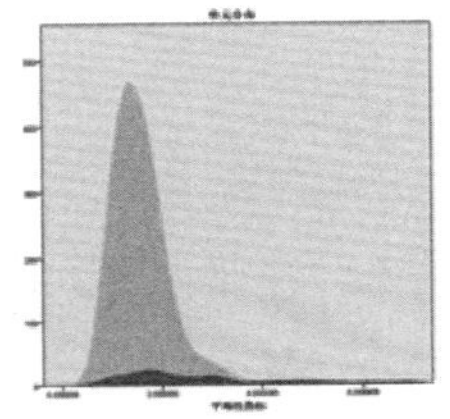 2.55

通过对全部线路的平顺性指标影响因素的聚类分析，得出以下结论：

(1) 公交线路沿线道路的线形对公交行驶平顺性的影响是显著的。

(2) 公交车辆在单车道上行驶时其平顺性指标较在多车道上行驶时高。

(3) 高车速对路面不平整所造成的颠簸有放大作用。

根据上述结论，提出以下用以提高公交行驶平顺性的建议：

(1) 优化公交车辆线路规划。

(2) 加强道路巡检、道路维护，重点改善公交线路频繁经过的道路。

(3) 减少公交车在使用专用车道时受到的外界干扰。

(4) 加强交通监管，防止社会车辆非法占用公交专用道。

5　研究成果

(1) 开发了公交行驶平顺性数据检测软件，并进行了 8 次跟车调查。实验数据分析表明，软件的功能模块、体系架构能支持公交平顺性数据采集的基本要求。经过数据剖析，实验数据能够保证后续分析的科学性与合理性。

(2) 从车辆平顺性的评价方法入手，介绍了车辆行驶平顺性评价的国内外现状，并指出研究公交行驶平顺性的意义。参考国际标准文件，建立了适用于公交车平顺性的评价指标。

(3) 运用已建立的平顺性评价指标体系，分析并比较了上海市具有代表性的公交线路在不同时段、不同工况下的平顺性，验证了评价方法对于公交车辆行驶平顺性研究的适用性。

(4) 通过基于聚类方法的多因素分析法，运用 SPSS 专业统计软件分析了影响公交行驶平顺性的各因素，并比较了各因素对公交平顺性的影响程度。

(5) 基于实验结果的分析所得，提出了改善公交行驶平顺性的几条建议，这对于提升公交服务水平、改善乘客乘坐体验起到了积极作用。

参考文献

[1] 任伟. 公交车辆行驶平顺性评价方法的研究与应用[D]. 北京：北京交通大学，2012.

[2] 亨宁・瓦伦托维兹. 汽车工程学Ⅰ：汽车纵向动力学[M]. 王霄锋，译. 北京：机械工业出版社，2009.

[3] 宋志刚，金伟良. 人对振动主观反应的模糊随机评价模型[J]. 应用基础与工程科学学报，2002，10(3)：287-294.

作者简介

饶建勋，同济大学交通运输工程学院，物流工程专业。

刘琦雯，同济大学交通运输工程学院，物流工程专业。

徐诣菲，同济大学交通运输工程学院，物流工程专业。

李　斑，同济大学交通运输工程学院，物流工程专业。

刘晋文，同济大学交通运输工程学院，物流工程专业。

指导老师

段征宇，讲师，同济大学交通运输工程学院。

基于数字图像相关法的沥青小梁挠度应变测量

彭逸洲，林子旸，施沈越

|摘要|

本文基于数字图像相关法（Digital Image Correlation，DIC）提出了沥青小梁加载实验中的挠度测量方法，以及利用二次曲线拟合的线平均应变测量方法，消除了现有方法中支座位移和沥青黏塑性这两大因素对弯拉应变测量造成的影响，并能测量全场挠度，通过多组精度校核实验证明了测量误差在 10^{-5} m 以内，能够替代传统测量方法。

|关键词|

图像测量；数字图像相关法；挠度场；弯拉应变

试验室中通常采用小梁试件试验来分析沥青混合料的弯拉或疲劳特性。我国现行的《公路工程沥青及沥青混合料试验规程》（JTG E20—2011）规定：

$$\varepsilon = \frac{6hd}{L^2} \tag{1}$$

式中 d——试件跨中挠度，mm；

h——跨中断面试件的高度，mm；

l——试件的跨径，mm。

美国、日本使用的行业相关规范与中国类似，具体方法是通过加载仪器记录挠度，再采用挠度反算得到应变。但是，由于挠度是使用加载仪器或挠度计记录的，因此这些方法无法回避支座位移带来的影响，即沥青混合料在仪器刚性支座接触部位发生显著局部变形，它会被记录为小梁挠度，从而产生误差。同济大学的吴璨在研究中同时测量了小梁上、下支座的位移，发现上、下支座的位移之和为总挠度的 60%～70%，说明小梁挠度测定时不可忽略支座位移产生的误差。而且传统试验中将沥青小梁假设为完全弹性，忽略了小梁的黏弹性特点，这也会导致误差。

使用应变片对应变进行测量，虽然不受沥青黏弹性性能和支座位移的影响，短期测量结果准确，但在长期测量过程中会受到温度的较大影响。以往研究表明，在温度变化 10℃的前提下，测量零点漂移可达 80～200 个微应变，因此无法研究长期的疲劳性能。在梁体产生大应变甚至出现轻微裂缝的情况下，应变片会发生断裂，导致无法继续测量。此外，应变片方法受贴片手法的影响较大，对贴片准确性的要求较高。

数字图像相关法主要通过对加载图像上特征区域进行跟踪，该方法不产生接触，可以达到微米级的测量精度，并且不存在传感器与待测物体变形不协调的问题。另外，该方法还具有采样率高、操作方便以及同时进行多点、多参数测量的优点。图像识别技术在土工试件测量中已有应用，李新军在图像识别的基础上加入了动态系数曲线模型，用绘有网格的橡胶膜包裹小梁，以此捕捉小梁轮廓，待灰度处理后可以得到亚像素精度的小梁轮廓。由此可见，图像识别技术的应用可以有效解决支座变形导致的误差问题。然而，橡胶膜包裹等人工标识物的粘贴操作复杂，本身存在误差，故本文针对小梁实验的特性，利用小梁表面对比鲜明的颗粒形成的天然散斑，设计了一套准确且无须标记处理的图像测量方法，以弥补传统实验测量手段的不足。

1 测量系统组成

挠度应变测量系统由 MTS、摄像机和计算机组成。摄像机的传感器为 SONY 公司生产的 Exmor RS 背照式 CMOS 图像传感器，其分辨率为 1 920×1 080，采样位数 16 bits，最高采样率 60 f/s。

进行加载测量时，摄像机架设于 MTS 前可使之水平，光轴尽可能地与加载物表面垂直。另外，由于在摄像机畸变模型中，距离画面中心越远，畸变程度越大，因此使小梁位于画面中部可减少畸变影响。同时，加载过程中保持摄像机稳定避免其晃动，且保证光线明亮。摄像机采集到的视频传入计算机中以进行处理。

2 工作原理与算法

2.1 数字图像相关法原理

要实现梁上各个区域挠度、位移的测量，首先需要利用数字图像相关法测量图像上每一个点的位移情况。数字图像相关法简称 DIC 法。在数字图像中，物体表面反射光强度由灰度级来反映，灰度与周围区域灰度存在差异的点叫作特征点。数字图像相关法是基于有一定特征点分布的图像（称为散斑图），利用灰度矩阵的相关性作为标示来判断特征点在每一幅图像上的位置，从而达到测量特征点位移的目的。本文采用的相关性评价函数为零均值的归一化互相关函数（ZNCC），其取值范围为[0,1]，越接近 1，相关度越大。对于面积为 A 的灰度矩阵 $\boldsymbol{f}$ 和 $\boldsymbol{g}$，其相关系数 ZNCC 的表达式为

$$C_{\mathrm{ZNCC}}(\boldsymbol{f},\boldsymbol{g})=\sum\sum\frac{[f(x_i,y_j)-f_{\mathrm{m}}]\times[g(x_i',y_j')-g_{\mathrm{m}}]}{\Delta f\times\Delta g} \tag{2}$$

其中：

$$\left.\begin{aligned}
f_{m}&=\frac{1}{A}\sum\sum f(x_{i},\ y_{j});\\
\bar{f}&=\sqrt{\sum\sum[f(x_{i},\ y_{j})-f_{m}]^{2}};\\
g_{m}&=\frac{1}{A}\sum\sum g(x'_{i},\ y'_{j});\\
\bar{g}&=\sqrt{\sum\sum[g(x'_{i},\ y'_{j})-g_{m}]^{2}}。
\end{aligned}\right\}\tag{3}$$

数字图像相关法对光线的补偿和线性放大不敏感，抵抗噪声的能力强。

2.2 数字图像相关法求取亚像素位移步骤

步骤 1：在第一幅图像上，选取以待测量点为中心的 $N\times N$ 的矩形区域作为子区，其中 a 为子区边长，记录子区的灰度矩阵 $\boldsymbol{F}$ 及位置 $P_1(x_1,\ y_1)$。

步骤 2：在第二幅图像上，在子区初始位置 $P_1(x_1,\ y_1)$ 周围选取合适的大小作为搜索区域，以搜索区域内每个点 $P(i,\ j)$ 为中心可以得到相应子区的灰度矩阵 $\boldsymbol{G}_{i,\ j}$。利用式(1)求 $\boldsymbol{G}_{i,\ j}$ 与初始灰度矩阵 $\boldsymbol{F}$ 的相关系数 $C_{ZNCC}(\boldsymbol{F},\ \boldsymbol{G})$。比较求出的搜索范围内所有点对应的相关系数，找到最大值 $C_{max}=C_{i',\ j'}$，其对应的位置坐标 $(i',\ j')$ 就是这帧图像上待测量点的新位置 $(x_2,\ y_2)$。由于搜索步长为一个像素，这个位置具有整像素精度。

步骤 3：由步骤 2 得到的相关系数最大值 $C_{i',\ j'}$ 所对应的点 $(i',\ j')$，计算其周围 3×3 区域范围内所有点的相关系数，得到相关系数矩阵，以点的坐标作为横、纵坐标，其对应的相关系数值作为竖坐标，近似构成二次曲面，表达式为

$$C=a_1+a_2x+a_3y+a_4xy+a_5x^2+a_6y^2\tag{4}$$

利用 9 个点的坐标和相应的相关系数，通过最小二乘法可得到式(4)中各个系数的值，令各偏导为 0，即可求得曲面最高点的坐标：

$$\left.\begin{aligned}
x_{max}&=\frac{-a_3a_4+2a_6a_2}{a_4^2-4a_5a_6}\\
y_{max}&=\frac{-2a_3a_5+2a_4a_2}{a_4^2+4a_5a_6}
\end{aligned}\right\}\tag{5}$$

点 $(x_{max},\ y_{max})$ 便为该时刻测量点具有亚像素精度的位置，其精度一般为 0.02～0.05 像素。

步骤 4：对于第 n 帧图像，采取上述步骤 2、步骤 3 的操作，直至所有遍历图像，得到测量点在每一帧图像上的位置，与初始位置相比较可得到测量点在每一帧图像拍摄时发生的位移。

2.3 挠度测量

对于所感兴趣的测量点，由上述数字图像相关法的步骤可以得到其像素位移 N，求取挠度需要将位移换算成实际长度。在不考虑摄像机镜头畸变的二维视觉系统成像模型下，对处于同一平面内的图像，实际长度 d 和像素数 N 可以用线性关系 $d=C_f\times N$ 表示，其中 C_f

为标定系数，表示单个像素对应的实际长度为 C_f，单位 mm。但实际图像存在着不同程度的非线性变形，通常把这种非线性变形称为几何畸变。在畸变影响的情况下，可以采用二次曲面来把任一点的物面坐标用像面坐标表示：

$$\left.\begin{aligned} u &= a_1 + a_2 x + a_3 y + a_4 xy + a_5 x^2 + a_6 y^2 \\ v &= b_1 + b_2 x + b_3 y + b_4 xy + b_5 x^2 + b_6 y^2 \end{aligned}\right\} \tag{6}$$

将求取像面坐标与物面坐标关系的过程称为标定，我们基于两种成像模型给出了两种标定方法。

方法一：不考虑镜头畸变的简易标定。测量梁高度在图像中所占的像素数 N_0，由于梁高 d_0 已知，故

$$C_f = \frac{d_0}{N_0} \tag{7}$$

方法二：考虑镜头畸变的二次曲面拟合标定。在小梁表面贴上带有黑色圆点（直径、间距已知）的标定贴纸，并使其与小梁的两边平行。在实际加载前以同样的姿态拍摄一幅图像，然后拆下贴纸开始试验。在图像处理程序中，对其标定图像进行二值化处理，并进行形态学闭运算以消除圆点内部可能存在的空洞，得到的图像每一个连通区域对应每一个标定圆点，计算它们的形心，得到每个圆点具有亚像素精度的圆心坐标。将每个圆的圆心的像素坐标和实际坐标带入式(6)中，利用最小二乘法计算各参数值，将图像上任意一点的像素坐标和实际坐标进行转换。将测量点在竖直方向上的位移转化为实际长度，就得到了测量点处的挠度。

2.4 挠度场测量

采用图像方法进行挠度测量时不受测点数量限制，为测定一定范围内小梁全场挠度，在测量区域以网格形式布设测量点，通过各测量点的挠度信息来获取全场挠度信息。若布设的测量点密度过小，挠度测量分辨率低，不能平滑表现挠度的连续变化；若测量点的密度过大，测点子区重叠，会存在重复测量，导致计算量增加。因此，以子区边长作为相邻测量点的间距，既能保证分辨率，又不会导致重叠。小梁表面上每一处的挠度可以通过测量点的挠度进行二维三次样条插值的方法得到。小梁表面挠度场测量示意如图 1 所示。

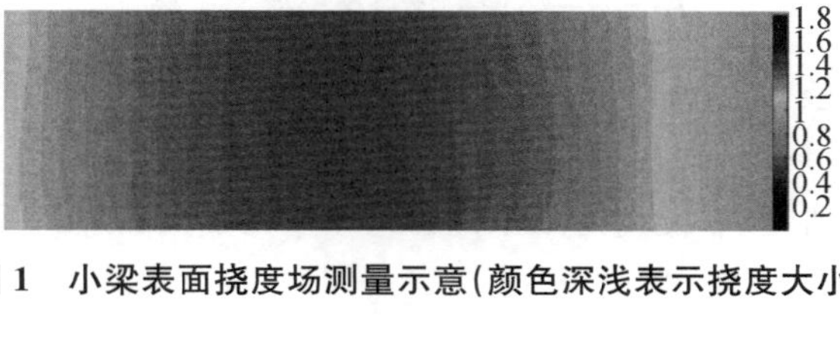

图 1　小梁表面挠度场测量示意(颜色深浅表示挠度大小)

2.5 应变测量

通常，应变计算需要对位移进行数值差分：

$$\varepsilon = \frac{l_1 - l_0}{l_0} \tag{8}$$

式中　l_1——某测量线段的原长度；

l_0——某测量线段变形后的长度。

当 l_0 很小时，对误差的放大作用较为明显。假设数字图像相关法的位移测量误差为 0.05 像素，l_0 为 20 像素，则 $\Delta\varepsilon=(0.05+0.05)/20=5\ 000\times10^{-6}$，完全掩盖了真实应变信息，但在道路工程上往往只关注梁上某一长度线段的水平平均应变，因此可以通过增加 l_1 来降低噪声影响。然而，随着小梁发生弯曲变形，测量线段变为曲线，使用直线距离表示其长度会带来误差，对此提出了二次曲线拟合的方法求平均弯拉应变。选取同一高度上的两个点 A、B，记录初始距离 l_0，测量点 A、B 另加上两点间等间距的 N 个中间点的位移情况。挠曲线可近似表示为

$$y=ax^2+bx+c \tag{9}$$

各参数是通过对这$(N+2)$个点的位置进行二次曲线拟合得到的。通过平面曲线弧长公式积分，变形后的待测段长度计算如下：

$$l_1=\int_{x_1}^{x_5}\sqrt{1+(2ax+b)^2}\,\mathrm{d}x \tag{10}$$

用式(8)即可得到变形后点 A、B 连线上的平均应变。中间点越多，抗干扰能力越强，但计算量越大，考虑到计算量和精度的制约，经过测试发现，中间点数目一般选取 3 个，便能兼顾运算速度和精度的要求。

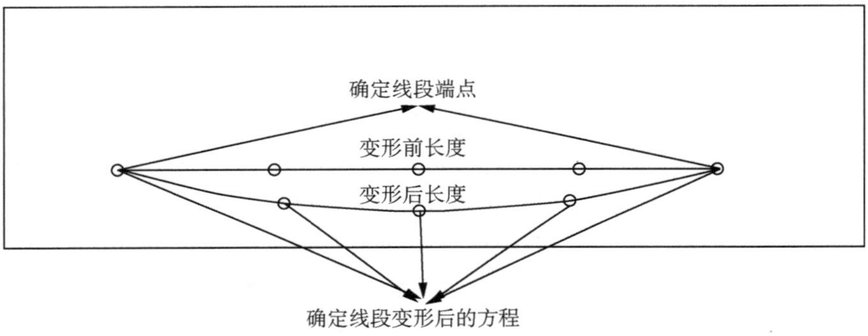

图 2　二次曲线拟合求取应变示意

由于未使用真实长度，因此只进行应变测量是不需要对图像进行标定的。所有位移值直接测定，不受支座位移的影响，直接利用定义法求解平均应变，与材料自身性质无关。这种方法主要应用于黏塑性沥青材料，测得的结果是在这一条件下梁内某高度弯拉应变的实际值。

3　精度校核

3.1　挠度测量精度

为了验证使用数字图像相关法测量小梁挠度的准确性，采用长度测量精度为 0.001 mm 的千分表进行校核。在利用 MTS 对沥青混合料小梁进行加载前，将千分表竖直固定于小梁

下方,其测头与小梁跨中底面接触,采用逐级加载模式,MTS 的压头每次下降一定距离,稳定后读取并记录千分表的读数作为此刻小梁的跨中挠度。将由数字图像测量法所得的跨中挠度与千分表所测结果进行比较,如表 1 所列。

表 1 挠度测量结果比较

千分表	DIC	差值/mm
0.794	0.800 488	0.006 488
1.596	1.598 556	0.002 556
2.394	2.394 798	0.000 798
3.196	3.198 637	0.002 637
1.099	1.099 832	0.000 832
2.197	2.197 629	0.000 629
3.298	3.297 993	0.000 007
4.4	4.397 056	0.002 944
0.998	0.998 655	0.000 655
1.994	1.995 283	0.001 283
2.999	2.995 397	0.003 603

图像测量结果和千分表结果之间的均方根误差为 0.002 8 mm。由于原有方法 MTS 位移传感器的精度为 0.01 mm,图像方法测量的挠度数值的精度不会低于原有方法的精度。

3.2 应变测量精度

由于沥青小梁的黏弹性,应变片这种不基于材料弹性假设的直接测量方法获取的应变接近真实值。由于加载时间短,温度不发生变化,电阻应变片的应变测量精度达到 1 $\mu\varepsilon$,可用于校核应变测量精度。通过在沥青小梁下边缘中间处安装应变片,进行逐级加载。将应变片测定的应变数据和图像方法测定的应变数据相比较,如图 3 所示,其相对误差为 2.8%,精度满足测量需要。

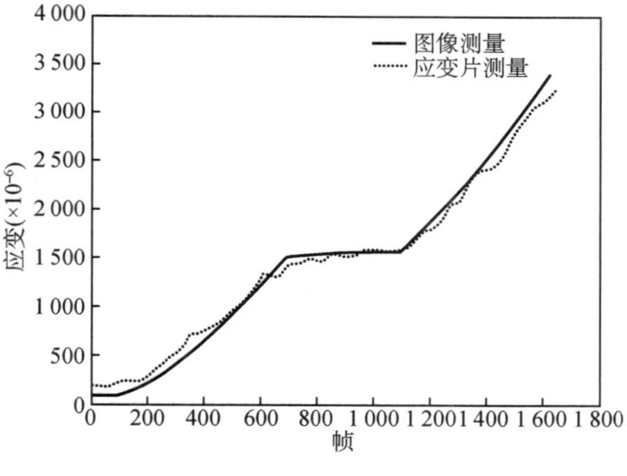

图 3 应变测量结果

4 结论

本文基于数字图像相关法,提出了针对沥青混凝土梁的挠度测量方法,并能测量小梁表面的挠度场。通过多观测点表示待测曲线的动态变化,用二次曲线拟合求出其长度变化,然后积分求得变形后的长度，从而获得应变值。另外，本文对这一方法的精度进行了两次验证，均证明该方法在挠度和应变测量上的准确性，即该方面能够满足沥青混凝土梁的应变测试需要。传统方法存在支座位移，且基于不合理的弹性假设等缺陷，相比之下，数字图像相关法的测量结果更为可靠，且提供了丰富的全场信息，也为研究沥青小梁局部力学性质提供了观测手段。

参考文献

[1] 中华人民共和国交通运输部. 公路工程沥青及沥青混合料试验规程：JTG E20—2011[S]. 北京：人民交通出版社，2011.

[2] 吴璨. 机场道面状态感知系统构建方法[D]. 上海：同济大学，2014.

[3] 邱茂林，马颂德，李毅. 计算机视觉中摄像机定标综述[J]. 自动化学报，2000(1)：43-55.

[4] 徐亮，李新军，吕晓东. 基于机器视觉非接触测量金属应变量[J]. 机械工程与自动化，2006(1)：73-74.

[5] 李巧真，李刚，韩钦泽. 电阻应变片的实验与应用[J]. 实验室研究与探索，2011(4)：134-137.

[6] 潘兵，谢惠民，续伯钦，等. 数字图像相关中的亚像素位移定位算法进展[J]. 力学进展，2005，35(3)：345-352.

作者简介

彭逸洲，同济大学交通运输工程学院，交通工程专业。

林子旸，同济大学交通运输工程学院，交通工程专业。

施沈越，同济大学交通运输工程学院，交通工程专业。

指导老师

赵鸿铎，教授，同济大学交通运输工程学院。

基于智能手机数据的空间活动模式研究

雷曾翔，刘莹莹，胡静云

| 摘要 |

本文提出了一种混用多种移动定位数据来获得个人在空间上的活动序列的方法，通过把空间依据功能划分成多个功能小区，将定位数据与所在的功能区相关联，得到活动序列。我们开发了手机调查软件，对同济大学两个校区的 86 名学生进行了为期 70 d 的持续调查，获得了移动定位数据和活动问卷数据，并提取出了调查对象 3 182 人 · d 的活动序列。利用简明的数据分析手段，将得到的结果与实际情况进行对比，从而对分区效果做了总结，且由分析结果对这种技术的前景做了展望。

| 关键词 |

智能手机；交通调查；活动分析法；活动模式；活动序列；数据挖掘

1 引言

交通是一种派生需求，对交通需求的理解对于后续的交通规划、设施改进以及政策制定而言都是至关重要的。理解交通需求要从需求产生的原因开始，为此需要将关注点放在个体的时空行为上。然而，针对个体时空行为的研究一直受到时空数据获取手段的制约，为此一些理论和方法不得不进行简化，这就使得理论模型的可操作性及应用都受到了很大限制。时间地理学和人类活动分析等方法将人类的行为视作时空中相互依赖的活动序列，这一序列可用时空维度相结合的时空路径来表示。现有研究提出了基于序列的分析方法，却得不到有效、可靠的时空序列。

本文利用智能手机对同济大学的学生们进行交通调查，从多种移动定位数据中提取出学生的活动序列，通过对序列进行分析，从中发现了学生们的一些活动规律，且这些规律与实际情况相吻合。

2 移动定位简介

本文获取的是移动定位数据。移动定位可以概括为两种基本的方式：GPS 定位和网络定位。不同的定位方式会有不同的精度，其中网络定位又可细分为 Wi-Fi 定位和基站定位，不同方式移动定位的特点如表 1 所列。

表 1　多种移动定位方式

定位方式	定位原理	定位精度	使用条件	电量消耗
GPS 定位	卫星测距，计算位置	10 m 左右	开阔无遮挡室外	大
Wi-Fi 定位	向定位服务商提交 MAC 码以获得位置信息	30～200 m（视 Wi-Fi 热点的服务范围而定）	有 Wi-Fi 信号，可以访问 Internet	小
基站定位	向定位服务商提交基站信息以获得位置信息	300～2 000 m（视基站服务范围而定）	有蜂窝网络信号，可以访问 Internet	小

由此可见，GPS 定位虽然精度很高，但是由于 GPS 定位是通过手机接收到至卫星的伪距、距离变化率和卫星轨道参数等数据计算出手机所在地理位置的经度、纬度、速度、时间等信息的，所以 GPS 定位十分耗电。同时，GPS 定位开启的速度也较慢，一般在宽阔的室外启动后 2～3 min 才会有定位数据。

与 GPS 定位相比，网络定位的响应速度十分迅速，并且定位成功率高，数据完整性好。但网络定位对使用条件会有一定的限制，当无法连接 Internet 时，网络定位就会遇到问题。同时，网络定位的精度不仅受服务热点的范围影响，还受服务热点的分布影响，所以精度不能准确确定。

基于以上原因，设定手机软件采样间隔为 1 min，网络定位的时间为 6:30—22:20，GPS 定位的时间为 11:00—13:30 和 16:00—18:30，数据上传时间为 22:20—22:30。同时，在软件中加入问卷功能，利用问卷数据校核手机数据的可靠性。

3　数据处理

3.1　数据简介

调查得到的数据有移动定位数据和问卷数据，首先对数据进行清理，剔除无效的定位数据，最终得到有效位置数据共 5 031 463 条，问卷数据共 635 条，数据样例如图 1 所示。

	账号	时间	方式	纬度	经度	半径	运营商	CID	LAC
4...	JD000	2013-10-16 11:10:00.000	61	31.29202	121.224	126	0	25089	06182
4...	JD000	2013-10-16 11:10:00.000	161	31.29202	121.2241	65.27974	0	25089	06182
4...	JD000	2013-10-16 11:11:00.000	61	31.29201	121.224	14	0	25089	06182

	账号	起点	用地性质1	终点	用地性质2	时间1	时间2	出行目的	出行方式
1	JD034	同济大学嘉定校区	学校	同济大学四平路校区	学校	2013-10-15 10:00:00.000	2013-10-15 11:28:00.000	文化娱乐	步行
2	JD034	同济大学嘉定校区	学校	虹桥火车站	对外枢纽	2013-10-15 06:10:00.000	2013-10-15 03:46:00.000	回家	轨道交通
3	JD034	同济大学嘉定校区	学校	上海汽车城	其他	2013-10-15 11:28:00.000	2013-10-15 11:45:00.000	文化娱乐	公交车

图 1　调查数据样例

移动定位数据包括账号、时间、方式、纬度、经度、定位半径、运营商以及基站的 CID 和 LAC。其中，方式“61”表示 GPS 定位，方式“161”表示网络定位，运营商“0”“1”“3”分别表示移动、联通和电信。问卷数据包括账号、起终点、起终点用地性质、出发时间、到达时间、出行目的和出行方式。

3.2 数据评价

为了能对定位数据的准确程度给出可靠评价，我们利用获得的问卷数据对定位数据进行了校核，具体过程如下。

图 2 所示是一条问卷数据，从中我们了解到该名被调查对象 17:33 从学校出发，大约 17:50 抵达嘉亭荟，于是我们找到这段时间该名调查对象的位置数据，并利用 Excel 插件 Powermap 进行观察，如图 3 所示。

	账号	起点	用地性质1	终点	用地性质2	时间1	时间2	出行目的	出行方式
151	JD038	嘉定校区	学校	嘉亭荟附近	餐饮饭店	2013-10-25 17:33:00.000	2013-10-25 17:50:00.000	购物	出租车

图 2　问卷数据样例

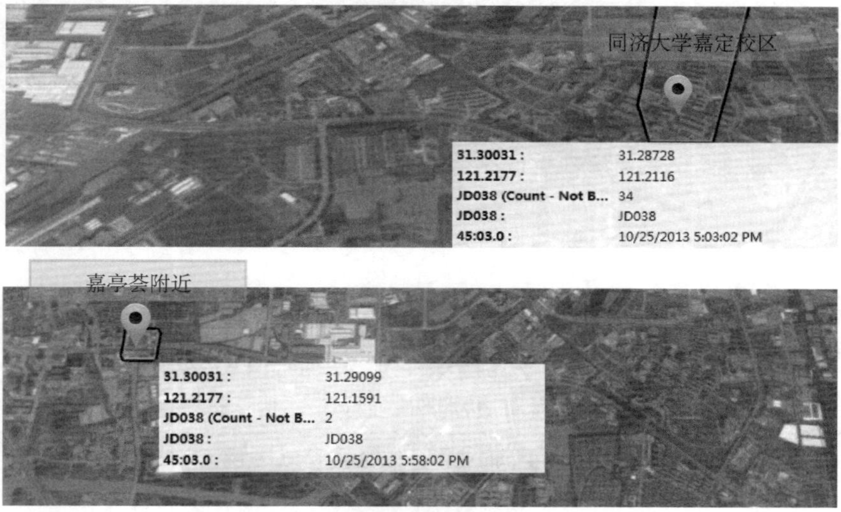

图 3　问卷校核过程

从位置数据可以看出，该名被调查对象 17:03 仍然在学校中，而 17:58 在嘉亭荟，结合问卷数据，便可判断定位数据是准确无误的。我们选取了 100 条问卷数据进行观察，考虑到问卷填写的界面没有日期选项，为了校核一条问卷，我们观察了被调查对象提交问卷前后三天的数据。在有数据的情况下均能找到对应的点。这也证明了定位数据的可靠性。

3.3 校园分区

在经过一些尝试后，我们决定利用 Voroni 图对校园进行分区。Voroni 图是由若干已经给出的不重合的点按最邻近原则来划分平面，如图 4 所示。

Voroni 图的分区相对于人工划分方法得到的分区而言更加稳定，另外，相比于栅格划分则更为细致。通过人工点取功能点，对两个校区的功能区进行划分，结果如图 5 所示。

依据分区的功能给落在各个区里的点赋予不同的属性值，对于功能混合的区域，则选择

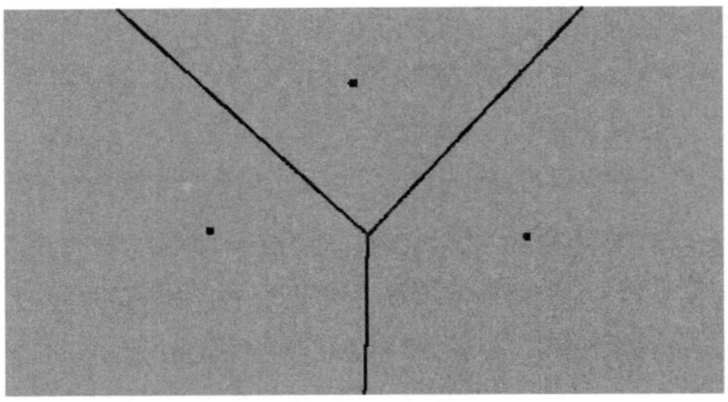

图 4　Voroni 图

(a) 嘉定校区　　　　(b) 四平路校区

图 5　同济大学校园功能区划分

主要功能来代表该区功能，并对相同功能的不同功能区用序号进行区分，不同字母代表的功能如表 2 所列。

表 2　功能属性对应代号

分区	寝室	教学区	食堂	图书馆	商业街	体育设施	学院	行政区	校外	未知
编号	A	B	C	D	E	F	G	H	I	K

以同济大学嘉定校区为例，其属性划分示意如图 6 所示。

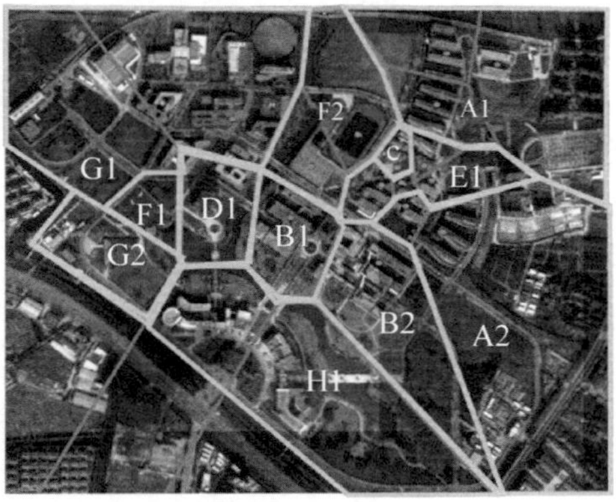

图 6　嘉定校园属性划分示意

3.4 序列提取

在分区基础上，考虑将属性在时间上串联起来，从而得到活动序列。由于数据存在缺失，并且各种行为的持续时间不同，为此，假设一定时间间隔内被调查对象出现最频繁的位置所对应的活动属性即为该名被调查对象在这段时间内的活动。取不同时间间隔进行比较，发现时间间隔对观测到的活动属性的影响微乎其微。

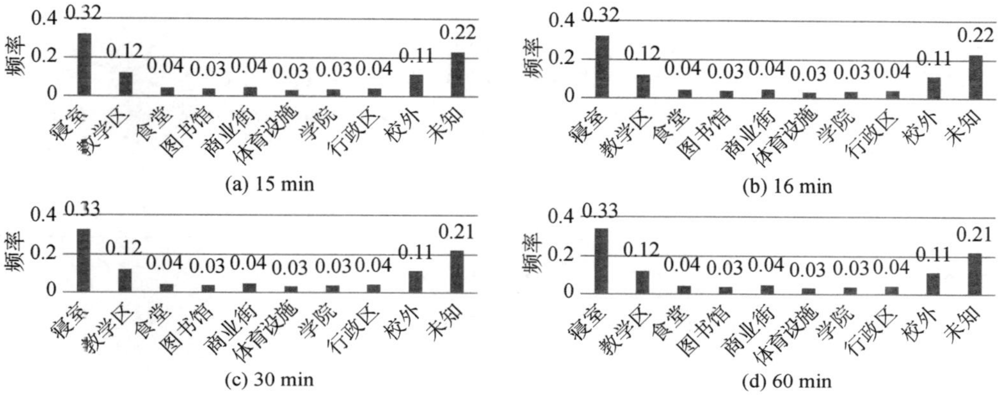

图 7 不同时间间隔观测到的活动频率

3.5 序列分析

以 15 min 为间隔，统计学生们各种活动出现的频率以及其离开寝室后的各项行为的比例，结果如图 8 所示。

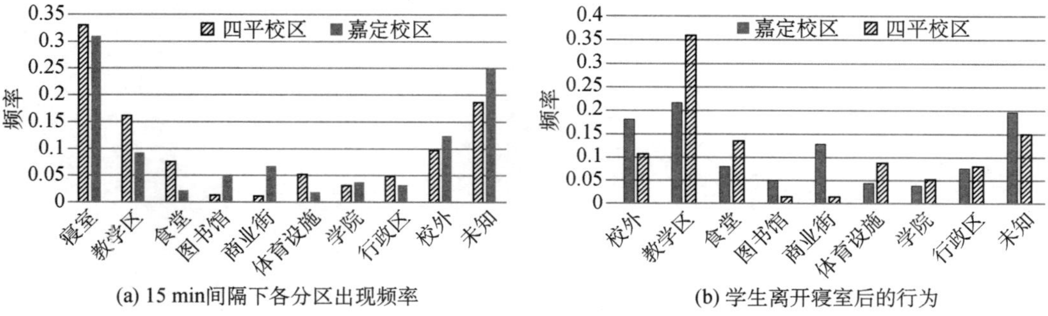

图 8 两校区观测结果对比

从图 8 可以发现学生们的行为特点以及两个校区学生行为的差异，由于校园设施布局的不同，嘉定校区的学生离开寝室后会更频繁地前往商业街，而四平路校区的学生离开寝室后则更多地前往教学区。

4 结论与展望

本研究的数据分析结果与实际较为相符，且分析结果也较为可信。这对于研究设施布局对交通的影响有一定的意义，未来还可以通过序列比对的方法对人群进行划分。

由于研究时间较短，本文所讨论的方法仍然存在一些有待改进的地方：①功能分区虽然加强了定位数据与个人活动的联系，但是功能分区不能完全表示某一种活动；②功能区点需要人工决定，这个过程就会掺杂一些主观因素；③数据存在较多缺失。

参考文献

[1] 李志瑶. 基于活动的出行需求预测模型研究[D]. 长春：吉林大学，2006.

[2] 王迎. 基于活动的城市居民出行方式选择模型研究[D]. 西安：长安大学，2007.

[3] 李雄，马修军，王晨星，等. 城市居民时空行为序列模式挖掘方法[J]. 地理与地理信息科学，2009，25(2)：10-14.

作者简介

雷曾翔，同济大学交通运输工程学院，交通工程专业。

刘莹莹，同济大学交通运输工程学院，交通工程专业。

胡静云，同济大学交通运输工程学院，交通工程专业。

指导老师

段征宇，讲师，同济大学交通运输工程学院。

基于压电陶瓷的车辆轮重动态测量系统研究

胡凯健，陈芃睿，张俊珅，徐姗姗

| 摘要 |

本文对于以陶瓷为敏感元件的压电陶瓷称重传感器的工作原理、结构与特点、压电陶瓷的压电效应、电荷电压计算及陶瓷片的装配要求和装配工艺进行了研究，并提出了一种基于压电陶瓷的沥青混凝土路面车辆动态称重方法。该方法是将压电陶瓷装置埋置于混凝土路面中，通过建立压电陶瓷的输出与动态荷载的关系来实现车重测量。通过在试验室内模拟真实车路作用的情况，对埋入沥青混凝土的压电陶瓷在不同频率的动态荷载作用下的反应与准确度做了分析标定，初步探究了获得车辆总重的算法，并进行了估算。

| 关键词 |

压电陶瓷；正压电效应；动态称重传感器；车辆轮重

1 研究背景

目前，我国公路超重现象十分普遍和严重，一些运输企业和个人通过私自非法改造车辆来大幅度地提高车辆的超限运输能力，从而牟取暴利。而这种行为给公路造成了严重损坏，并带来交通安全、扰乱运输市场等多方面的恶劣影响。基于此，汽车称重系统在国内外受到越来越多的重视。汽车称重系统可以分为静态称重系统和动态称重系统。静态称重系统指车辆完全停止在称体上称量，检测速度慢、效率低，此种称重方法虽然能精确地测出整车重量，但严重影响了交通畅通，给交通部门的管理带来了不便。汽车动态称重系统与静态称重系统相比，其主要优点是不停车、节省时间、效率高，既能准确地测出整车重量又能保证交通畅通。因此，国内外有很多公司对汽车动态称重系统进行了研究。

2 称重装置结构设计

2.1 全接触式

全接触式称重装置整体类似一条工字梁，如图 1 所示。出于对动态称重中应力时间相应的考虑，上、下两面使用刚度较大的材料，如钢铁、铝合金等。因为沥青混凝土是一种弹黏塑性材料，在不同的条件下，应力-应变关系会呈现出不同的性质，从而体现出材料性能的复杂性。同时，行驶中的车辆不仅有垂直荷载，水平向和切向也都会产生荷载作用，加之车轮与路面接触面上压力分布不均，导致在柔性道路中研究动荷载就变得十分困难。因此，装置的上下两面选择刚度大的材料以减少动态称重中的应力响应时间，从而减小实验误差。

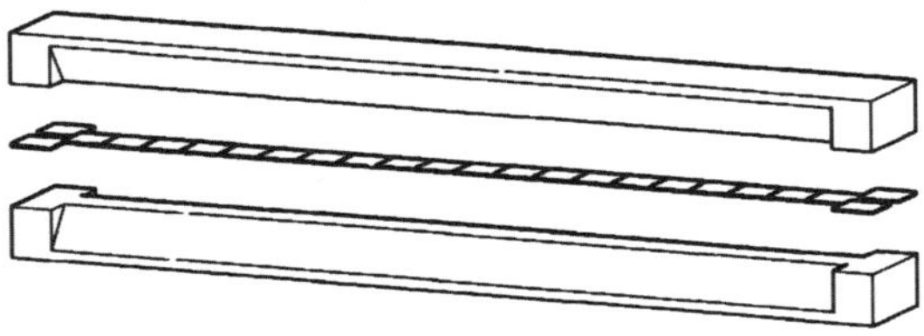

图 1　全接触式称重装置方案设计

在两块大刚度材料中间布置压电陶瓷片，而装置中部的楔形设计是为了使应力更加集中于陶瓷片，从而减少陶瓷片的用量。另外，装置两端布置两块陶瓷片主要出于两方面考虑：一方面可以用来检测车辆行驶的速度，即陶瓷片间距与输出相同电压所对应时间差的比值；另一方面使结构更加稳定，不易滑移。在装置楔形凹槽处，填充诸如橡胶等质地柔软的物质，用于隔离装置与路面的直接接触，减少路面对其的影响。

基于以上几点考虑以及为了便于后期导线布置，我们对方案做了进一步完善，如图 2 所示。

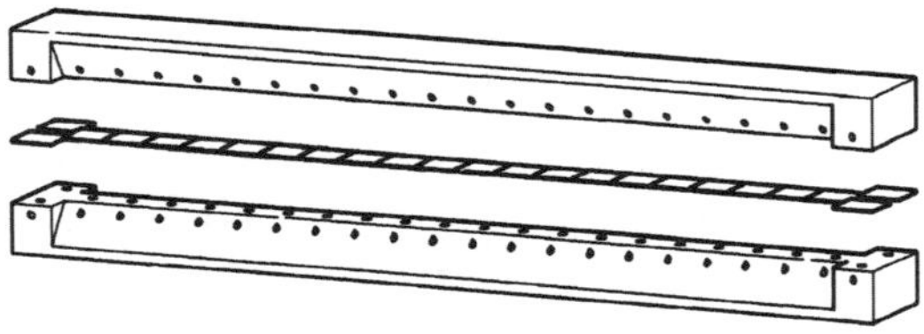

图 2　本研究选用的最终方案

图 2 中上、下表面高强度材料上的孔洞为预留孔洞，主要目的是方便后期压电陶瓷极化方向上导线的布置和引出，尺寸如图 3 所示。

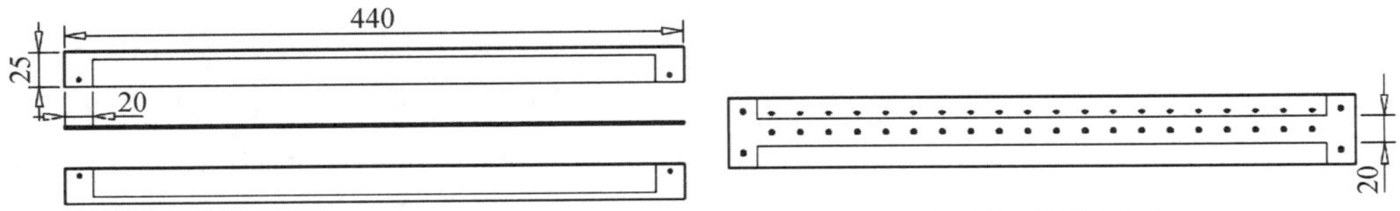

(a) 装置正视图　　(b) 单侧板材俯视图

图 3　装置主要尺寸示意(单位:mm)

夹在两板材中间的 PZT-5H 压电陶瓷是长 20 mm×宽 20 mm×高 1 mm 的长方体结构，极化方向为厚度方向。在实际行车过程中，汽车荷载与地面的接触压力在 0.3～0.8 MPa 之间，公路设计规范中是 0.7 MPa，按照这一尺寸，初步计算陶瓷片产生的电压：

$$V_3 = g_{33}\frac{F_3}{A}t = 23.6\times10^{-3}\times0.7\times10^{6}\times1\times10^{-3} = 16.52\ \text{V}$$

即每毫米极化电压为16.52 V,由于上部荷载由下部24块陶瓷片共同承担,因此每块陶瓷片平均实际反馈电压较小。为了减小误差,实验中使用电荷放大器,将较小的电压放大后再进行测量。

2.2 装置布置

装置现场布置方式类似Kistler基于石英压电传感器技术的动态称重系统,装置顶面与实际路面平齐,装置侧面与铺面间用橡胶阻隔密封,装置下部采用硬接触。这样设置能使车辆与装置良好接触。经查阅有关文献得知,当梁式称重传感器埋入地面时,可采用窄条柔软泡沫围绕整个周边,将称重传感器与水平力隔离,采用75%石英砂和25%环氧树脂混合物固定称重传感器本体。

3 车辆动态称重系统的模型建立

当车辆在沥青混凝土路面上行驶时,沥青混凝土路面承受的周期性应变可简化为正弦波荷载,车轮与路面的接触压力一般在0.3~0.8 MPa范围内,且我国现行路面设计规范规定的标准轴载(BZZ-100)的轮胎接地压强为0.7 MPa,因此,本实验选择的最大竖向荷载为0.7 MPa。实验中使用的MTS液压伺服加载系统输入指令为压力信号(单位:N),金属探头接触面是直径为100 mm的圆形,面积可完全覆盖实验所用模块的截面($50\times80=4\ 000\ mm^2$)。

在实验准备阶段,需要进行装置的预拼装,该过程应在实验前一天进行。本次采用的是RTV型K-704硅橡胶黏结,它是一种中性单组分室温硫化硅橡胶,常温下吸收空气中的水固化;具有良好的电绝缘和抗电弧性能,耐老化、防潮,有良好的黏接性能;可在−60~250℃温度范围内长期使用。同时,使用硅橡胶还能防止钢板与压电陶瓷在动态加载过程中由于摩擦产生高频噪声信号。装配过程:先将铁块需要粘连的表面做一般性清洁处理、干燥,之后将绝缘胶均匀地涂于该表面,把压电陶瓷片两侧导线经预留孔洞穿出,铜片与钢板接触面充分与胶接触,然后在室温下现行固化,后置于阳光下,以尽快除去胶中的低分子物,充分固化,保证橡胶的性能,为第二天的实验备用。

在粘连过程中,由于导线焊点易脱落,装置实际使用的6块压电陶瓷编号依次为5~10,装配好的称重模块如图4所示。

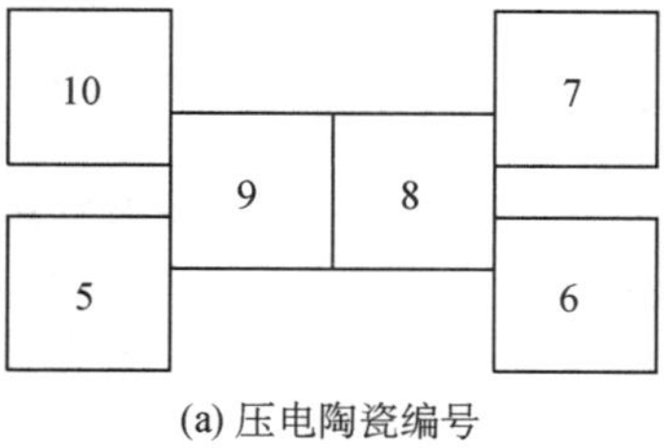

(a) 压电陶瓷编号

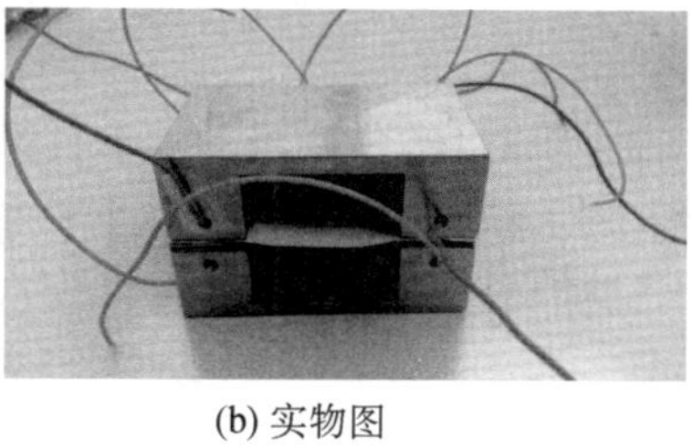

(b) 实物图

图4 布置及装配成品示意

4 系统的硬件电路总体布局

汽车动态称重系统硬件电路的总体框图如图 5 所示。

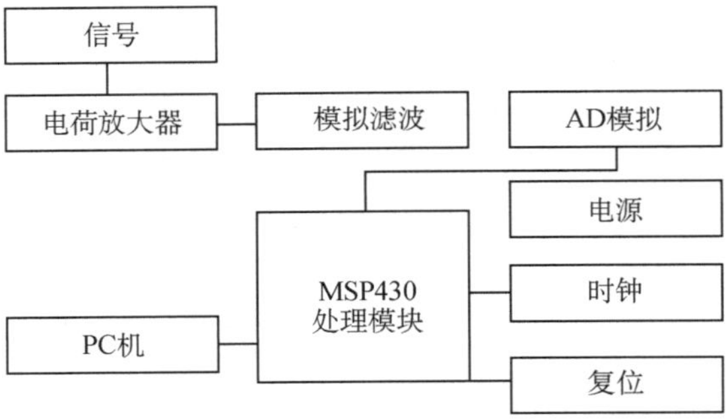

图 5　汽车动态称重系统硬件电路总体框图

多路电荷数据分时采集分时输入结构如图 6 所示。

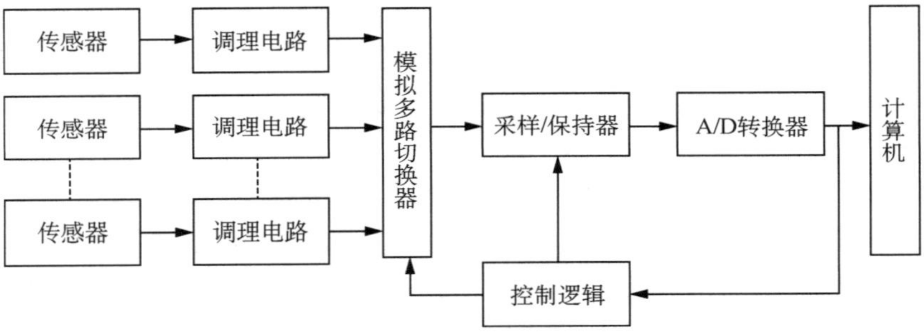

图 6　多路数据分时采集分时输入结构

5 主要成果

本文所做的主要研究及成果如下：

(1) 通过研究了解压电陶瓷的工作原理，分析比选了各种压电材料，通过对弹性模量、压电常数、耦合常数等参数的比较，最终选择了性能最好的 PZT-5H 压电陶瓷材料作为压电材料。

(2) 分析了动态称重的各种影响因素。基于车辆和路面接触的特点，研究了轮胎、车辆悬架系统、车辆振动、车速变化以及传感器性能与安装、路面平整度和温度的影响。

(3) 通过查阅资料，了解国内外各种已投入使用的称重装置的结构，并设计了两种不同的方案，通过分析对比，选择了全接触式作为称重装置的结构；同时，考虑导线布置等因素，最终设计、加工了本研究所使用的装置。

(4) 为了分析与计算实验得到的数据，学习了电荷放大器和单片机的工作原理，并通过亲手焊接电路来加深对电路信号的认识。

(5) 在对电压信号进行处理时，我们发现波形中有“毛刺”现象，说明噪声影响较大，进行了滤波电路的设计，滤除噪声干扰。

(6) 通过自己设计的软件，对得到的电压信号进行分析，计算出每个陶瓷片的受力，从而计算出轮重、车重。

参考文献

[1] 王振清. 公路超限运输概论[M]. 北京：人民交通出版社，1997.

[2] 周祖濂. 车辆动态称重及其在公路管理系统中的运用[C]//中国衡器协会. 第四届全国称重技术研讨会论文集，2003：28-33.

[3] 卿济民，綦炘. 公路汽车重量动态检测系统[J]. 自动化与仪器仪表，1996(3)：42-46.

[4] 杨卫东. 动态称重系统仪器软硬件设计[J]. 交通与计算机. 1995(6)：45-48.

[5] 杨卫东. 动态称重系统的标准与规范[J]. 中国公路，2005(1)：112-113.

[6] 刘九卿. 压电石英称重传感器及其在动态公路车辆称重系统中的应用[C]//中国衡器协会. 中国衡器协会第六届称重技术研讨会论文集，2007：53-60.

[7] 程路，张宏建，曹向辉. 车辆动态称重技术[J]. 仪器仪表学报，2006，27(8)：943-948.

作者简介

胡凯健，同济大学交通运输工程学院，交通工程专业。

陈芃睿，同济大学交通运输工程学院，交通工程专业。

张俊珅，同济大学交通运输工程学院，交通工程专业。

徐姗姗，同济大学电子与信息工程学院，自动化专业。

指导老师

赵鸿铎，教授，同济大学交通运输工程学院。

基于机器视觉的彩色沥青色彩学分析与应用

李　伊，曹剑锋，郭志朋，李祺伦

|摘要|

彩色沥青路面符合现代城市道路“以人为本”的设计理念，也符合“安全”与“环境”两大主题，因而得到越来越广泛的使用。但目前对彩色沥青的色彩判定缺乏系统的评价标准，更多的是依靠传统人眼比对。本文结合工业其他领域的研究，自制标准光源箱，以获取彩色数字图像，再结合形态学理论与直方图处理方法，通过编写交互软件来提取彩色沥青的色彩特征，从而完成机器视觉系统的搭建。另外，本文从油石比、颜料掺量、矿粉、钛白粉含量、单色颜料、多色颜料出发，设计实验，以分析它们对彩色沥青色彩的影响；同时，结合调色原理来分析不同颜色的着色能力。最后，将得到的颜色投入实际环境中，建立彩色沥青色彩使用理念。

|关键词|

彩色沥青；机器视觉；色彩分析；色彩应用

1　搭建图像获取平台

1.1　标准光源箱

本文研究的重点是基于机器视觉的彩色沥青色彩学分析与应用，即通过实验制备彩色沥青试件，然后在搭建的图像获取平台上拍摄数字图像，并将其用于机器视觉的识别与分析。而在这过程中会涉及一个关键环节，即图像获取平台的搭建。

不同环境对每次数字图像的拍摄及获取会产生不同影响，想要避免拍摄环境这一无关变量的影响就需要确定一个特定的拍摄环境。本研究设计之初设想的是在一间特定的黑暗教室开灯拍摄，但是考虑到教室内日光灯的灯光不均匀，对拍摄结果会有影响，导致数据偏差，因此该设想未被采用。通过查阅相关资料，发现目前在纺织业与油墨调配行业等工业生产领域，人们研究色彩时，确定拍摄环境普遍采用的是标准光源箱，而且关于标准光源箱的研究和理论成果已较为成熟，且已有大量各式光源在市面出售，因此本文决定采用标准光源箱来确定拍摄环境。

1.2 图像获取平台的搭建

本文在参照工业生产中使用标准光源箱的前提下，提出了基于机器视觉的彩色沥青的色彩判定需要固定的数字图像拍摄环境。我们通过对市面上标准光源箱的解构分析以及对标准光源的寻找和选择，自主设计了适用于彩色沥青色彩比对的光源箱。利用已有知识，充分调动动手能力，完成了自制标准光源箱的制作，并提出了合理的使用方法和养护维修手段，完成了图像获取平台的搭建。

2 机器视觉的实现

对于一般图像，处理的主要方面在于图像的均衡化、降噪和边界提取。对于沥青试件的图像，其处理则有所不同。为了寻找合适的提取颜色及排除干扰的方法，本文采用形态学的处理方法来降低噪声干扰，使得图像更加符合人的直观感受，同时使用直方图从处理后的图像中提取颜色，并对不同方式处理后的图像进行分析，以得到最接近人的视觉感受的处理方式。

2.1 彩色图像的形态学处理

数学形态学是一种利用数学工具进行图像空间结构分析的理论。该理论源于法国，现已发展成为图像处理领域中一个重要的学科。其基本思想是用具有一定形态的结构元素去度量和提取图像中对应的形状以达到对图像分析和识别的目的，包括二值图像(0-1 图像)形态学、灰度图像(256 级灰度)形态学和彩色图像(彩色空间)形态学三个阶段。目前，二值图像形态学及灰度图像形态学已趋于成熟，而彩色图像形态学正在发展之中，尚未形成统一的定义。本节将对所使用的彩色图像形态学处理算子作介绍，并分析其使用依据。

2.2 图像的直方图提取

任何一幅图像的直方图都包含了大量的信息，某些类型的图像甚至可以由其直方图完全描述。直方图是很多空间域处理的基础，且易于实现。很多时候，从对图像的分析与观察直到形成一个有效的处理方法，整个过程都离不开直方图。

以灰度直方图为例，灰度直方图是灰度的函数，描述的是图像中具有该灰度级的像素的个数。若用直角坐标系表示，则横坐标为灰度级，纵坐标为该灰度出现的概率，也可以是像素的个数。灰度直方图只能反映图像的灰度情况，而不能反映像素的位置，即选择丢失所有像素的空间信息，以达到提取的目的。

灰度直方图的分布函数为

$$h(k)=n_k \tag{1}$$

式中 k——第 k 位灰度级；

n_k——灰度级为 k 的像素总和。

若为 8 位灰度图像，则 k 取 0～255。

2.3 程序模块

如前所述，本文根据不同的处理需求在 Microsoft Visual Studio 2010 环境下使用 C# 语言编写了用于分析形态学处理方法的单个图像数据处理软件，以及用于大批量处理且可导出数据的软件。

对于大批量处理，其模块是基于处理流程运行的，包括数据的导入及特定，其中程序设置模块主要分为数据的导入、图像的形态学处理与直方图特征提取、数据的输出，相应功能见图 1。

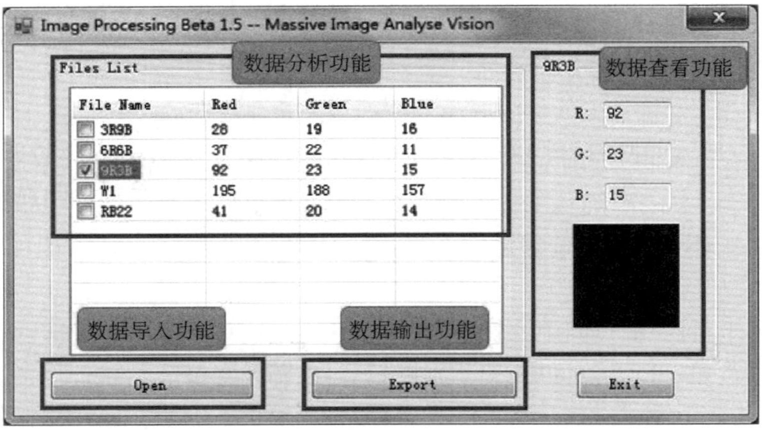

图 1　图像处理模块相应功能

对于形态学分析方法处理，其模块是基于分析流程运行的，包括单个图像的选择，不同形态学的处理及结果的输出(如处理后的图像以及相应的直方图输出)，其结果服务于处理流程，相应功能见图 2。

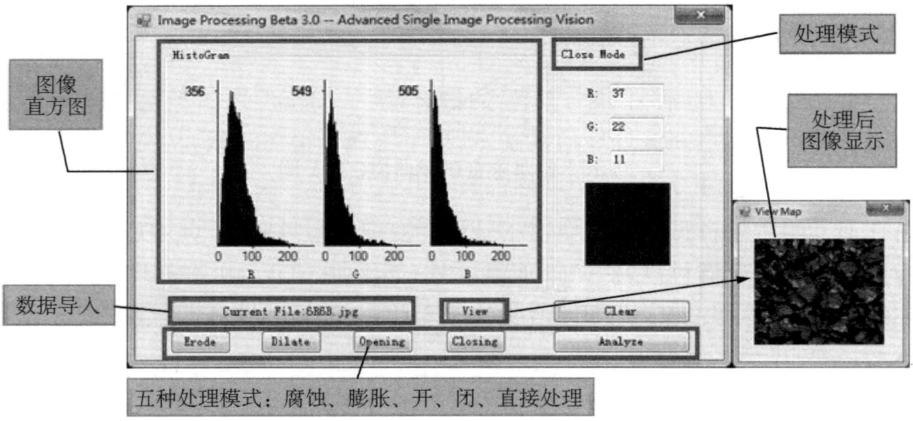

图 2　形态学处理模块相应功能

2.4 小结

基于机器视觉的色彩识别与形态学处理，以及考虑人眼的判断，经过调查及分析得到了使用图像形态学中的闭运算来处理沥青混合料试件的图像是机器视觉处理与人眼判断的最佳匹配的结论。本节所用方法是基于机器色彩分析，采用了图像的形态学处理和直方图提取，对比传统的直观判断与比色卡判断，该方法既考虑了人们对于色彩判断的共性，又排除了传统方法中受不同判断者主观因素影响的情况，是对沥青混合料试件图像色彩的定量分析，由此得到的结论也不会因判断者的不同而改变。

3 实验设计与色彩评析

3.1 实验材料选择与方法设计

根据文献综述，本研究对现有的彩色沥青路面铺装方法进行了可行性和实用性评价，考虑到实验的可操作性和工程实际的广泛应用，最终采用添加彩色颜料的方法作为本研究的基本方法。对于实验材料的选择，经过比较和评价，本实验选择经过脱色的浅色彩色沥青专用胶结料。其中，颜料种类选择无机颜料，主要有以下几种可供选择：铬橙、铁绿、铬绿、钴蓝、铁红、铁黄、二氧化钛和炭黑。至于骨料的选择，本实验中粗骨料选择满足要求的颜色较浅的石料，以免石料干扰混合料的色彩，以便铺筑出纯色的彩色沥青路面；同时，细骨料选用白色，这是考虑到使用白色的细骨料比较容易获得明快的色调。

本实验最初采用马歇尔击实试验来制备试件，但垂直击打 75 次后试件表面大部分石料被击碎，颜料脱落，鉴于此，本实验决定采用旋转压实试验来制备试件。

3.2 实验方案设计与结果分析

本实验的主要目的是控制变量，以分析不同因素对彩色沥青试件颜色的影响，并尝试通过有限的颜料色彩来得到多种调色方案。本实验主要是采用控制变量的方法，首先制作不同颜色的试件。其次，在自行设计的图像采集平台上，使用机器视觉对试件进行颜色特征提取，并定量地给出颜色的色谱定位，以进行彩色沥青的色彩学分析，从而研究色粉的配色方式和染色能力等因素。最终，本实验按顺序考虑了油石比、颜料掺量、单色颜料的颜色、矿粉、钛白粉、多种颜色混合等对试件颜色特征的影响。

3.3 小结

本节通过考虑油石比、颜料掺量、矿粉和钛白粉使用量、单色及多色对彩色沥青色彩特征的影响，设计了不同组的实验，并分析得出控制油石比为 6%，颜料掺量为 10～14 g，钛白粉可以作为白色颜料，但作为填料剂且量较少时，仅改变颜色亮度，而矿粉抑制颜色等结论。同时，本实验也考虑了工程实际情况下的实用掺量对颜色的影响。

另外，在油墨的调配过程中有一个原则，调色所用原墨的种类越少越好。对于彩色沥青试件而言，当同时使用铁红、铬绿和钴蓝时，效果受其染色能力的影响较大，并且调色方式及配料量不易掌握，故在使用时主要考虑以下几点原则：

(1) 能使用单色的尽量使用单色，如铁红(25%)＋铁黄(75%)得到的橙色，可以使用铬橙得到相近的结果；同样地，可以使用铁绿得到与铬绿(25%)＋铁黄(75%)相似的效果。

(2) 参与调色的颜色最好不要超过两种，颜色太多不仅影响因素众多，配制时的用量也不好控制。

(3) 颜色微调时应使用矿粉而非颜料。

(4) 颜色的调整难以达到精确，在工程应用中应当设定目标值区间范围以方便操作。

(5) 对于颜色的判定无论是基于机器视觉或是比色卡，都需要使用标准光源。

4 彩色沥青的色彩应用

4.1 彩色沥青的色彩使用需求

路面的色彩及道路美学会对道路使用者产生很大的影响，故应该对路面的色彩进行研究，以提高道路与周边环境的协调性以及道路使用者的舒适性和安全性。其中，路面的色彩效果是研究的重点，也是彩色沥青路面的生命所在。若利用好彩色路面的色彩，有时可以改善普通路面存在的一些不足，有时也能解决普通路面所不能解决的问题。

4.2 彩色沥青路面的色彩应用

彩色沥青的使用，要考虑色彩对道路使用者产生的影响和效果，从彩色沥青的静态视觉和动态视觉出发，有不同的使用效果：美化环境、提高路面亮度、划分不同性质的交通区间、强调与警示、缓解疲劳。

4.3 小结

本节从色彩的原理以及对人的影响出发，分析彩色沥青路面在静态与动态视觉中的应用，通过调查得到了在不同情况下路面的推荐配色方案。

基于以上调查与分析，在彩色路面的应用中，既要考虑路面与环境以及道路本身的协调与美观，也要考虑行车的动态视觉安全，结合目前的标志标线规范，从而使路面色彩真正成为道路使用者的福音。

结合彩色沥青已有实践以及调查分析得出的结论，本研究提出了以下使用理念：

(1) 关注彩色沥青的使用场所。彩色沥青的使用场所有限，在路面适当部位使用可以起到特殊效果，但不能全断面铺设，否则将与全断面黑色路面相同，反而起不到应有的效果，且其造价高于常规路面，还需考虑其经济性和地区适用性。

(2) 彩色沥青的静态视觉应用。使彩色路面和周围景观相协调，以达到美观或休闲等目的。

(3) 彩色沥青的动态视觉应用。考虑彩色沥青路面在事故多发路段的应用，如对下坡、急弯的警示及其在保护非机动车道或自行车道时产生的界限效果。

(4) 彩色沥青颜色的使用应当结合国家标准《道路交通标志和标线》中的相关内容，考虑不同颜色的使用效果，而并非随意使用，否则会造成信息歧义甚至误导等不良影响。

参考文献

[1] 曹海波,钱振东.彩色沥青路面的色彩分析与应用研究[J].石油沥青,2007(5):1-4.

[2] 叶玺铭.彩色沥青路面在市政道路上的应用[J].交通标准化,2011(9):53-57.

[3] 宋丽萍,毛治国.浅析彩色沥青路面的类型和色彩功能[J].交通企业管理,2011(7):52-54.

[4] 刘文峰,方守恩,滕生强.道路交通设施色彩规划与设计[J].上海公路,2004(3):23-25,4.

[5] 杨阳,邢晓燕,黄磊.色彩在沥青类路面铺装中的运用[J].公路交通技术,2009(S1):42-45.

[6] 赵春江.c#数字图像处理算法典型实例[M].北京:人民邮电出版社,2009.

[7] 冈萨雷斯.数字图像处理[M].2版.北京:电子工业出版社,2007.

[8] 尹星云,王峻.基于改进的彩色图像形态学膨胀和腐蚀算子设计[J].计算机工程与应用,2008,44(14):172-174,183.

[9] 叶兴权,邱熙锋.彩色沥青混合料的生产[J].工程机械,2006(1):56-58.

[10] 曾荣.彩色沥青混凝土路面色彩控制技术[J].广东建材,2011(4):65-67.

[11] 任树贤.彩色路面的种类、材料及施工技术[J].黑龙江交通科技,1994(2):31-35,20.

作者简介

李　伊,同济大学交通运输工程学院,交通工程专业。

曹剑锋,同济大学交通运输工程学院,交通工程专业。

郭志朋,同济大学交通运输工程学院,交通工程专业。

李棋伦,同济大学交通运输工程学院,交通工程专业。

指导老师

黄卫东,研究员,同济大学交通运输工程学院。

高速公路建设碳排放计算方法研究、软件开发与应用分析

张桂正，古　玮，王贤卫

|摘要|

为了响应交通运输部门发展低碳交通的要求，本文计算与分析了高速公路建设产生的 CO_2 排放，且将高速公路建设过程界定在原材料生产、原材料运输和机械施工三个阶段。首先，本文整理和研究了国内外高速公路建设产生的 CO_2 排放计算方法，并结合我国四川地区高速公路工程施工造价数据，给出了从工程概算表计算 CO_2 排放量的计算方法，并在此基础上开发了一款高速公路建设碳排放量计算软件，将计算模型的核心思想写入软件。然后，利用该软件对我国四川地区某拟建高速公路上的路基、路面、桥涵和隧道工程分别进行各阶段 CO_2 排放量计算，并分析各自排放的构成及比例关系。通过对结果的分析，从而提出相应的减少 CO_2 排放量的建议。

|关键词|

高速公路建设；碳排放计算；软件开发

1　引言

温室气体过度排放造成的全球气候变暖给自然环境带来了巨大影响。交通基础设施建设，特别是高速公路建设需要消耗大量的原材料和能源，并排放大量 CO_2 等温室气体。“十二五”期间高速公路新增通车里程 3.4 万 km，我国的高速公路等交通基础设施建设在若干年内还将持续。在这样的大背景下，我国高速公路建设主要存在以下几个问题：

(1) 人们已经意识到在高速公路建设过程中会产生大量的温室气体(以 CO_2 为主)，但是目前人们对高速公路建设过程中排放的温室气体只能做非常基础的定性了解，尚不能进行定量把握。

(2) 在高速公路建设方案设计过程中，设计者往往只考虑到建设高速公路所带来的经济效果，由于缺少每公里道路、桥涵和隧道的 CO_2 排放比例及关系的概念，所以无法进行权衡和对比，在减少温室气体排放方面往往尚欠考虑。比如说，在山地地区，高速公路的修建通常有两种形式：一种是开凿穿山建隧道；另一种是设置迂回的盘山公路，通过增加路线长

度来避免过于陡峭的坡度，但是这样一来线路总长度会增加好几倍。设计者在进行方案比选时，一般是比较隧道和盘山公路各自的造价成本，即主要由经济因素来决定方案的最终选择。

(3) 政府部门在决策过程中也会遇到片面考虑经济因素，而忽视高速公路建设过程中大量温室气体排放的问题，这样做出来的决策经济上是可行的，但是在环保层面可能会考虑不足。

(4) 在建设方案确定之后，高速公路具体建设过程中，不同原材料的生产加工和运输阶段产生的 CO_2 量有很大差异，不同的方法和工艺所产生的 CO_2 量也有着显著区别。比如说，同样是水泥，不同的型号对温室气体排放的贡献是不同的，1 t 的 P. I. 52.5 水泥在生产过程中会产生 1 042 kg 的 CO_2，而 1 t 的 P. O. 42.5 水泥在生产过程中会产生 920 kg 的 CO_2，仅仅是 1 t 的量不同水泥的生产过程中产生的 CO_2 就相差了 122 kg。所以，在建设工艺方面存在很大的提升空间。

综上所述，在可持续发展的要求下，研究高速公路建设的 CO_2 排放，从而为采取相应的节能减排策略提供参考依据。这不仅具有十分重要的意义，也是生态交通建设的必然要求。

2 高速公路建设碳排放计算方法

国外对于高速公路碳排放计算方法的研究已经较为成熟，但是在国内目前尚未形成统一的计算模型和方法，只是一部分学者在已发表的论文中有所提及，表 1 和表 2 分别列举了一些国内外的研究现状。

表 1 国外研究现状

组织	国家	计算模型	特点	局限性
国际道路联合会(IRF)	—	一款温室气体计算器(CHANGER)	计算软件由三个功能模块组成：数据收集模块、材料信息模块和结果输出模块	没有涵盖道路工程全寿命周期的各个阶段，计算软件所提供的数据库也并不完全适用于中国道路建设的基本情况
英国交通研究实验室(TRL)	英国	一款 CO_2 排放量计算工具(asPECT)	核心是以道路工程全寿命周期内的固碳量为计算对象	以英国官方碳排放换算系数为依据，并不适用于中国道路工程建设的实际情况
美国加州大学伯克利分校联合加州路面研究中心	美国	一款基于 Excel 的碳排放计算模型(PaLATE)	对所采集的能耗与碳排放数据采用了敏感度分析方法，给出了数据使用的详细边界条件和适用范围	模型比较复杂，在实际工程中使用起来有一定的难度

表 2 国内研究现状

标题(年份)	作者	工程类型	覆盖阶段	主要内容
高速公路生命周期能耗和大气排放研究(2010)	尚春静、张智慧、李小冬	路基土石方、排水、防护和路面工程	材料生产阶段、建造阶段、养护和修理阶段和拆除阶段	能耗；CO_2、SO_2、NO_x 排放量

（续表）

标题（年份）	作者	工程类型	覆盖阶段	主要内容
基于 LCA 的高速公路能耗与碳排放计算方法研究及应用（2011）	潘美萍	路面工程	材料物化阶段、建设施工阶段、运营管理阶段和结构拆除阶段	主要考虑了沥青路面和水泥混凝土路面生命周期的能耗与碳排放
桥梁工程生命周期碳排放计算方法（2011）	刘沐宇、欧阳丹	桥梁工程	原材料生产加工阶段、现场施工阶段、运营维护阶段和废弃阶段	桥梁工程的生命周期碳排放计算方法及一座桥的案例计算
不同结构材料的桥梁生命周期碳排放研究（2012）	徐双	桥梁工程	建筑材料的生产、施工、运营维护和拆除废弃阶段	计算了某案例混凝土梁结构和钢-混组合梁结构的碳排放

把建筑生命周期评价理论的模型方法运用到公路建设上，可以建立高速公路寿命周期 CO_2 排放模型，即把高速公路寿命周期划分为筑路材料物化阶段、建设施工阶段、运营阶段、养护维修阶段和寿命终止阶段。

考虑到本研究只有高速公路建设过程的数据，因而剔除高速公路运营、养护维修、结构拆除等过程。确定研究的系统边界为高速公路筑路材料物化阶段和建设施工阶段。为了方便研究比较，取 1 km 双向四车道沥青混凝土高速公路的单幅路作为 1 个基本单元。材料物化阶段只考虑高速公路建设过程中的主要材料和高耗能材料，如水泥、沥青、钢材等；建设施工阶段主要考虑施工机械使用所消耗的动力燃料和能源，以及施工过程中机械的尾气排放。

本文将高速公路建设界定为原材料生产、原材料运输和机械施工三个阶段。根据从施工预算表中获取的工程原材料使用量、原材料运输距离、机械台班数和能源消耗量，分别计算出三个阶段的 CO_2 排放量，具体计算流程如图 1 所示。

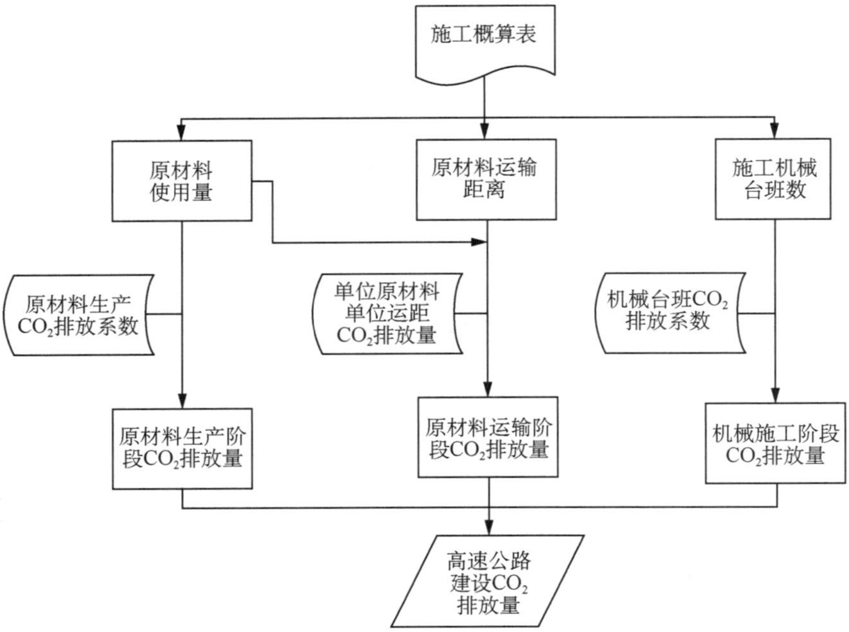

图 1　高速公路建设 CO_2 排放量计算流程

2.1 原材料生产阶段 CO_2 排放量计算

工程总原材料生产阶段 CO_2 排放量需要通过分别统计各类原材料使用量，再乘以原材料生产阶段的 CO_2 排放系数，然后对各种原材料排放求和得到：

$$G1=\sum_{i=1}^{n}G1_i\times n_i=1=\sum_{i=1}^{n}k1_i\times u1_i n_i=1 \quad (1)$$

式中 $G1_i$——第 i 种原材料生产阶段 CO_2 排放量；

$k1_i$——第 i 种原材料生产阶段 CO_2 排放系数；

$u1_i$——高速公路建设阶段第 i 种原材料的用量；

n——原材料种类数。

参考相关研究，本文将主要原材料生产阶段的 CO_2 排放系数归纳如下，结果如表 3 所列。

表 3 主要原材料生产阶段 CO_2 排放系数

所属大类	材料名称	CO_2 排放系数	单位
钢材	大型钢材	4 339	kg/t
	中小型钢材	3 589	kg/t
	线材	3 551	kg/t
水泥	水泥(P. I. 52. 5)	1 042	kg/t
	水泥(P. O. 42. 5)	920	kg/t
	水泥(P. S. 32. 5)	678	kg/t
石料木材	沙砾	3. 40	kg/m^3
	碎石	16. 10	kg/m^3
	锯材	126. 24	kg/m^3

2.2 原材料运输阶段 CO_2 排放量计算

考虑原材料的运输，CO_2 排放量不仅与所选择的运输方式有很大关系，也与材料的运输距离直接相关，原材料运输阶段 CO_2 排放量可以通过式(2)计算。

$$G2=\sum_{i=1}^{n}G2_i n_i=1=\sum_{i=1}^{n}k2_i\times d_i\times u2_i\times n_i=1 \quad (2)$$

式中 $G2_i$——第 i 种原材料运输阶段 CO_2 排放量；

$k2_i$——运输单位质量第 i 种原材料单位公里的 CO_2 排放系数；

d_i——第 i 种原材料的运输距离；

$u2_i$——第 i 种原材料的运输量；

n——原材料种类数。

各种运输方式由于消耗能源故导致 CO_2 排放，而不同的运输方式在能源消耗方面存在差异，因此各种运输方式单位运量单位运距的 CO_2 排放系数通过单位能源消耗量乘以能源 CO_2 排放系数计算：

$$k2_i = E_i \times M_i \tag{3}$$

式中 E_i——第 i 种原材料运输方式消耗能源导致 CO_2 排放系数；

M_i——第 i 种原材料运输方式单位运量单位运距的能源消耗量。

根据重庆大学刘猛等人的研究，各种运输方式的能源消耗归纳如表 4 所列。

表 4 各种运输方式能源消耗

铁路运输	我国铁路机车内燃机车和电力机车比率为：0.656∶0.344，内燃机车耗柴油为 24.9 kg/(10 000 t·km)，电力机车耗电为 110.6 kWh/(10 000 t·km)
海运运输	42 kg 柴油/(10 000 t·km)
内陆水运	81.4 kg 柴油/(10 000 t·km)
公路运输	一级标准：汽油货车 5.6 L 汽油/(100 t·km)，柴油货车 3.8 L 柴油/(100 t·km)
	二级标准：汽油货车 5.8 L 汽油/(100 t·km)，柴油货车 4.4 L 柴油/(100 t·km)

运输机械使用能源包括燃料油、汽油、柴油、煤和电能。参考相关研究，本文把主要能源的 CO_2 排放系数进行归纳，结果如表 5 所列。

表 5 主要能源消耗的 CO_2 排放系数

能源名称	CO_2 排放系数	单位
柴油	3.164	kg/kg
汽油	2.988	kg/kg
原油	3.069	kg/kg
燃烧油	3.241	kg/kg
原煤	1.98	kg/kg
电	0.723	CO_2/(kW·h)

2.3 机械施工阶段 CO_2 排放量计算

高速公路建设过程中需要各种不同的机械设备运作，各种机械在 CO_2 排放方面存在一定的差异。因此，机械施工 CO_2 排放量可以通过机械施工台班数乘以机械台班 CO_2 排放系数进行计算：

$$G3 = \sum_{i=1}^{m} G3_i \times m_i = 1 = \sum_{i=1}^{m} k3_i \times u3_i \times m_i = 1 \tag{4}$$

式中 $G3_i$——第 i 种机械施工阶段 CO_2 排放量；

$k3_i$——第 i 种机械的台班 CO_2 排放系数；

$u3_i$——第 i 种机械施工阶段使用台班数；

m——施工机械种类数。

机械施工由于能源消耗故产生 CO_2 排放，而不同的机械在能源消耗方面存在差异，机械的台班 CO_2 排放系数通过机械台班能源消耗量乘以能源 CO_2 排放系数计算：

$$k3_i = e_i \times M_i \tag{5}$$

式中 e_i——机械 i 消耗能源产生的 CO_2 排放的排放系数；

M_i——机械 i 台班能源消耗量。

施工机械的磨损程度、机械功率的不同及操作者的技能都会直接影响施工机械的能耗。为了简化研究，本文不考虑机械的磨损程度、机械功率的不同及操作者的技能等因素，参考《公路工程机械台班费用定额(2008 版)》来确定单位台班的能源消耗，结合本文 2.2 节中主要能源消耗的 CO_2 排放系数，可以算得机械的台班 CO_2 排放系数。

3 碳排放量计算软件开发

高速公路作为一种特殊的建筑物，同样适用于全寿命周期研究方法，但是将模型实际应用到数据的处理和计算必须有一个可操作的软件平台。国外一些专家编制了专门的碳排放量计算软件，但是由于国内外差异，这些软件对我们来说并不适用。而国内暂时还没有一款较好的高速公路建设碳排放量计算软件。我们通过对目前现有的高速公路碳排放计算方法的研究，总结出一套高速公路建设过程中 CO_2 排放量的计算方法，并利用基础数据，开发出一款高速公路施工碳排放计算软件。

本软件通过与同望软件对接，利用自身的计算功能进行计算。软件的用户主要是政府决策部门和科学研究人员。

软件的输入数据包括：原材料的用量、原材料的运输距离和运量以及机械台班的使用数量，分别对应原材料生产、原材料运输和机械施工这三个阶段。

软件的输出是：①各个阶段(生产、运输和施工)的 CO_2 排放量以及占总量的比例；②不同工程(路基、路面、桥梁和隧道)的 CO_2 排放量以及单位长度(或单位面积)的平均 CO_2 排放当量。

4 案例分析与应用

目前，本研究收集的资料有四川省三条高速公路的工程预算表，其中包含了这三条高速公路建设的所有原材料用量、运输距离、施工机械台班量和各细部工程造价等数据。本文利用前面研究总结的模型方法，对这三条高速公路进行了详细的计算，并与已有研究成果进行比较，从而验证了模型的准确性。在此过程中也提出了一些减少建设过程中碳排放的方法和措施。本文以其中一条拟建高速公路为例进行模型的阐述，其基本情况如表 6 所列。

通过计算可以发现，整条高速公路建设期间 CO_2 排放主要来自原材料生产阶段，占比 89.31%，其次是机械施工阶段，占比 9.01%，原材料运输阶段 CO_2 排放只占总量的 1.68%。另外，不同工程单位 CO_2 排放水平的情况是：道路工程为 6 800 t/km，桥涵工程为 48 320 t/km，隧道工程为 37 630 t/km。

表 6　案例高速公路基本情况

高速公路基本参数表			
全长	64.84 km	类型	双向四车道
设计速度	80 km/h	路基宽度	24.6 m
涵洞及隧道	66 个	桥梁	95 座
桥梁			
类型	数量	总长度/m	平均长度/m
特大桥	4	5 422	866.6
大桥	81	21 642	267.185 106 2
中小桥	8	599	49.876
隧道			
类型	数量	总长度/m	平均长度/m
特长隧道	1	5 960	5 960
长隧道	2	5 872.6	1 956.25
中短隧道	11	4 666.6	416.045 454 5
各工程类型量			
路基工程	24.022 km	路面工程	60.458 km
桥涵工程	24.518 km	隧道工程	12.118 km
主要原材料运输距离			
钢材	200 km	砂石类	50 km
52.5 级水泥	18 km	42.5 级水泥	56 km
62.5 级水泥	200 km		

本文计算的案例路面结构与潘美萍所研究的高速公路路面结构中的结构 I“半刚性基层沥青路面”相同，其计算结果材料物化阶段 CO_2 排放量约为 1 261 t/km，本案例的结果约为 1 021 t/km（路面工程 24.022 km，原材料 CO_2 总排放 24 525 t），二者有较好的一致性。同样地，在施工阶段，已有文献中所计算的“拌合”占比 73.08%与本案例的计算结果 73.99%非常接近。另外，工程所处地质不同会导致路基处理存在很大差异，本文工程案例所处地带不良地质较多，特殊路基处理消耗原材料很大，因此，路基工程原材料 CO_2 排放占了很大比例。

在桥梁工程方面，徐双的硕士论文对桥梁工程的计算结果（使用案例桥梁宽度约 50 m）：材料生产阶段 CO_2 排放量约为 82 560 t/km，施工阶段 CO_2 排放量约为 5 740 t/km；本案例计算结果：材料生产阶段 CO_2 排放量约为 45 424 t/km，施工阶段 CO_2 排放量约为 2 168 t/km。由此可见，若换算成相同桥梁宽度，二者的 CO_2 排放量在数量上就较为接近。

在隧道工程方面，李兴华等通过案例计算得出隧道施工 CO_2 排放量约为 3 t/km，本文案例得出的结果约为 5 t/km，这种差异是由工程所处地质、具体实施工法和使用机械等多方面因素综合造成的。尽管如此，计算结果仍在同一数量级上。

综上所述，可以看出各类工程的建设与所处地域存在很大关系，在不同的地形、地质条件下，工程建设的 CO_2 排放水平并不相同。本文计算结果在特定情况下与已有研究显示出了很好的一致性，但也与其他一些结果存在一定的差异。

另外，本文对不同工程类型的 CO_2 排放量进行了综合考虑，通过不同工程的单位工程量 CO_2 排放横向对比可以为规划设计者提供更直观的判断依据，也可作为初步设计方面路线选择等的辅助参考。

5 手机客户端开发

本研究开发的电脑软件是基于施工概算表的细部数据对道路施工过程碳排放量进行精确计算。通过对大量道路、桥梁、隧道的计算，可以得出单位道路、桥梁、隧道碳排放量的回归公式，在此基础上，基于 Android 平台开发简易的手机客户端，以便在规划设计过程中，通过规划的高速公路中道路长度、桥梁长度和隧道长度来估算高速公路施工过程碳排放量的近似值。

6 结论与展望

关于高速公路全寿命周期环境影响评价的研究始于 20 世纪 90 年代中后期，先后在芬兰、美国、加拿大、瑞典、澳大利亚等发达国家取得了巨大的发展和应用，然而我国相关方面的研究却比较少。受到时间以及数据条件的制约，本研究只是参考应用成熟的生命周期评价理论，对高速公路建设阶段碳排放计算的方法做了一些探索，还有很多需要进一步研究或改进的地方：

(1) 基于全寿命周期的高速公路碳排放研究。高速公路全寿命周期分为四个阶段：材料物化阶段、建设施工阶段、运营管理阶段和结构拆除阶段。本研究着重分析了前两个阶段。基于高速公路全寿命周期对碳排放进行研究，可以更加全面地掌握高速公路的环境影响。

(2) 敏感性分析。目前，我国基础数据缺乏的现状还将持续一段时间，针对数据质量不高或是与我国国情不符的情况，可在相关研究中加入敏感性分析，通过测定各个数据因素的变化对结果的影响程度，从中找出敏感性因素，以便在实际执行过程中对敏感性因素的基础数据加以控制，从而在一定程度上减小数据质量不高对结果的影响。

(3) 基于施工概算表细部数据进行深入研究。施工概算表的数据量庞大，内含每条道路、每座桥梁、每个隧道的相关信息。基于施工概算表细部数据进行深入研究，能够得到更为准确的经验公式，还能研究工程具体设计类型与碳排放量之间的关系。

(4) 建立适合我国的数据库。高速公路环境影响评价是一项复杂的系统工程，所需的基础清单数据是巨量的。高速公路建设过程中涉及能源使用的环节纷繁复杂，温室气体排放统计也需要长期监控。我国目前现有的统计制度和现有的数据体系还无法较为准确地提供各材料生产能耗或是施工机械尾气排放等基础数据，只能参考国外的相关研究。因此，建议今后应逐步规范相关的能源审计和碳审计工作，逐步建立起一套符合我国实际的、较为完善的寿命周期数据库，从而更好地支持高速公路环境影响评估工作。

(5) 开发建立能够实际应用的碳排放软件系统。因为客观条件所限，本研究开发的电脑软件和手机客户端仅仅停留在功能实现层面，没有达到能够实际应用的软件系统的开发程度。可以预见，随着国内相关研究的不断深入、数据库的不断完善以及施工单位、政府部门相关机制的建立，不久的将来必然会建立一套可供实际应用的碳排放软件系统。届时，施工单位、政府部门便可通过这一系统对高速公路的碳排放进行评估。

参考文献

[1] 龚志起. 建筑材料生命周期中物化环境状况的定量评价研究[D]. 北京：清华大学，2004.

[2] 尚春静，张智慧，李小冬. 高速公路生命周期能耗和大气排放研究[J]. 公路交通科技，2010(8)：149-154.

[3] 罗智星，杨柳，刘加平，等. 建筑材料 CO_2 排放计算方法及其减排策略研究[J]. 建筑科学，2011，27(4)：1-8.

[4] Liu M，Qian F，Zhan，X. Calculation model for energy carbon emission of building material transportation [C]//Proceedings of International Conference on E-Product E-Service and E-Entertainment，2010.

[5] 徐双. 不同结构材料的桥梁生命周期碳排放研究[D]. 武汉：武汉理工大学，2012.

[6] 谷立静. 基于生命周期评价的中国建筑行业环境影响研究[D]. 北京：清华大学，2009.

[7] 潘美萍，王端宜. 路面寿面周期碳排放评价方法的研究[J]. 中外公路，2011(4)：83-86.

作者简介

张桂正，同济大学交通运输工程学院，交通工程专业。

古　玮，同济大学交通运输工程学院，交通工程专业。

王贤卫，同济大学交通运输工程学院，交通工程专业。

指导老师

杨东援，教授，同济大学交通运输工程学院。

面向交通安全的城市信控交叉口两难区回馈控制方法与研究

刘诗福，张潇予，黎嘉轩，聂灵灿，邬芳迪

|摘要|

城市信控交叉口在城市道路交通系统中占有重要地位，但是目前对于城市信控交叉口的诸多控制措施，大多追求的是道路利用率，面向安全的信号控制则较少。在定时配时控制下，当黄灯启亮时，停车线前会存在一段驾驶员可以加速通过或者减速停下的区域，但是由于不同的驾驶员采取的行为不同，从而易导致追尾等事故发生，故这段区域被称为“两难区”。本文通过建立交通状态转移模型，引入马尔可夫交通状态估计和强化学习方法，设计相对应的回馈函数和控制算法来预测路网交通状态，并控制动态绿灯时间以减少“两难区”内的车辆数，从而提高交叉口安全性。

|关键词|

城市信控交叉口；两难区；马尔可夫交通状态估计；强化学习

1 引言

道路交叉口在城市道路交通系统中占有极其重要的地位。然而，现今道路交叉口安全问题越来越严重，尤其是在人口众多路网密集的中国。据世界卫生组织(WHO)的统计，中国由于人口和车辆众多，故中国的交通事故死亡率是欧美国家交通事故死亡率的3倍。在美国，每年近三百万起交叉口事故发生，占所有报告事故的44%；我国则有高达60%的交通事故发生在城市道路交叉口附近地区。其中，受信号过渡黄灯以及驾驶行为等影响，由于信号配时方案不合理引起的交通事故占1/3。与黄灯问题直接相关的是“两难区”问题，“两难区”的存在会威胁到城市信控交叉口的安全。

2 “两难区”的定义

两难区域也被称为“两难区”或“选项区”，反映出其中存在的概率特质。其概率特质表现为：区域内驾驶员作为一个群体，在黄灯亮起时的短短不足几秒钟内，一部分驾驶员的驾驶行为会表现为质疑成功停车与停车线前的可能性。而恰恰是这种行为导致在停车线之前产生了一段“两难区”，在该区域内的驾驶员可能会继续行驶或采取停车行为。“两难区”位置示意如图 1 所示。

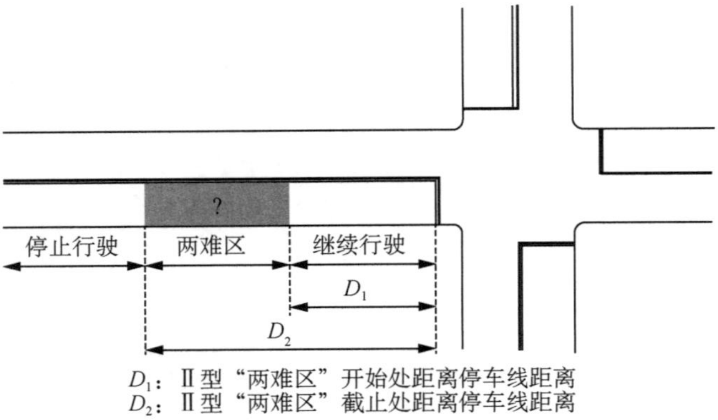

图 1 “两难区”示意

国际上，基于多年的研究数据，Ⅱ型两难区域的始端和末端往往分别是停车线前约 5.5 s 和 2.5 s 的行驶距离。而这两个端点定位分别等同于第 90 百分位和第 10 百分位的驾驶员驾驶行为的选择区域。

3 两阶段响应式控制方法

目前，为了减少“两难区”内的车辆数以提高交叉口的安全性，欧美国家采用较多的是两阶段式控制方法，这种方法又称为 D-CS 法。该方法的主要思想是：将最小绿灯时间和最大绿灯时间分为两个阶段，在前一阶段内，如果“两难区”内没有车辆，则结束绿灯；在后一阶段内，如果“两难区”内有一辆车（不是卡车）则结束绿灯；若到达了最大绿灯时间，则强行控制，结束绿灯。

4 基于强化学习的“两难区”回馈控制方法

本文所建立的“两难区”控制方法，采用马尔可夫状态转移概率，并在强化学习的基础上，利用 Q 学习算法，建立“两难区”模型，旨在通过决策机制来达到“两难区”内车辆总数最少的目的。这种新方法，我们称之为 QL 控制方法。

4.1 强化学习模型的建立

强化学习是一种新的基于机器的学习。其处理问题时使用独立的智能体系统，它能感知环境，并且从中学习，然后采取行动。它解决问题所采取的决策是为了达到长远目标，并且兼顾长期回馈和即时回馈。由于强化学习系统一直要重复“观察环境→采取行动→得到回馈”这个过程，因此它需要不断地从环境中学习，并且兼顾历史信息和新学习到的信息。

对于“两难区”来说强化学习系统与环境的相互作用如图 2 所示。QL 系统在路口环境中对交通状态进行监测，并得出回馈值，或者通过对交通状态进行估计后得出回馈值。回馈值与“两难区”车辆数的关系如图 3 所示。

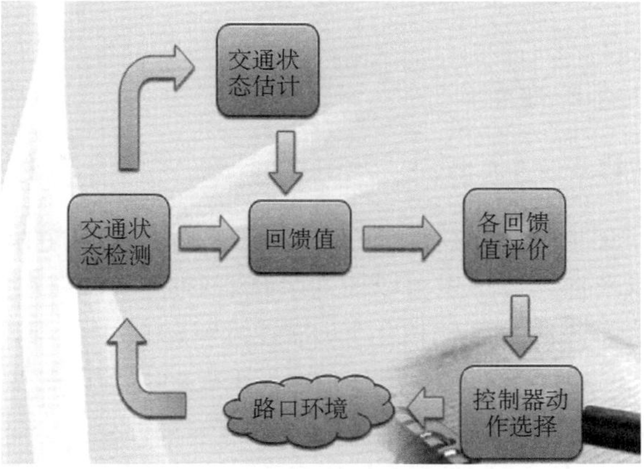

图 2　强化学习系统与环境的相互作用

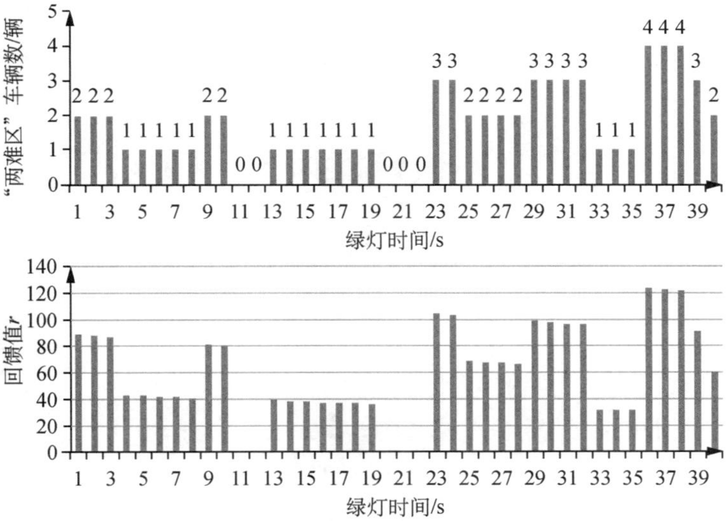

图 3　回馈值与“两难区”车辆数关系

4.2　Q 学习算法

Q 学习算法是强化学习领域里一项重要的突破，是一种不需要模型的自适应的选择控制方法，它能将状态动作对和 Q 值联系起来。它每步都能对 Q 值进行估计，并将新的估计值和历史值结合起来，作为新的 Q 值。而新的估计值由两部分组成：即时的回馈值和历史最大 Q 值的折扣值，可用式(1)计算。

$$Q^*_{(s,a)} = Q_{(s,a)} + \alpha(r_{(s,a)} + \gamma \cdot \max Q_{-1(s,a)} - Q_{(s,a)}) \tag{1}$$

式中 γ——折扣因子，$0 \leqslant \gamma \leqslant 1$；

α——QL 系统的学习率，$0 \leqslant \alpha \leqslant 1$；

$r_{(s,a)}$——即时回馈值，包括 r_{end} 和 r_{extend}；

$\max Q_{-1(s,a)}$——先前最大的 Q 值；

$Q_{(s,a)}$——当前的 Q 值；

$Q^*_{(s,a)}$——下一时刻的 Q 值。

4.3 马尔可夫状态转移

对于一个高速信控交叉口的“两难区”而言，每一个绿灯将要结束时刻的状态(s)都可以用“两难区”内的车辆数来描述。这里可以用 9 个状态(即 0，1，2，3，4，5，6，7，8，其中状态“8”表示“两难区”内车辆数为 8 辆及 8 辆以上)来描述。$s(i,j)$表示当前时刻“两难区”内车辆数为 i 辆时，下一时刻“两难区”内车辆数为 j 辆。因此，可以用一个 9×9 的矩阵来表示当前时刻和下一时刻“两难区”内车辆数的关系。

根据上述分析，可以用到下列三个等式来计算回馈值：

$$r_{end} = \frac{3\ 600}{T-(G_{max}-t)} \times S_0 \tag{2}$$

$$r_{extend} = \frac{3\ 600}{T-(G_{max}-t)} \times S_f \tag{3}$$

$$S_f = \frac{\sum_{i=t}^{G_{max}} S_0 (P_n)^{G_{max}-t}}{G_{max}-t} \tag{4}$$

式中 r_{end}——结束相位的回馈值；

r_{extend}——延长相位的回馈值；

G_{max}——本相位的最大绿灯时间；

P_n——当前时刻的马尔可夫状态矩阵；

S_0——检测器检测本相位中当前时刻“两难区”的车辆数；

S_f——利用马尔可夫转移矩阵预测的未来平均车辆数；

t——本相位当前时刻；

T——路口的原信号配时周期长。

5 模型的验证

5.1 基于强化学习的“两难区”回馈控制系统开发

Visual Basic 中提供了 COM 接口方便和 VISSIM 仿真软件连接(图 4)。VISSIM 仿真软件中得出来的数据可以返回给 Visual Basic。而 Visual Basic 中提供的可视化窗口能够直观地显示，方便分析。

以广州市天河路和体育东路交叉口为例，该路口在未对体育东路禁止左转前，各进口道平均车流量交大，晚高峰时期流量超过 500 veh/(h · lane)。取该路口作为研究对象，建模仿真，如图 5 所示。

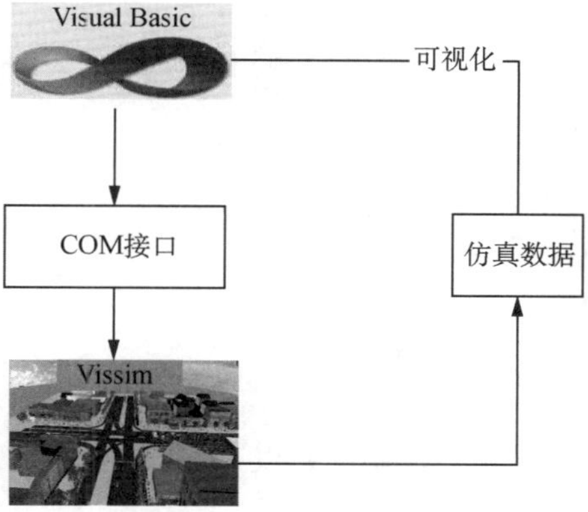

图 4　Visual Basic 对 VISSIM 二次开发

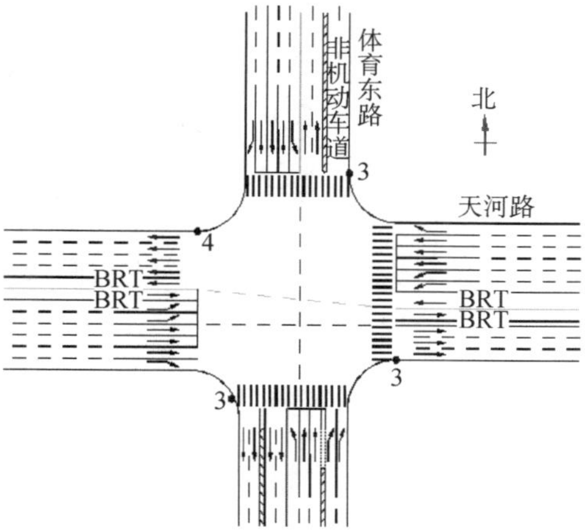

图 5　交叉口几何特性

5.2　控制效能分析

以交叉口总的进口道流量为变量，分析定时控制、D-CS 控制和 QL 控制这三种信控方法在一个小时内“两难区”的车辆数和交叉口的平均延误。

在“两难区”车辆总数方面，仿真得出不同流量下三种方法的“两难区”车辆总数，结果如图 6 所示。

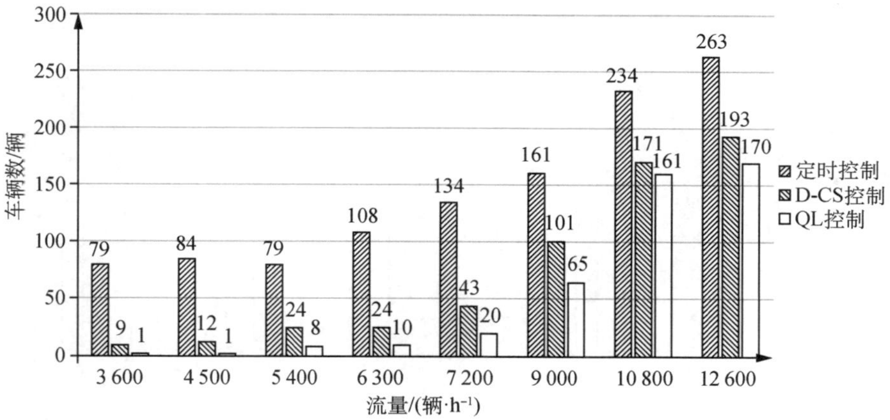

图 6　不同流量情况下三种方法的“两难区”车辆数

平均来说，D-CS 控制相对于定时控制减少了 50％的车辆数，QL 控制相对于定时控制减少了 62％，而 QL 控制相对于 D-CS 控制减少了 24％。由此可知，QL 系统在安全方面具有优越性。

在交叉口平均延误方面，仿真得出不同流量下三种方法的平均延误，如图 7 所示。

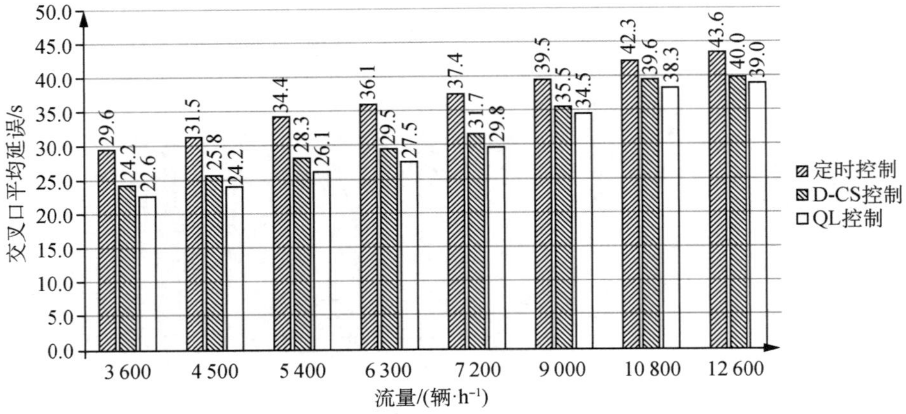

图 7　不同流量情况下的三种方法的交叉口平均延误

相对来说,D-CS 控制下的交叉口平均延误要小于定时控制的延误,可减少 13%;QL 控制下的交叉口平均延误要小于定时控制的延误,可减少 18%;QL 控制下的交叉口平均延误要小于 D-CS 控制的延误,可减少 6%。由此可知,QL 系统在效率方面也具有优越性。

5.3　后悔率

对于每一个状态,QL 系统可以用后悔率来表示。当 QL 系统在一个较高的状态结束绿灯时,发现可以在最大绿灯之前找到更低状态的概率。那么,决策的原则就是要有更低的后悔率。

图 8 表示的是较低流量 350 veh/(h · lane)情况下,当有超过一辆车就会延长相位。系统知道遇到 0 辆车的概率很大。图 9 表示当交通量达到 600 veh/(h · lane)时的后悔率。很明显,系统知道遇到状态较大的概率很高,所以在有 2 辆车时会结束相位。

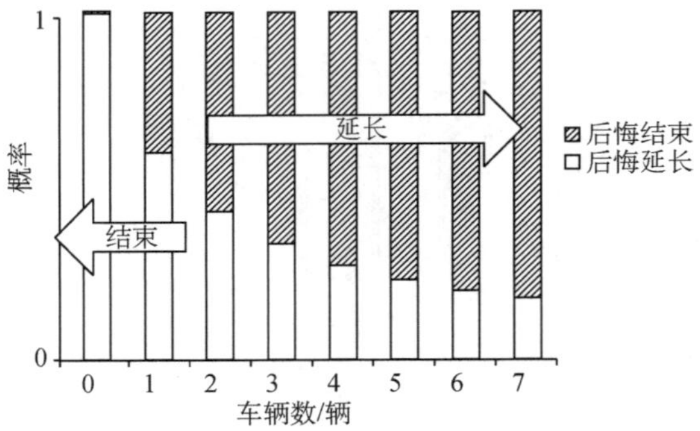

图 8　车流量为 350 veh/(h · lane)的后悔率

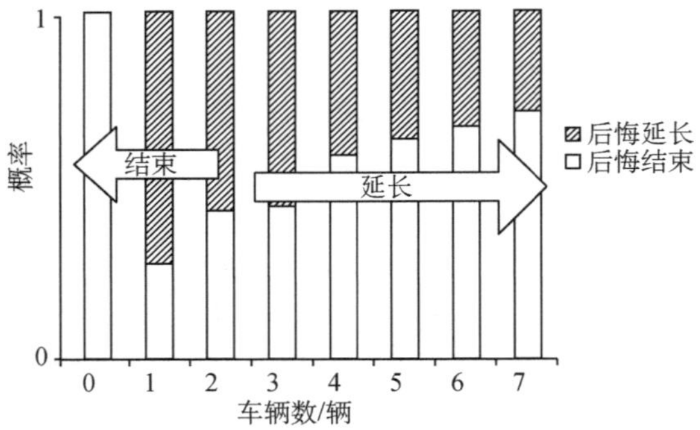

图 9　车流量为 600 veh/(h · lane)的后悔率

参考文献

[1] National Automotive Sampling System (NASS). General Estimates System(GES): Analytical user's manual 1988-2001[R]. NHTSA, U. S. Department of Transportation, 2001.

[2] Parsonson P S, Roseveare R W, Thomas J M. Small-area detection at intersection approaches[J]. Traffic Engineering, 1974:8-17.
[3] Bonneson J, Middleton D R, Zimmerman K H, et al. Intelligent detection-control system for rural signalized intersections[R]. FHWA, U. S. Department of Transportation, 2002.

作者简介

刘诗福,同济大学交通运输工程学院,交通工程专业。
张潇予,同济大学交通运输工程学院,交通工程专业。
黎嘉轩,同济大学交通运输工程学院,交通工程专业。
聂灵灿,同济大学交通运输工程学院,交通工程专业。
邬芳迪,同济大学交通运输工程学院,交通工程专业。

指导老师

张　轮,教授,同济大学交通运输工程学院。

基于图像识别技术的轨道交通钢轨疲劳裂纹扩展规律研究

程　茜，蒋　叶，仇士超

|摘要|

本文在详细论述轮轨滚动接触疲劳裂纹的研究历史与现状的基础上，主要以钢轨表面裂纹分布位置、表面裂纹的长度和走向及钢轨内部裂纹的扩展长度、深度、角度等特征为研究对象，以轮轨滚动接触理论、车辆-轨道多体动力学为基础，应用仿真分析的方法来研究以上裂纹的发展特征，并得到裂纹扩展的大致规律。

|关键词|

钢轨滚动接触疲劳；裂纹扩展；轮轨接触蠕滑力；图像识别技术

1　研究背景与意义

随着列车速度的提高和轴重的加大，轮轨接触疲劳损伤成为铁路运输中最严重的问题之一。即使欧洲高速铁路系统已有较长的发展历史，但因轮轨接触疲劳损伤造成的重大事故仍不断发生。2000 年 10 月 17 日，一列高速列车以 185 km/h 的速度从伦敦驶往利兹的途中，在通过曲线时发生脱轨事故。事故调查结果表明，脱轨事故是由于曲线外侧钢轨的疲劳裂纹扩展导致钢轨断裂引起的。不仅铁路存在这样的问题，随着城市轨道交通客流量的日益增大，地铁载重也越来越大。2013 年，上海地铁 2 号线曾出现钢轨表面的整体剥离。

据有关数据表明，近年来我国每年因更换损伤钢轨的耗资就达几十亿元。因此，研究轮轨接触疲劳损伤问题并提出有效的措施，具有巨大的经济效益与科学价值。这些问题的解决对于列车安全运营和运输成本降低以及高速列车发展来说都具有十分重要的意义。

2　钢轨表面裂纹特征观测与分析

本研究中被测量钢轨全部截取自朔黄铁路曲线半径为 500 m 处，为第 7 次和第 8 次切割。两类钢轨的通过总重分别为 275 MGT 和 320 MGT，具体截取位置见图 1。其中，钢轨测量要求如表 1 所列。

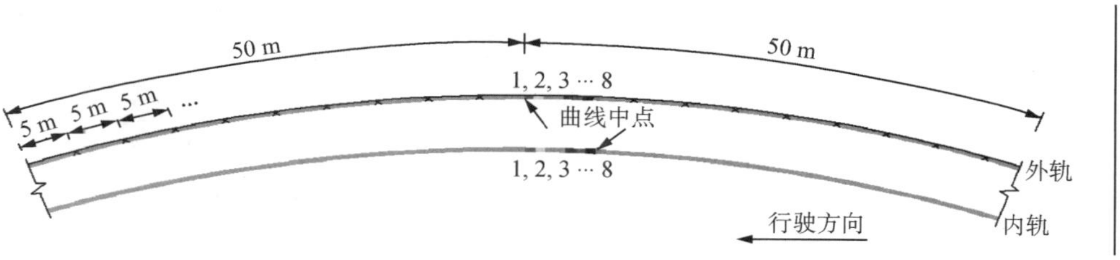

图 1 钢轨截取位置示意

表 1 钢轨测量要求

对象	要求	对象	要求
轨道	焊接长钢轨，有砟轨道	曲线半径	500 m
钢轨	75 kg/m，U75V，热处理	曲线长度	613 m
轨头宽	72 mm，轨顶面以下 16 mm 处量取	通过总重	275 MGT/320 MGT
轨枕	混凝土，重 250 kg	超高	90 mm

根据上述裂纹的集中分布位置，选取该处裂纹进行钢轨表面裂纹角度、长度的特征统计。

1. 裂纹发展角度

本文利用角度测量仪对钢轨表面裂纹的走向进行角度测量。对于不同通过总重的内、外轨表面典型裂纹的观测与测量，得出如下裂纹发展角度规律：

(1) 通过总重 275 MGT 内轨轨距边裂纹角度范围：35°～55°；

(2) 通过总重 320 MGT 内轨轨距边裂纹角度范围：40°～60°；

(3) 通过总重 275 MGT 外轨轨距边裂纹角度范围：30°～45°；

(4) 通过总重 320 MGT 外轨轨距边裂纹角度范围：35°～45°。

2. 裂纹发展长度

本文采用手持式 Dino-lite 数码显微镜对钢轨表面裂纹进行放大观测，并在 Dino Capture 软件中对裂纹进行拍摄。避免了由于裂纹细小，人为直接测量带来的较大误差。

经放大 250 倍后的裂纹由多张图片组成，利用 Photoshop 软件将同一条裂纹的图像进行拼接，如图 2 所示。最后利用 CAD 软件量取该放大后的裂纹，换算得到裂纹的实际长度。

通过对大量典型裂纹样本的观测、采集、处理和统计可以得出裂纹长度。统计分析发现，钢轨表面裂纹长度分布有如下特点：

(1) 内轨裂纹长度范围为 9～20 mm；

(2) 外轨裂纹长度范围为 20～30 mm；

(3) 结合钢轨磨耗情况(图 3、图 4)可以看出外轨的轨顶面发生不均匀垂直磨耗，轨距边逐渐向内凹；内轨轨头被逐渐磨平，轨头呈方形。

图 2 CAD 放大 250 倍的裂纹

虽然，磨耗将轨面磨平甚至降低，然而从本研究的数据可见，磨耗并未使表面裂纹消失，也未对裂纹长度起显著的抑制作用。因此，可以认为，随着重载车辆的运行，钢轨裂纹仍不断扩展，甚至扩展至钢轨内部。

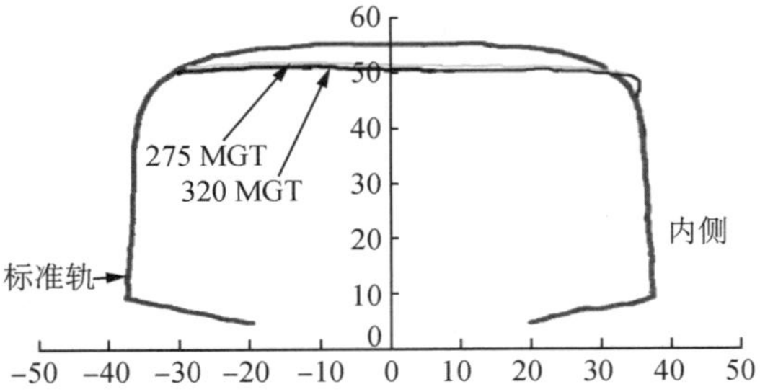

图 3　内轨磨耗型面(彩图见附录)

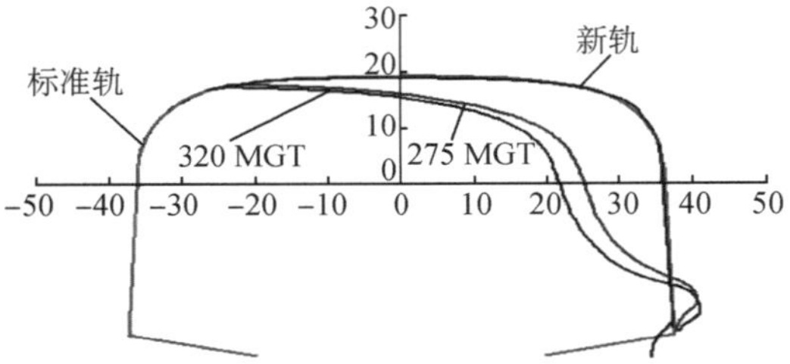

图 4　外轨磨耗型面(彩图见附录)

3　钢轨内部裂纹特征观测与分析

3.1　图像识别技术

3.1.1　金相分析

本研究对通过总重分别为 275 MGT 和 320 MGT 的钢轨进行金相分析，以得到距工作边 12 mm、24 mm、36 mm、54 mm 等处的裂纹图像。图 5 所示是通过总重为 275 MGT、距工作边 12 mm 处的裂纹图像。

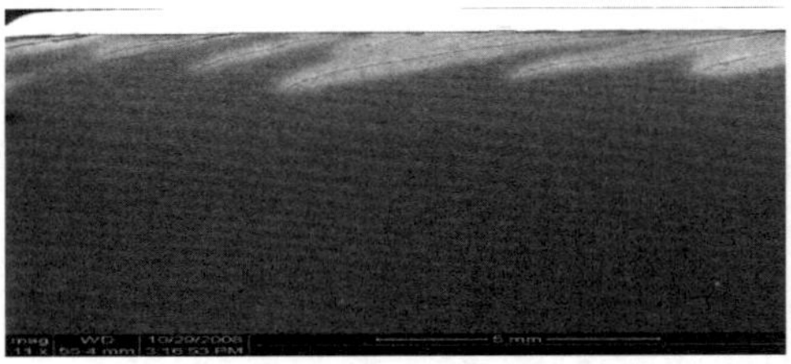

图 5　通过总重为 275 MGT、距工作边 12 mm 处的裂纹图像

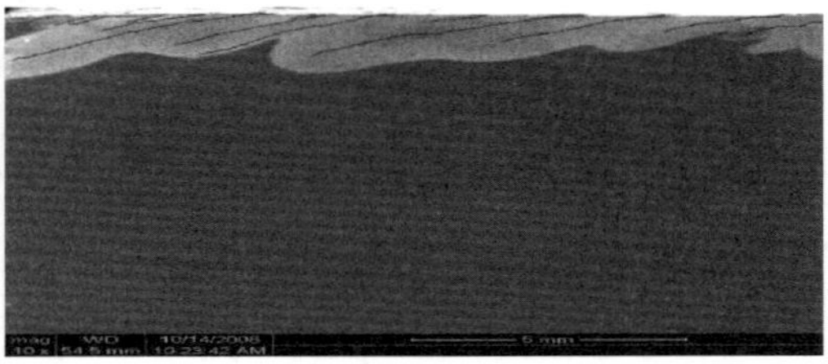

图 6　预处理后的裂纹

3.1.2　裂纹加粗

在后续的图像识别中，需要使裂纹与其周围环境有明显的对比，以便于准确提取出裂纹。故在图像识别前，需要对上述图片进行预处理：对于裂纹进行加粗描黑。处理结果如图 6 所示。

3.1.3　裂纹提取拟合

根据图片的像素大小，将图片转化为灰度矩阵 $\boldsymbol{A}_i$。由于每一个像素点转化为矩阵中的一个元素，故矩阵 $\boldsymbol{A}_i$ 非常巨大，这里仅简单举例说明：

$$\boldsymbol{A}_i=\begin{bmatrix}255 & 255 & 0\\255 & 220 & 150\\255 & 0 & 0\end{bmatrix}$$

矩阵的中元素表示该位置图片的灰度，“255”表示为白，“0”表示为黑，图片中还存在大量灰色，所以矩阵中出现了介于 0～255 的元素。

对黑白图片做二值化处理，可将上面例子中的 $\boldsymbol{A}_i$ 转化为如下的二值矩阵 $\boldsymbol{B}_i$：

$$\boldsymbol{B}_i=\begin{bmatrix}0 & 0 & 1\\0 & 1 & 1\\0 & 1 & 1\end{bmatrix}$$

其中，白色用“0”表示，非白色用“1”表示。

通过分析裂纹形态，结合二值化后的矩阵，利用“九宫格”的概念，从非 0 点开始，读取其周围非 0 值，直到整条裂纹读取结束。图 7 是将像素点转化为二值矩阵后所得的二值化裂纹。图 8 为单独提取出的裂纹。

图 7　二值化裂纹

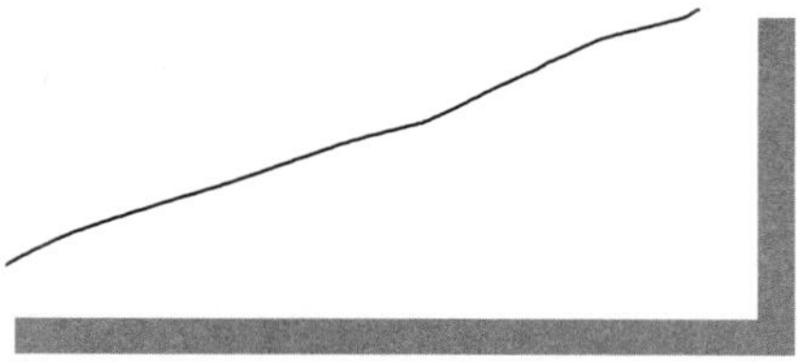

图 8　单独提取出的裂纹

单独提取裂纹后，根据组成裂纹各点的坐标在 Excel 中拟合出一个函数，如图 9 所示。

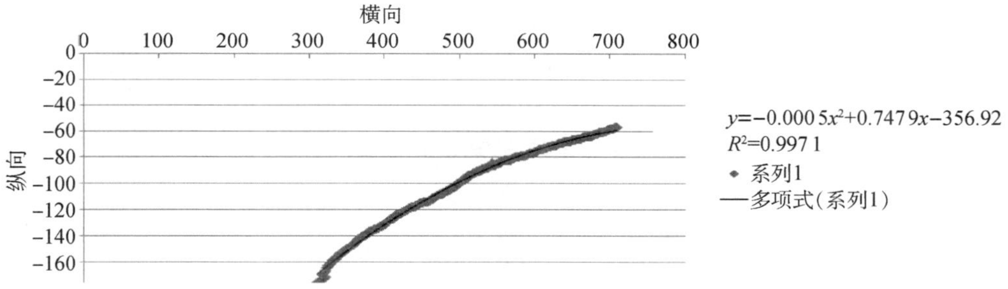

图 9　钢轨内部裂纹拟合

3.2　钢轨内部裂纹特征

3.2.1　裂纹发展长度

得到裂纹的函数形式后，可得到裂纹在钢轨内部的发展长度。由于钢轨顶面和轨肩位置的钢轨损伤机理不同，故只统计分析轨肩部分的裂纹特征。

通过对钢轨内部裂纹长度的统计，可以发现如下特征：

(1) 当通过总重为 275 MGT 时，距工作边 24 mm 范围内，裂纹长度更长，最小值为 1.23 mm，最大值为 4.02 mm。而在这一范围内对应的钢轨表面裂纹分布密度也较大。

(2) 距工作边 24 mm 处，通过总重为 275 MGT 时，钢轨内部裂纹长度平均值为 2.14 mm。当通过总重增至 320 MGT 时，钢轨内部裂纹长度平均值为 1.61 mm，远小于通过总重为 275 MGT 时的裂纹平均长度。

3.2.2 裂纹发展深度

通过对钢轨内部裂纹深度的统计，可以发现如下特征：

(1) 当通过总重为 275 MGT 时，距工作边 24 mm 范围内，裂纹深度更深，最小值为 0.28 mm，最大值为 1.23 mm，平均值为 0.62 mm。而在距工作边 12 mm 处，裂纹深度最大值为 0.52 mm，最小值为 0.08 mm，平均值为 0.25 mm。

(2) 当距工作边 24 mm，通过总重为 320 MGT 时，裂纹深度最大值为 0.64 mm，最小值为 0.20 mm，平均值为 0.39 mm，远小于通过总重为 275 MGT 时的裂纹深度。

3.2.3 裂纹发展趋势

由于轮轨滚动接触位置的动态变化及轮轨接触应力的大小不同，导致裂纹在钢轨内部扩展时，并不是垂直向下发展的，而是以某一斜率向下发展。在提取通过总重分别为 275 MGT 和 320 MGT 的裂纹过程中，可以看到有些裂纹能用一条曲线拟合，即发展趋势较为单一(图 10)；有些裂纹在发展时为多段形式，在两次向下发展的中间存在平缓接近于直线的一段(图 11)。

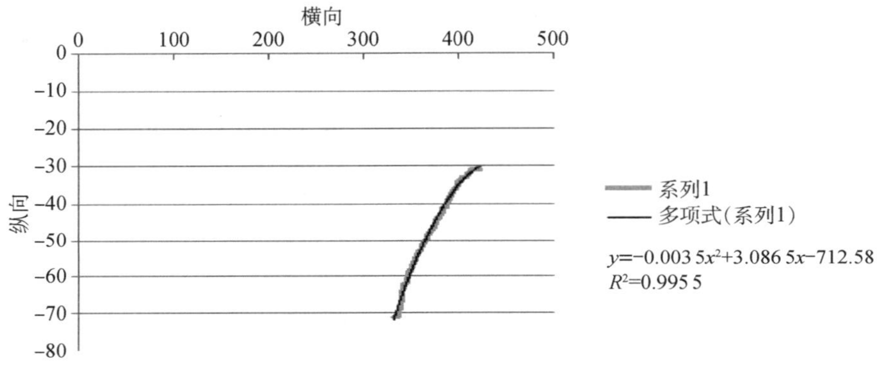

图 10 发展趋势单一的裂纹

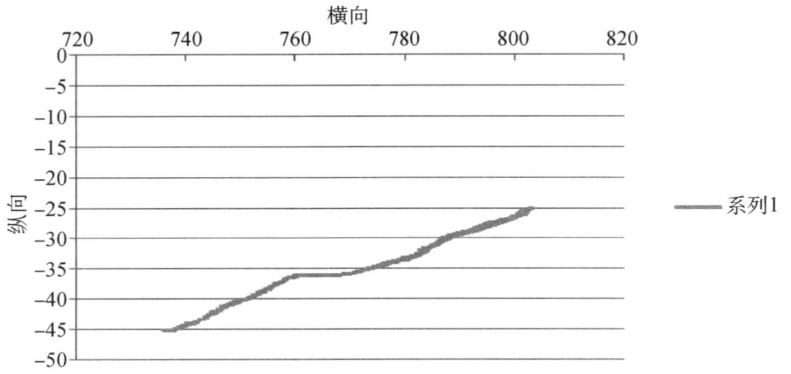

图 11 发展趋势为多段的裂纹

通过对裂纹的统计分析，可以得到裂纹发展趋势的大致情况：

(1) 当通过总重为 275 MGT 时，距工作边 12 mm 处，有 80%左右的裂纹向下发展且趋势单一，可以用一条曲线拟合。

(2) 当通过总重为 275 MGT 时，距工作边 24 mm 处，有 85%左右的裂纹向下发展且趋势单一;当通过总重增至 320 MGT 时,这一比例下降到 60%。

(3) 当通过总重为 320 MGT 时,距工作边 12 mm 处,仅有 25%左右的裂纹向下发展且趋势单一。

因此,随着轮轨作用次数的增加,使得裂纹向钢轨内部发展受阻,转而以接近于直线的形式水平发展一段时间再继续向下发展。

4 轮轨接触应力与钢轨疲劳裂纹扩展关系

4.1 仿真计算

为了得到轮轨滚动接触的动态结果,本研究利用在 SIMPACK 软件中建立的车辆-轨道多体动力学模型进行仿真计算。通过 SIMPACK 软件运算可以发现,在通过总重为 275MGT 条件下,钢轨磨耗量较大,已达到轮轨共形,如图 12 所示。轮轨接触点的实时变化如图 13 所示。

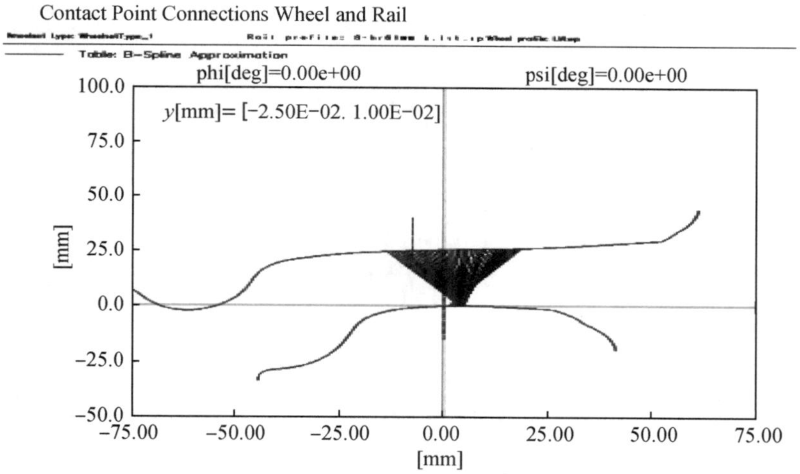

图 12　轮轨接触位置示意(彩图见附录)

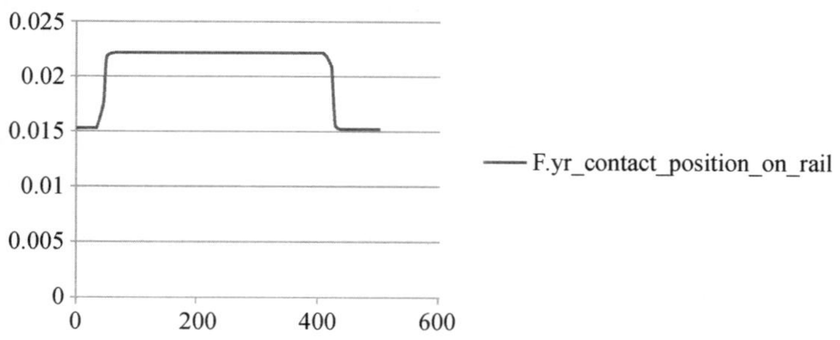

图 13　轮轨滚动接触位置(彩图见附录)

结合钢轨表面裂纹特征观测中裂纹的分布位置,可以得到在轮轨接触的位置分布有更密集的裂纹。

为了直观地得到在接触斑上的力的分布情况，将 SIMPACK 软件的仿真结果输入 CONTACT 软件中，从而得到轮轨滚动接触应力的结果。最后在 MATLAB 软件中处理可得主动轮接触斑上蠕滑力和蠕滑状态，如图 14 所示。可以看到，自旋蠕滑力的方向接近于钢轨横向。图 14 给出的是接触斑上的合力，通过进一步处理，可以得到分力，如图 15 所示。

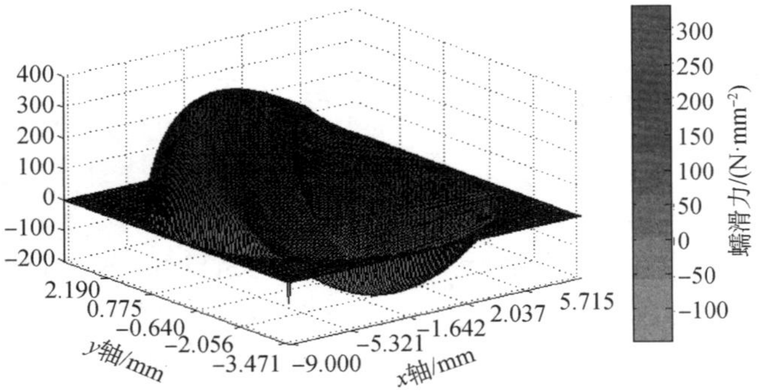

图 14　主动轮通过总重 320 MGT 钢轨接触斑蠕滑力

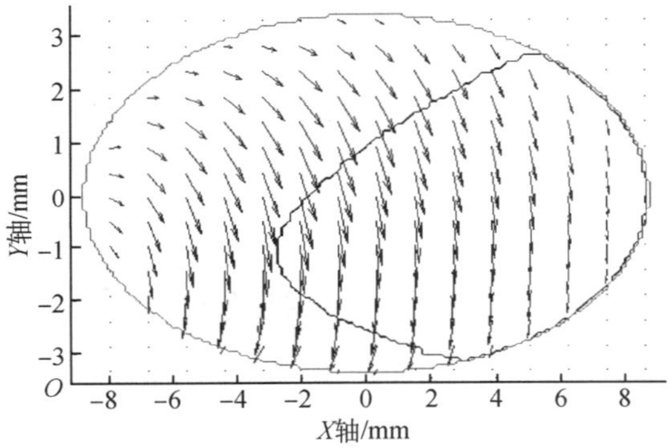

图 15　接触斑上合力的切向分力

4.2　轮轨接触应力与钢轨疲劳裂纹扩展关系

分析通过总重为 275 MGT 条件下，列车通过钢轨的各项指标（表 2），可以发现：轮轨接触位置即为钢轨表面裂纹密集处。说明轮轨接触应力对钢轨损伤具有非常大的影响。结合钢轨表面裂纹密集的范围，对应其内部的裂纹通常发展较深、较长。因此，可以认为轮轨滚动接触应力对裂纹扩展具有一定的促进作用。

表 2　通过总重 275 MGT 轮轨接触应力计算结果

参数	数值	参数	数值
轮轨接触位置/m	0.022	法向力/N	108 899.21
纵向蠕滑率	−0.000 91	纵向蠕滑力/N	8 532.42
横向蠕滑率	0.000 45	横向蠕滑力/N	−21 781.90

5 结束语

本文通过对钢轨表面裂纹集中分布的位置、裂纹长度、角度进行测量，对钢轨内部裂纹的长度、深度、扩展趋势进行分析，并对轮轨滚动接触应力进行仿真分析，得到有关裂纹的如下规律：

(1) 当通过总重为 275 MGT 时，外轨表面裂纹主要分布在距工作边 24 mm 范围内；当通过总重为 320 MGT 时，外轨表面裂纹主要分布在距工作边 24 mm 范围内，且长度在 20～30 mm。

(2) 当通过总重为 275 MGT 时，距工作边 24 mm 处的外轨内部裂纹长度平均值为 2.14 mm，裂纹深度平均值为 0.62 mm，裂纹有 85%连续向下发展；当通过总重增大到 320MGT 时，钢轨内部裂纹长度平均值为 1.61 mm，裂纹深度平均值为 0.39 mm，有 60%裂纹出现了向下发展的缓和区。

(3) 当通过总重为 275 MGT 时，裂纹较深较长的地方正好是接触频繁出现的位置、接触力较大的位置。虽然，磨耗增大使得裂纹在钢轨内部发展存在缓和区，但是由于在钢轨抗疲劳和磨耗的竞争关系中，钢轨更加抗疲劳，在这种情况下，裂纹仍有扩展和萌生的可能性。

参考文献

[1] 史密斯. 钢轨滚动接触疲劳的进一步研究[J]. 中国铁道科学，2002，23(3)：6-10.
[2] 铁道部科学研究院. 减轻重载列车轮轨磨耗的研究[J]. 中国铁路，1997(6)：42，16.
[3] 罗智中. 基于文字特征的文档碎纸片半自动拼接[J]. 计算机工程与应用，2012，48(5)：207-210.

作者简介

程 茜，同济大学交通运输工程学院，交通工程专业。
蒋 叶，同济大学交通运输工程学院，交通工程专业。
仇士超，同济大学交通运输工程学院，交通工程专业。

指导老师

周 宇，讲师，同济大学交通运输工程学院。

基于声子晶体的交通噪声屏蔽及声能回收装置设计

叶安珂，邓富文，钟 盛，吴 睿

|摘要|

声子晶体作为新兴的智慧型材料，其缺陷形成的共振腔，可实现声能的迅速集中和提升，将其与现代声电转换技术结合起来，可以达到降噪以及声能回收的效果。基于此特点，将其运用于路用声频障中，不仅能够减少噪声污染，同时还能实现能源的再利用。本文通过对于我国道路噪声能量的估算以及室内实验验证，证实了声子晶体的声能特性及其潜在的利用价值，为交通噪声防治和声能撷取提供了一个新思路。

|关键词|

交通噪声；声能撷取；声子晶体；平面波展开法；黏弹性声子晶体

交通引起的振动、噪声问题日益严重，这极大地干扰了沿线居民的日常生活。据统计，我国80%左右的公路两侧环境噪声昼间超过70 dB，轨道交通两侧环境噪声超过100 dB，数值均远远超出了噪声重度污染警戒线。因此，控制和降低道路交通噪声污染已到了刻不容缓的地步。

目前，控制噪声污染最有效且实际的技术手段之一就是修建声屏障。然而，传统声屏障无法摆脱厚、重、软的缺陷，由于噪声屏蔽带宽较窄，屏蔽效果往往不尽如人意，尤其无法同时屏蔽高频噪声和低频噪声。此外，随着能源危机的持续，能量收集技术逐渐成为重要的研究领域并得到迅速发展。而声能是环境中无处不在却未能善以利用的能源。Horowitz等人以及Liu等人都曾利用含压电材料的亥姆霍兹共振器作为声能量的回收装置。因此，若能借用Horowitz等人的思路，开发出兼具多种功能的新型声屏障，在实现有效屏蔽噪声的同时，将噪声所产生的声能加以收集和利用，不仅能推动能量收集技术的发展，也将引领中国交通事业进入环境友好、资源节约的新时代。

声子晶体有明显的带隙现象，特定频率范围的声波不能穿过声子晶体。而当声子晶体中存在缺陷时，未能穿过的声波将被局域在缺陷处，从而形成共振腔，共振腔内的声波能量急剧增强，起到声波能量集中和提升的作用。本文利用此概念开发了基于声子晶体的声屏障，并对其声能屏蔽和回收效果进行了初步研究。

1 道路交通噪声能量预测

在一定区域及时间范围内，整个路网上行驶车辆所辐射的交通噪声声能的总和 E 可表示为

$$E=\sum_{i=1}^{n}\omega_i \cdot T=N \cdot \bar{W} \cdot T \tag{1}$$

式中 ω_i——行驶车辆 i 的单辆车声功率，kW；

T——某时间段，h；

N——车辆总数；

$\bar{W}$——平均单辆车声功率，kW/辆。

本文对全国范围内31座城市的道路交通噪声污染源进行了调查，包括车流量、路段长度、宽度、车速、噪声均值等，基于式(1)及等效车流量、路网行车总数、基准辐射噪声声压级、车辆当量A计权声功率级等的计算，并结合声压级、声功率级、声功率之间的关系，最终计算出全国交通噪声的宏观测算结果，如表1所列。

表1 全国31座城市交通噪声声能宏观测算值

	L/万 km	V/(km·h^{-1})	L_W/dB(A)	W_0/W	Q/(veh·d^{-1})	N/(辆·d^{-1})	N'/(辆·d^{-1})	W/kW	E/[(kW·h)·d^{-1}]
高速公路	9.59	100	108.5	0.070 794 58	50 000	4 795 000	10 044 003	711	17 065
各级公路	414.16	60	100.5	0.011 220 18	10 000	69 026 667	144 588 964	1 622	38 936
总计	423.75	—	—	—	—	73 821 667	—	2 333	56 001

从计算结果来看，全国公路网交通噪声总声能量为56 001 kW·h/d，根据声子晶体能够实现能量集中的特点，目前可以将收集到的能量最大提高625倍，由此可计算得到全年的声能收集总量约为128亿kW·h(56 001×365×625≈128亿kW·h)。

从以上分析来看，基于声子晶体来实现声能回收是极具价值的研究方向。

2 声子晶体的局域共振现象

声子晶体的一个重要特征是，当具有严格周期拓扑结构的声子晶体受到一定程度的破坏而形成缺陷时，会产生缺陷局域模态。比如，在声子晶体中通过移除或替换其中一个散射体而引入点缺陷，除了仍会产生声子带隙外，点缺陷处会形成有如被反射墙包围住的共振腔，而带隙内的声波将被局限在此共振腔内，使得共振腔内的声波能量急剧增强，从而起到声波能量集中和提升的作用。为了验证此现象，本文通过实验来探究通过声子晶体进行能量集中的可行性。

2.1 实验方案

先运用弹性波展开法对声子晶体带隙进行数值模拟，再通过实验进行比对。为避免外

界振动的影响，本实验在同济大学声学馆消音室里进行测量。实验对象为自制亚克力柱/空气型声子晶体，亚克力圆柱的半径为 17.5 mm、高 40 mm，晶格常数 a 为 39 mm，对应的填充比为 63%。在实验过程中，将扬声器放入一个木箱中，在木箱内壁贴上吸声海绵，并将其尽量地靠近声子晶体，使其发出的波接近平面波，实验布置如图 1 所示。

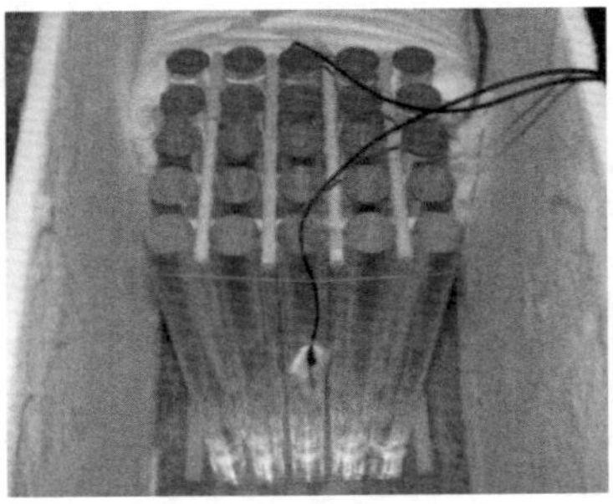

图 1　声子晶体实验现场布置

实验内容包括测试完整声子晶体穿透频谱及带缺陷声子晶体穿透频谱，实验方案如图 2 所示。将传感器分别置于完整的和带缺陷的(通过移除一根亚克力圆柱获得)声子晶体前后，前置传感器负责验证扬声器是否正常工作，后置传感器则负责收集穿透信号。实验过程是：开启信号发生器，宽频白噪声信号通过功率放大器馈入扬声器中，经扬声器箱辐射试验声源，通过传感器拾取各测点的声信号，并通过计算机将采集到的前后两点的时域信号转换为频域信号以便进行后期分析。

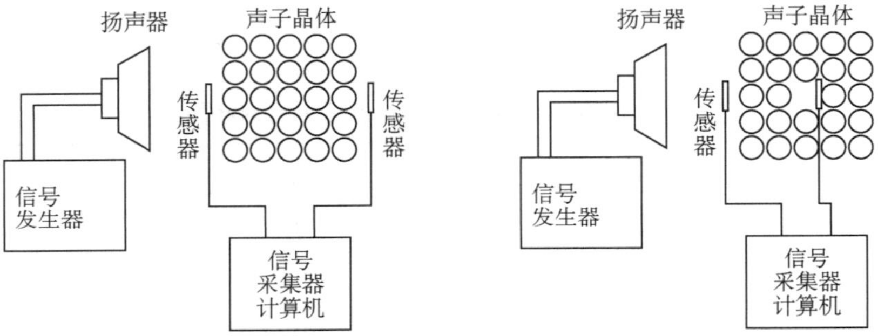

(a) 完整声子晶体　　(b) 带缺陷声子晶体

图 2　完整及带缺陷声子晶体穿透频谱测量方案

2.2　实验结果

图 3 为 63%填充比亚克力柱/空气型声子晶体数值模拟机实验穿透频谱图。其中，(b)图中蓝线为完整声子晶体穿透频谱，红线为共振腔穿透频谱，黄线为空白对照组。可以看出，在 4 000～6 000 Hz，完整声子晶体的穿透频谱体现出明显的带隙特点，即在 4 000～6 000 Hz 之间噪声会大幅度地衰减。另外，观察共振腔中的穿透频谱图，在 5 100 Hz 左右能够观测到明显的峰值，说明该频率范围内的声波没能穿过声子晶体，而是被局限在共振腔中，且在共振频率处声能提高了近 40 dB。从实验结果来看，带缺陷的声子晶体不仅能够有效阻隔特定频率范围内的噪声，还能将阻隔的噪声集中于共振腔中，实现声能集中。

3　黏弹性声子晶体

目前，大部分声子晶体的研究集中在弹性材料方面，这使得传统的声子晶体带隙范围偏高、偏窄。然而，交通噪声的频率范围大约为 25～2 000 Hz，因此以传统的声子晶体阻隔交

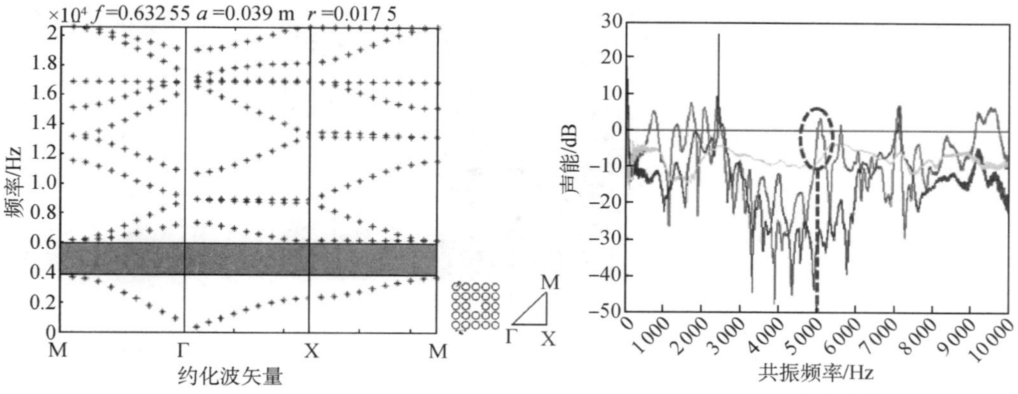

(a) 平面波数值模拟

(b) Γ-X方向实验穿透频谱（彩图见附录）

图 3 63%填充比亚克力柱/空气型声子晶体

通噪声无法达到理想效果。从之前的实验可以看出，亚克力柱与空气组成的声子晶体虽然有明显的带隙，但频带范围相对于交通噪声过高。

二维黏弹性声子晶体中，由于横纵波的模式转化、复杂的多重散射以及黏弹性阻尼的影响，导致带隙频率变得更宽且更偏向于低频区域。当材料黏弹性过大时，橡胶的耗散会禁止波的多重散射，带隙变得模糊不清，结构类似于纯橡胶，因此太大的黏弹性反倒是不利的。

为获取更低频、更宽带隙特性的声子晶体，本文以常温硫化硅橡胶作为基体材料、散射体为空气圆柱的声子晶体作为研究对象，利用平面波展开法，对黏弹性声子晶体的色散曲线进行数值模拟，并与实验进行对比验证，实验装置与亚克力柱/空气声子晶体实验相似。

数值模拟与实验结果如图 4 所示，其中(c)图中蓝线为完整声子晶体穿透频谱，红线为共振腔穿透频谱，黄线为空白对照组。将亚克力柱/空气声子晶体与空气/硅橡胶声子晶体带隙进行比对，可以发现黏弹性声子晶体的带隙更宽，且更符合交通噪声中低频的特性。

4 声能收集装置设计

声子晶体材料本身并不能将声能转变为电能，在能量转换过程中必须依赖其他媒介。最为直观的方法就是在共振腔中放置压电材料，利用机电耦合特性，将声波产生的振动能转换成电能。声波实质上就是振动的传播，因此，可选择振动传感器作为声能转换的媒介。1969 年，Kawal 在对 PVDF(聚偏二氟乙烯)的研究中发现，经单轴拉伸，并在高温强电场下极化的 PVDF 具有合成高分子材料中最强的压电效应，因此，本文采用 PVDF 压电薄膜作为声电转换装置。

4.1 实验方案

为检验基于声子晶体局域共振特性的声能收集及声电转换效率，将振动传感器 PVDF 置于声子晶体共振腔之中，与外电阻、示波器三者并联。外电阻的阻值为 2 000 Ω，由于示波器的阻抗远大于外电阻，因此示波器可当作电压表使用。外电阻一方面可以对电路起调谐

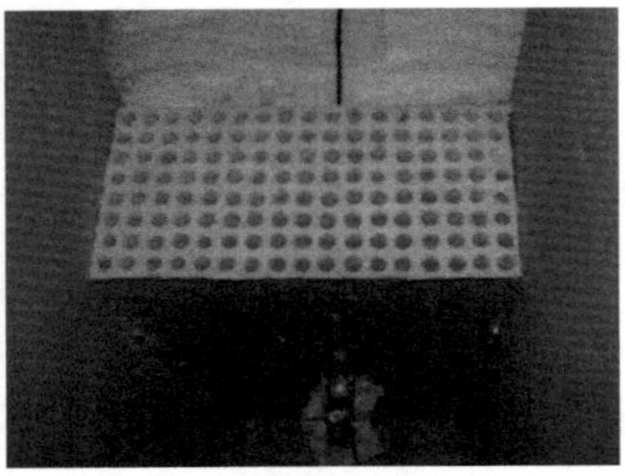

(a) 35%空气/硅橡胶型声子晶体模型

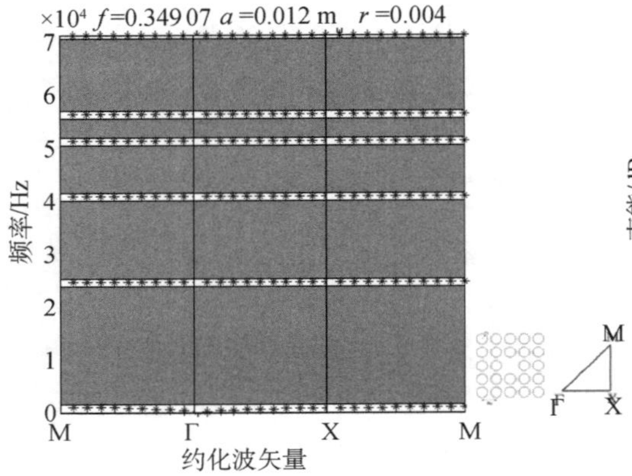

(b) 平面波数值模拟

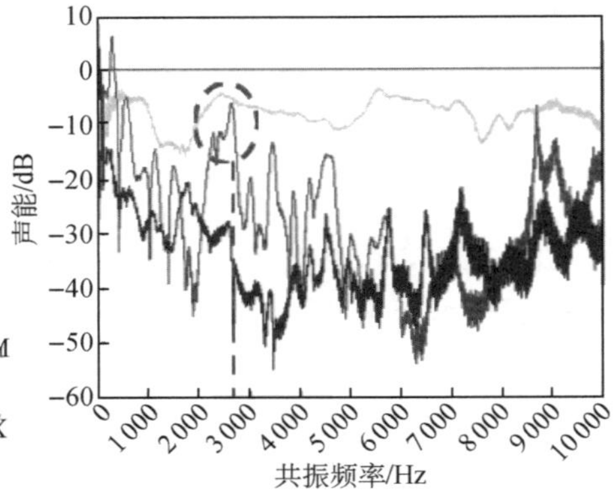

(c) Γ-X方向实验穿透频谱
(彩图见附录)

图 4　35%空气/硅橡胶型声子晶体

作用,以减小电路自身的干扰;另一方面,可用于计算声电转换装置的输出功率,以评估声能发电效果,实验装置布置如图 5 所示。

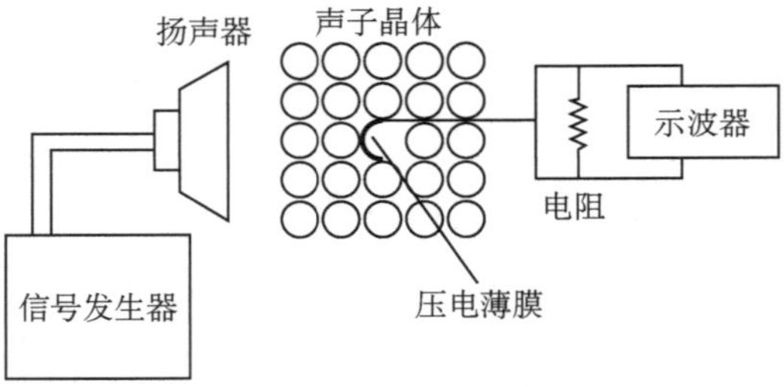

图 5　实验装置布置

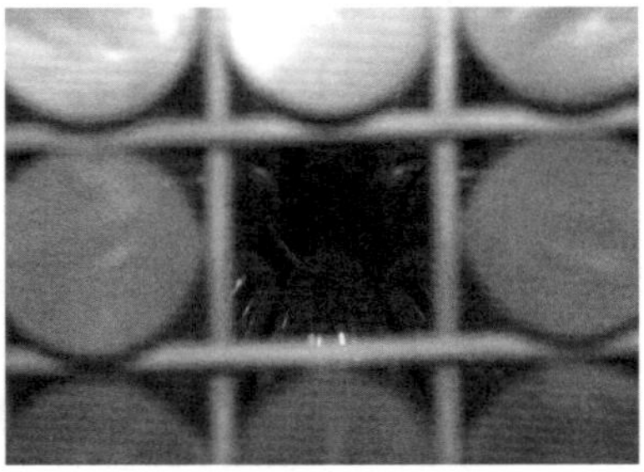

图 6　PVDF 压电薄膜放置位置

由于空气粒子的速度与压力场分布梯度及材料密度有关,将振动传感器弯曲,形成压电曲梁,将压电曲梁置于高粒子速度的位置,则压电曲梁会因为空气震荡而振动。由于亚克力柱与空气组成的带缺陷声子晶体中,最大的压力发生在缺陷中心,但缺陷中心的速度却是最小的,最大的粒子速度发生在缺陷的四个角落,因此将振动传感器弯曲,置于缺陷的四个角落容易被空气粒子激发振动,PVDF 压电薄膜放置位置如图 6 所示。实验过程是:开启信号发生器,宽频白噪声信号通过功率放大器馈入扬声器中,通过调节声压级来观测示波器测量的情况。

4.2 实验结果

图 7 中显示了无白噪声、白噪声低档、白噪声中档和白噪声高档时示波器所测结果。在所测电路中，本身有 360 mV 的交流电干扰。因此，在减去电路中的干扰后，白噪声低档、中档、高档所对应的电压峰值分别为 80 mV、120 mV 和 220 mV。从实验结果来看，当入射声波接近于缺陷处的共振频率时，在缺陷处会形成共振模态，导致 PVDF 压电薄膜会在共振腔中产生振动，从而将声能转变为振动能，再由振动能转变为电能，反映在示波器上即为电压的大幅度变化。此外，随着白噪声档位的调节，使得输出的声压级增大，进一步造成电压峰值的增加。以上试验结果初步证明了利用带缺陷的声子晶体的局域共振现象来收集噪声的可行性。但是，本实验得到的声电转换效率较低，这与本实验所选择的亚克力/空气型声子晶体本身的材料特性、物理和结构参数等相关，要获得更高的声电转换效率须进一步调节及优化声子晶体的材料特性、物理和结构参数。

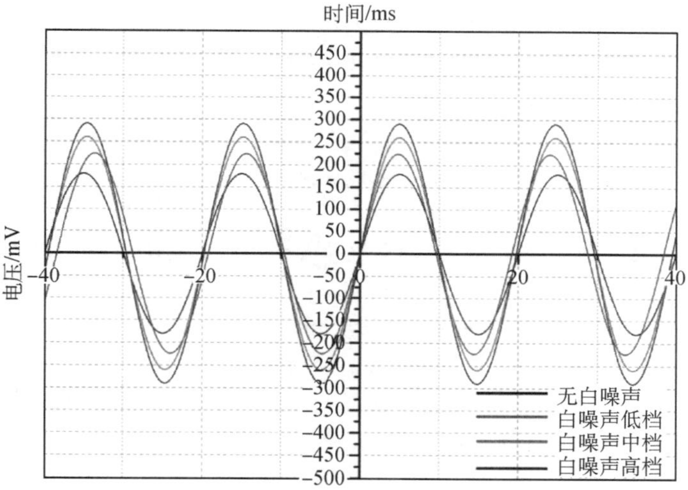

图 7　声电转换测试结果（彩图见附录）

5　结论

（1）本文通过对国内 31 座城市道路噪声水平的计算与分析，预测出全国道路噪声辐射总功率，又根据声子晶体能够实现能量集中的特点，可计算得到全年的道路声能收集总量高达 128 亿 kW·h，因而具有回收利用价值。

（2）室内的亚克力柱/空气型声子晶体实验说明：利用声子晶体能够有效地阻隔特定频率范围内的噪声，且可达到显著的降噪效果；同时，带缺陷的声子晶体还能将阻隔的噪声集中于共振腔中，实现声能集中。

（3）在以黏弹性材料作为基体材料的声子晶体中，由于声波的横纵波模式会发生转换、声波在传播过程中会发生多重散射，以及基体材料黏弹性阻尼的影响，使得黏弹性声子晶体有更低、更宽的带隙频率。因此，黏弹性声子晶体对交通噪声的阻隔有非常大的优势。

(4) 在带缺陷声子晶体的共振腔内放置 PVDF 压电薄膜，有望将声能的振动波转化为电能，且随着声波能量的增大，输出的电压也相应增大。

本实验中利用亚克力柱/空气型声子晶体测得的带隙在 4 000～6 000 Hz，而道路噪声的频率范围较宽，且大多集中在较低频率，为了使声子晶体能更好地运用于道路降噪中，还应通过改变声子晶体的材料等方法，使用黏弹性材料作为基体，以降低并拓宽带隙的频率范围。此外，本实验得到的声电转换效率较低，除了与所采用声子晶体本身材料特性有关外，还与共振腔中放置的压电材料有关。未来，寻求转换效率更高的声电转换材料，可进一步提高声电转换效率。

参考文献

[1] 蔡伟明. 城市道路交通噪声隔声降噪技术研究[D]. 重庆：重庆交通大学，2012.

[2] 胡广曼. 高速公路声屏障的研究进展[J]. 中国建材科技，2008(2)：5-8.

[3] Horowitz S B, Sheplak M, Cattafesta L N, et al. A MEMS acoustic energy harvester[J]. Journal of Micromechanics and Microengineering , 2006, 6(9)：174-181.

[4] Liu F, Phipps A, Horowitz S, et al. Aosutic enerfy harvesting using electromechanical Helmholtz resonator[J]. Acoust. Soc. Am. , 2008, 123(4)：1983-1990.

[5] 王凌，李本纲，陶澍. 城市道路交通噪声能量宏观测算方法(以海口市为例)[J]. 噪声与振动控制，2005，25(3)：42-44.

[6] 城市道路交通噪声控制研究课题组. 城市道路交通噪声控制研究[R]. 1988.

[7] 任文堂. 机动车辆噪声源和控制技术[J]. 噪声与振动控制，1984(4)：24-27.

[8] 李本纲，陶澍，曹军，等. 城市道路交通噪声预测理论统计模型[J]. 环境科学，2000(6)：1-5.

[9] 伍石生. 低噪声沥青路面设计与施工[M]. 北京：人民交通出版社，2005.

[10] 吴亮谕. 声子晶体共振腔之分析与声能能量撷取[D]. 台南：台湾成功大学，2010.

[11] Sigalas M M, Eeonomou E N. Elastic and acoustic wave band structure[J]. Journal of Sound And Vibration, 1992, 158：377-382.

[12] Kushwaha M S, Halevi P, Dobrzynski L, et al. Acoustic band structure of periodic elastic composites [J]. Physical Review Letters, 1993, 71：2022-2025.

[13] 温熙森. 声子晶体[M]. 北京：国防工业出版社，2009.

[14] Liu Y, Yu D, Zhao H, et al. Theoretical study of two-dimensional phononic crystals with viscoelasticity based on fractional derivative models[J]. Journal of Physics, D. Applied Physics：A Europhysics Journal, 2008, 41(6)：65503.

[15] Fukada E, Takashita S. Piezoelectric effect in polarized poly(vinylidene-fluoride)[J]. Japanese Journal of Applied Physics, 1969, 8(7)：960.

作者简介

叶安珂，同济大学交通运输工程学院，道路工程专业。

邓富文，同济大学交通运输工程学院，道路工程专业。

钟　盛，同济大学交通运输工程学院，道路工程专业。
吴　睿，同济大学物理科学与工程学院，声学研究所。

指导老师

朱兴一，教授，同济大学交通运输工程学院。

基于航拍飞行器的路面损坏调查的研究

鹿　畅，唐　钰，邢祎伦

| 摘要 |

路面裂缝作为一种常见的路面病害，越来越受到公路管理部门和养护部门的重视。本文着重探讨基于航拍飞行器获取图像，研究数字图像处理公路路面中裂缝病害的智能识别方法。裂缝智能识别的主要步骤为以下三步：首先，基于鱼眼畸变校正和颜色校正的图像预处理；其次，基于人工交互提取部分道路路面，提取道路完毕后，进行裂缝提取；最后，在提取完裂缝之后，再以此计算裂缝的各种特征值，以便进行裂缝分类。此外，本文还探讨了航拍飞行器适宜的飞行高度，结合一系列指标，得出适宜的飞行高度为 8～10 m。据此，针对不同等级公路的横断面宽度，设计航拍飞行器的工作模式以及摄像头的转角。最后对该方法进行了总结。

| 关键词 |

航拍飞行器；人机交互；特征提取；适用性；自动检测

1　引言

高速公路是经济发展的产物，自 20 世纪 60 年代以来在世界范围内发展迅速。高速公路的发展使得人们出行更加方便、快捷，但同时也给高速公路的设计者和建设者们提出了更多、更高的要求，比如行车安全性、舒适性、经济型、公路使用周期等。

已建成公路在车辆荷载的反复作用以及各种自然因素的影响下，势必会形成多种病害，如裂缝、车辙等，这些病害直接影响了公路的行驶质量。如果可以及时、准确地发现病害，并进行路面维修，将会大大减少维修费用，延长道路的使用寿命，从而也能为道路使用者提供更优质的交通服务。因此，研究路面破损自动检测技术，并结合高新技术来开发和设计高效、快速、准确的路面破损自动检测系统具有十分重要的意义。随着计算机领域中高性能处理器的飞速发展、存储器容量的成倍增长、存取速度的提高以及图像采集和分析处理技术的不断发展，世界各国的研究人员开始将目光投向利用计算机对路面数据进行分析以实现路面病害的自动检测这一课题。然而，当前的手段多为采用检测车辆拍摄来采集数据，成本巨大，同时会造成一定的环境污染。为了改善这种情况，本文尝试使用航拍飞行器来获取图像信息，在此基础上研究相应的路面裂缝识别方法。

2 图像预处理

研究使用的航拍飞行器 GOPRO HERO3＋镜头是一种运动摄像头，为了获得更大的视角，它采用了一种超广角技术，拍摄出来的效果为鱼眼图，这种图像会使真实场景产生一些畸变，不利于道路的分割，同时会使裂缝变形，所以我们对采集到的图像和视频进行了标定和校正，具体对比效果见图 1。

(a) 校正前

(b) 校正后

图 1　鱼眼畸变校正对比

3 路面提取

在我们拍摄的图片中很难有路面充满整张图片的情况，这时就需要先把路面提取出来，之后再对裂缝进行提取与识别。路面的提取主要分为三步：①根据纹理划分不同区域；②去除噪声；③路面边界拟合。

从视觉上来讲，道路路面的纹理与路边的草坪、路缘石、道路标线等的纹理存在明显差异，利用这种差异，通过计算就可以在比较复杂的画面中提取出较为简单干净的路面部分。

图 2 展示了经过简单预处理后的实拍图片。在该图片中框出了三个区域，通过肉眼判别，很明显三者的纹理具有较大差异，我们采用三者 RGB 的六个纹理特征值：均值、标准差、平滑度、三阶矩、一致性和熵。最终，依据交互选取的道路的六个特征值来进行路面提取部分的初步处理。处理后的图像如图 3 所示。

对于不同的噪声，我们运用了不同的处理办法和先后顺序。基于连通性和形态学计算，提取出了路面的基本模型，如图 4 所示。通常，路沿都呈线形，因此我们通过直线拟合及旋转校正得到了相对精确的路面所在区域，如图 5 所示。

4 路面裂缝提取

路面裂缝提取的过程分为两种情况：有阴影（阴影影响较大）和无阴影（确实没有阴影或有一点阴影但几乎没有影响），如图 6 所示。对于航拍影像中的阴影特性已有大量研究，研究者鞠何其指出利用连续两次的 HSV 彩色空间变换，可以在图像中有效区分阴影。

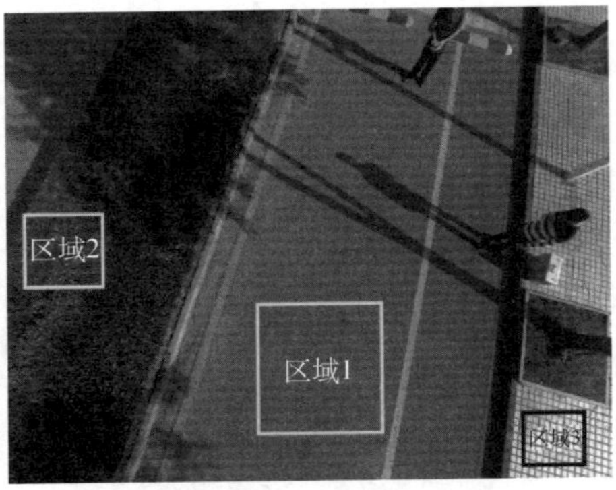

区域 1——一般路面；区域 2—绿化带；
区域 3—人行道地砖

图 2　实拍图片

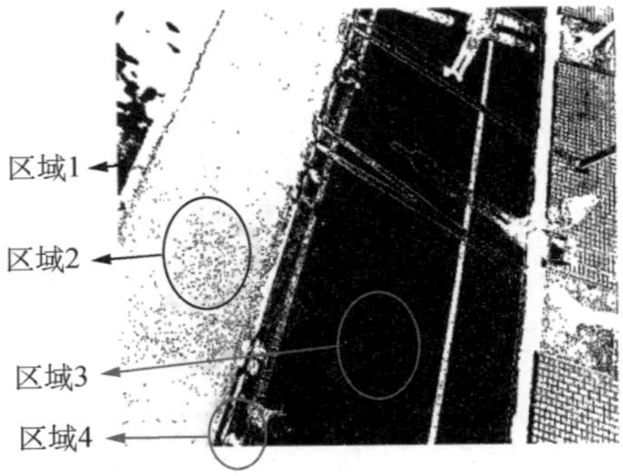

区域 1—路面外的非孤立噪声；区域 2—路面外的孤立噪声；区域 3—路面内的孤立噪声；区域 4—路面内的非孤立噪声

图 3　处理后的图像

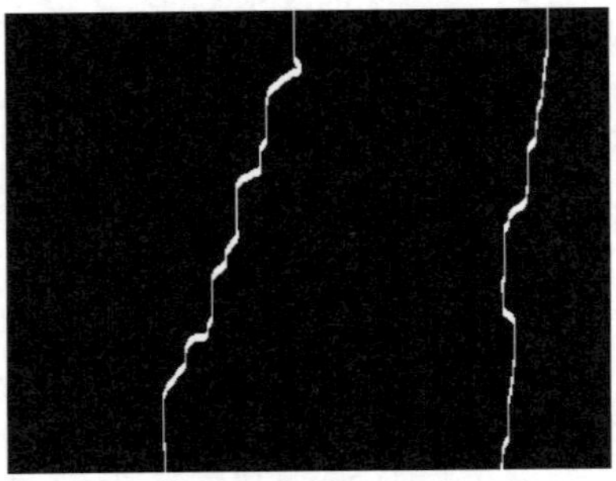

图 4　提取出的路面基本模型

图 5　相对精确的路面所在区域

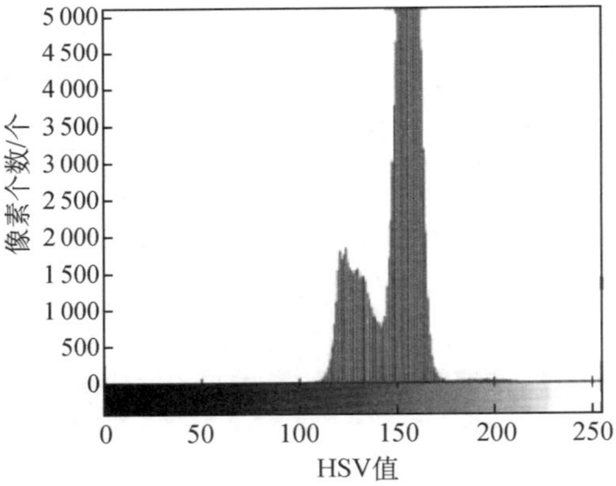

(a) 有阴影

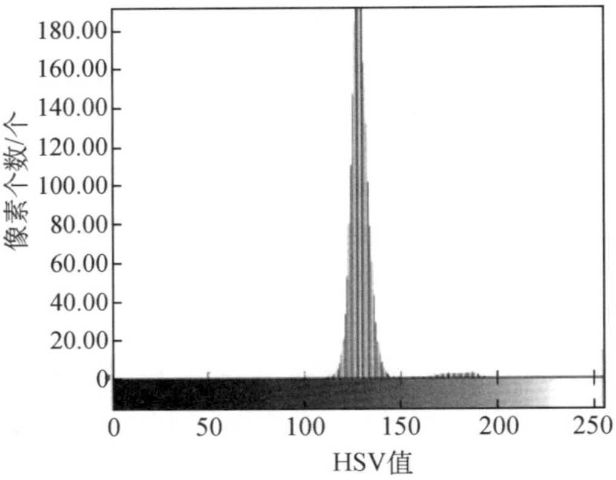

(b) 无阴影

图 6　有无阴影直方图对比

由图 6 可以看出，由于有阴影的存在，直方图明显存在多个波峰。据此，我们便可以判定图像是否有阴影存在。

之后，我们对两种情况分别进行了裂缝提取，示例结果如图 7 和图 8 所示。

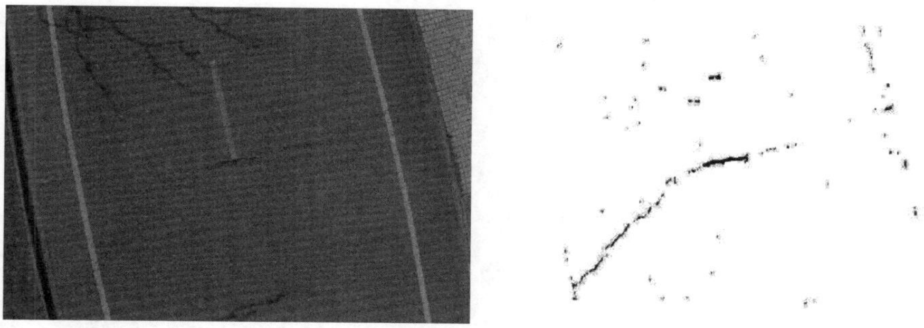

图 7　有阴影情况下裂缝提取结果

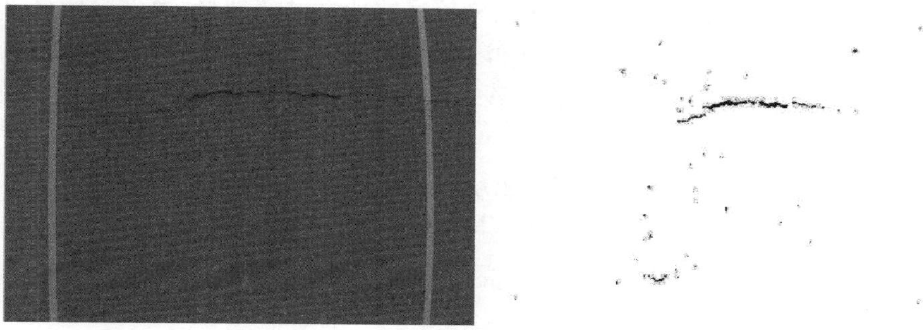

图 8　无阴影情况下裂缝提取结果

5　路面裂缝识别

在本研究中，我们把裂缝分为四类：

(1) 纵向裂缝。纵向裂缝是由于路基压实度不够导致的路面早期破坏的一种主要的病害，其裂缝方向与道路中心线方向大体平行。

(2) 横向裂缝。横向裂缝和纵向裂缝的形成原因类似，其裂缝方向与道路中心线方向大体垂直。

(3) 块状裂缝。块状裂缝是路面的一种不规则裂缝，裂缝与裂缝间连接成网，其短边长度大于 40 cm，但长边的长度小于 3 m。

(4) 龟裂/网状裂缝。降水过程中，雨水渗入路面并滞留在表面层和中面层内，大量快速行驶的车辆使得此两层内沥青混凝土中部分碎石上的沥青剥落，从而导致表面产生网裂。网状裂缝是一种较为严重的裂缝病害。

令 B 为二值化后的路面图像，其中裂缝像素点取 1，完好路面像素点取 0。B 在水平方向的投影向量设为 X，B 在垂直方向的投影向量设为 Y，具体如式(1)。

$$\left.\begin{aligned} X &= \sum_{j=1}^{M} B(i,\ j),\ i=1,\ 2,\ \cdots,\ N; \\ Y &= \sum_{i=1}^{N} B(i,\ j),\ j=1,\ 2,\ \cdots,\ N \end{aligned}\right\} \tag{1}$$

研究者唐磊对此进行了大量实验，得到的结论是：①横向裂缝投影向量 Y 中有一明显峰值；②纵向裂缝投影向量 X 中有一明显峰值；③块状裂缝和网状裂缝投影向量 X 和 Y 均无明显峰值。

计算 X 和 Y 的最大差分值 x_{max} 和 y_{max}：

$$\left.\begin{aligned} x_{max} &= \max\{X(i+10)-X(i)\},\ i=1,\ 2,\ \cdots,\ N-10 \\ y_{max} &= \max\{Y(j+10)-Y(j)\},\ j=1,\ 2,\ \cdots,\ M-10 \end{aligned}\right\} \tag{2}$$

设裂缝的分布密度为 d，一种计算 d 的直观办法是计算裂缝区域像素数与裂缝区域外接矩形面积的比值。在本文的分割算法中，虽然后期进行了伪裂缝消除处理，但提取到的裂缝目标仍然难免存在一些与真实裂缝目标距离较远的孤立的伪裂缝，而裂缝区域外接矩形一般直接通过其最外围的像素点获得，因此得到的外接矩形误差很大。另外，直接计算比值的方法得到的分布密度误差也很大，需要对算法进行改进。

裂缝分布密度 d 的改进算法如下：

Step 1：计算所有裂缝像素的几何质心坐标。

Step 2：以质心为中心，以 $(2r+1)$ 为边长做正方形（r 初始化为 0），并计算在正方形区域内的裂缝像素数目 $sumr$ 占总像素数目 sum 的百分比 p。如果 $p \leqslant 80\%$，转 Step 3，否则转 Step 4。

Step 3：令 $r=r+10$，转 Step 2。

Step 4：计算裂缝的分布密度 $d=sumr/(2r+1)^2$。

四种裂缝的特征值大小比较结果如表 1 所列。

表 1　四种裂缝的特征值

裂缝分类	特征值			
	x_{max}	y_{max}	Sum	d
横向裂缝	小	大	小	小
纵向裂缝	大	小	小	小
块状裂缝	适中	适中	适中	适中
网状裂缝	适中	适中	大	大

由于人的大脑可以对图像进行分析，快速判断图像内是否有裂缝，而计算机则需要根据一定的判别方法或判别标准才能够输出相应的裂缝信息，因此通过大量经过处理后的图像来获取以上四个裂隙特征值，并利用 BP 神经网络算法进行处理，即可按以上特征辨识区分四类裂缝，最终输出相应的裂缝特征值和裂缝种类。

6　不同高度下的算法适用性

设原本的裂缝像素数为 N_1，经过处理后得到的裂缝像素数为 N_2，噪声所占的像素数为 N_3。当距离地面 8 m、9 m、10 m、12 m、15 m 时，图像在不同阈值条件下的损失情况如表

2 所列。

表 2　不同高度的图像损失情况

阈值	0.50%	0.50%	1.00%	1.00%	1.50%	1.50%	2.00%	2.00%
损失度量	$\frac{N_1-N_2}{N_1}$	$\frac{N_3}{N_2}$	$\frac{N_1-N_2}{N_1}$	$\frac{N_3}{N_2}$	$\frac{N_1-N_2}{N_1}$	$\frac{N_3}{N_2}$	$\frac{N_1-N_2}{N_1}$	$\frac{N_3}{N_2}$
8 m	91.29%	91.30%	80.61%	99.02%	72.28%	124.68%	66.71%	155.26%
9 m	90.75%	74.25%	82.28%	84.29%	67.38%	111.47%	61.69%	59.84%
10 m	93.03%	51.39%	82.15%	75.77%	74.02%	98.26%	69.85%	67.58%
12 m	100.00%		86.99%	120.22%	88.08%	50.31%	78.95%	45.40%
15 m	100.00%		100.00%		99.32%	82.00%	84.31%	95.38%

从表 2 可知，当航拍飞行器的飞行高度超过 10 m 时，图像的信息损失情况较为严重，因而航拍飞行器检测时的飞行高度不宜超过 10 m。

对于视场范围，计算得到 10 m 高度下对应的视场宽度为 12.67 m，长度为 7.13 m，而实际拍摄时摄像头会倾斜 45°，此时设备的视场范围更大，如图 9 所示。四棱锥可以是摄像头投射出去的视场角所构成的空间范围，由于摄像头的旋转，视场四棱锥与地面的相交面由矩形变为等腰梯形。一般而言，具体详细的计算较为烦琐，然而近似估算就可以取得很好的结果。由于设备是移动的，所以可以近似按照拍摄的宽度和长度都放大$\sqrt{2}$倍计算，即可覆盖到 17.914 m×10.076 m 的实际范围。参照各级公路的宽度，除双向 8 车道的高速公路每次检测只能覆盖单侧路面以外，其他情形都可以实现双向全部车道的高质量检测。

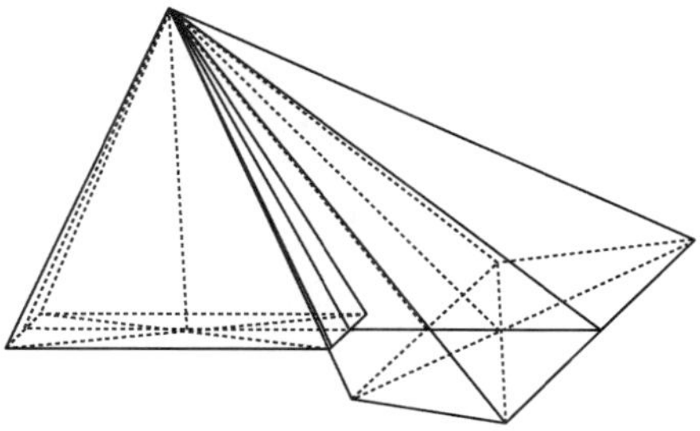

图 9　视场范围示意

7　总结

基于航拍飞行器拍摄路面来获取道路信息以进行裂缝检测是一大创新。具有更高的拍摄效率、更节能环保的拍摄手段，优势明显，为日后道路裂缝检测方法提供了新思路。

虽然用航拍飞行器来获取道路信息有很大优势，但是实际上这种器械是严格受政策控制的，所以从理论研究到实际投入应用还有待进一步考量，包括航拍飞行器本身的硬件设施（如续航能力等），以及关于航拍飞行器使用的政策问题。另外，在技术层面，主要存在两大问题：①未考虑车辆、行人对路面的占用影响；②仅对直线路段进行了研究。因此，下一阶段的研究应当围绕这两点展开。

参考文献

[1] 鞠何其. 基于色彩空间变换的遥感影像阴影检测与去除技术[D]. 上海:上海交通大学,2009.
[2] 唐磊. 基于图像分析的路面病害自动检测[D]. 南京:南京理工大学,2007.
[3] 赵轲. 路面裂缝图像自动识别系统研究[D]. 西安:长安大学,2009.
[4] 蒋彬,刘淑荣. 基于图像识别的公路路面破损自动检测研究进展[J]. 东北公路,2002(3):19-21.
[5] 高建贞. 基于图像分析的道路病害自动检测研究[D]. 南京:南京理工大学,2003.
[6] 胡利群. 路面检测车无损检测技术现状[J]. 交通标准化,2007(6):140-143.
[7] 张国良,叶中辰. 路面无损检验技术的现状与发展[J]. 吉林交通科技,2007(3):60-62.
[9] 初秀民,王荣本,储江伟,等. 沥青路面破损图像分割方法研究[J]. 中国公路学报,2003,16(3):11-14.
[10] 肖旺新,张雪,黄卫. 基于破损密度因子的路面破损识别新方法[J]. 交通运输工程与信息学报,2004(2):82-89.
[11] Brinkmann R. The art and science of digital compositing[M]. [s. l.]: Morgan Kaufmann, 2008.

作者简介

鹿　畅,同济大学交通运输工程学院,交通工程专业。
唐　钰,同济大学交通运输工程学院,交通工程专业。
邢祎伦,同济大学交通运输工程学院,交通工程专业。

指导老师

杜豫川,教授,同济大学交通运输工程学院。

附录　部分彩图

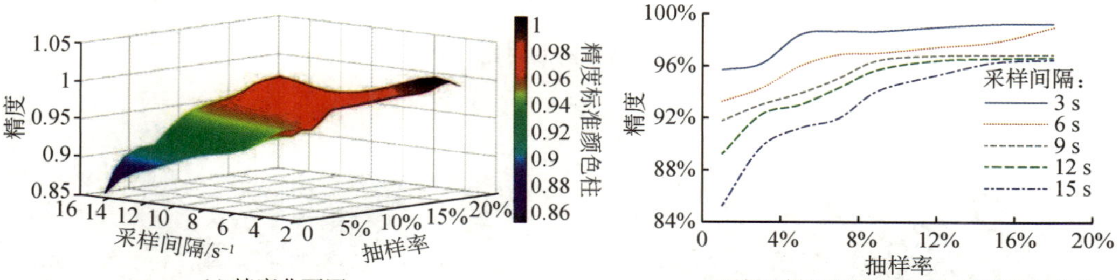

(a) 精度曲面图　　(b) 各采样间隔下抽样率-精度关系曲线

图 7　不同抽样率与采样间隔下的精度(P5)

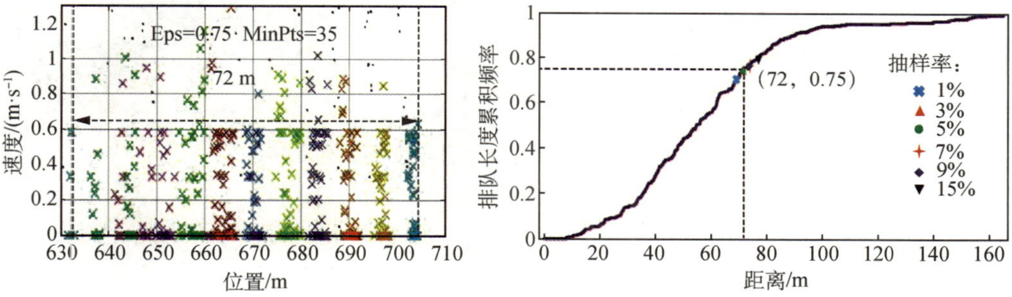

(a) 抽样率为5%　　(b) 排队长度累积频率分布

图 8　不同抽样率下的聚类结果与排队长度累积频率分布对比(P6)

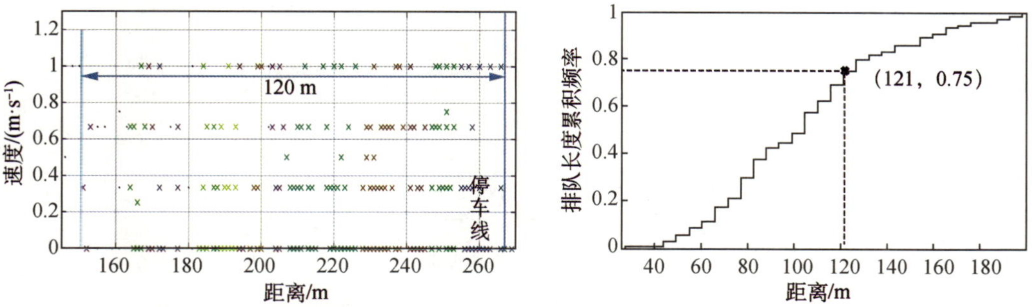

(a) 真实轨迹聚类结果　　(b) 真实排队长度累积频率

图 9　真实轨迹聚类结果与真实排队长度的累积频率对比(P6)

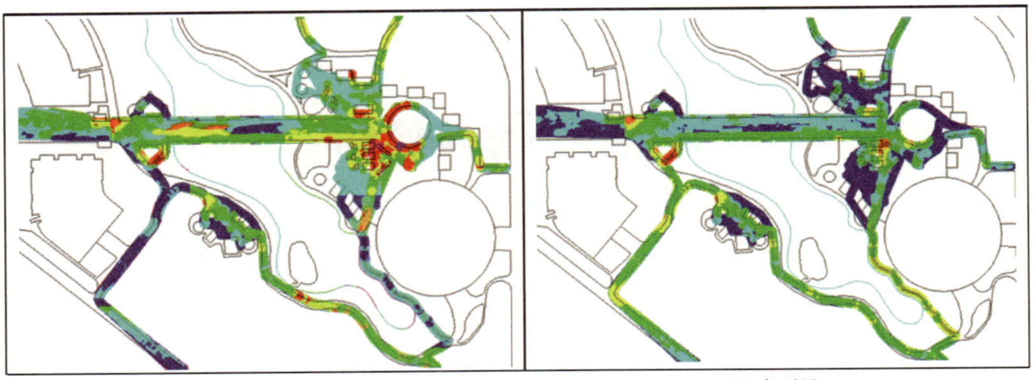

(a) 无引导　　(b) 有引导

图 2　诱导前后对比(P19)

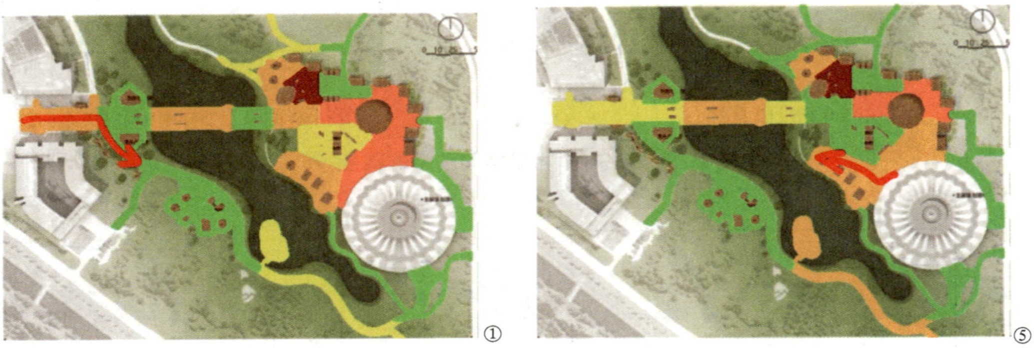

图 3　基于人群密度的园区引导路径示意(P20)

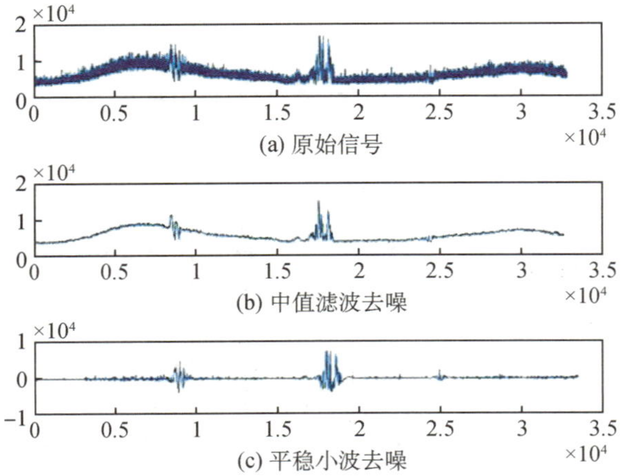

图 5　不同去噪手段去噪效果(P25)

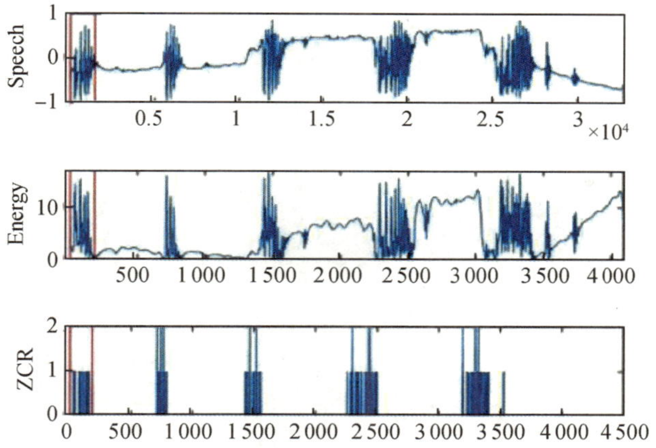

图 6　端点检测(冲击荷载)(P25)

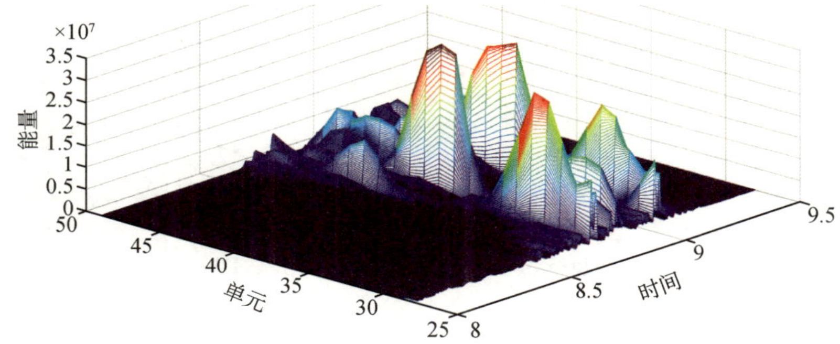

图 9　光纤传感信号三维坐标(P27)

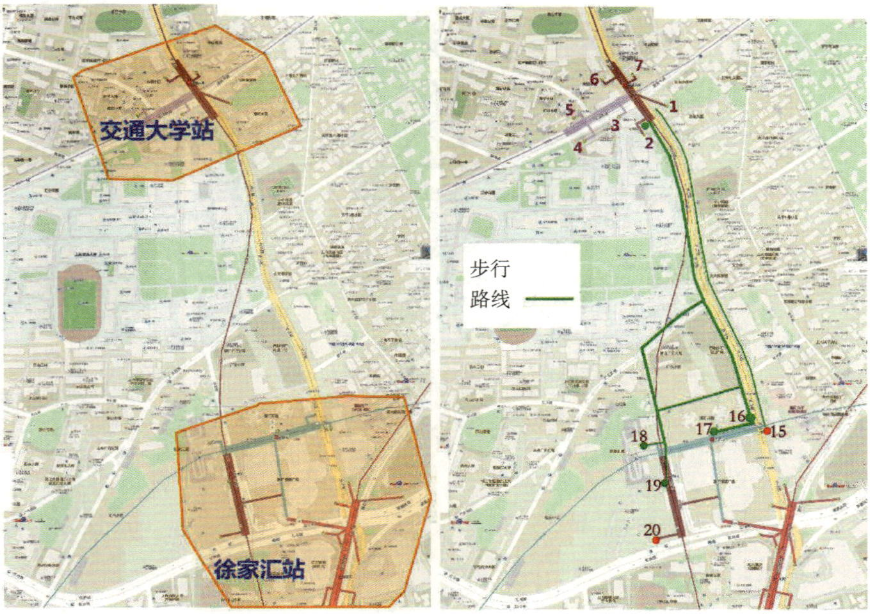

(a) 站间情况　　(b) 步行方案

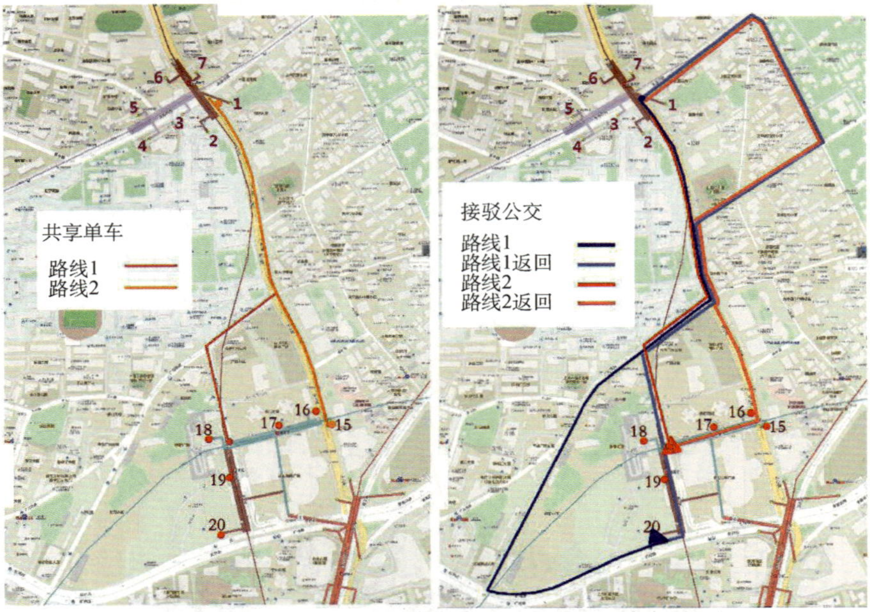

(c) 共享单车方案　　(d) 接驳公交方案

图 4　步行、共享单车和接驳公交方案(P34)

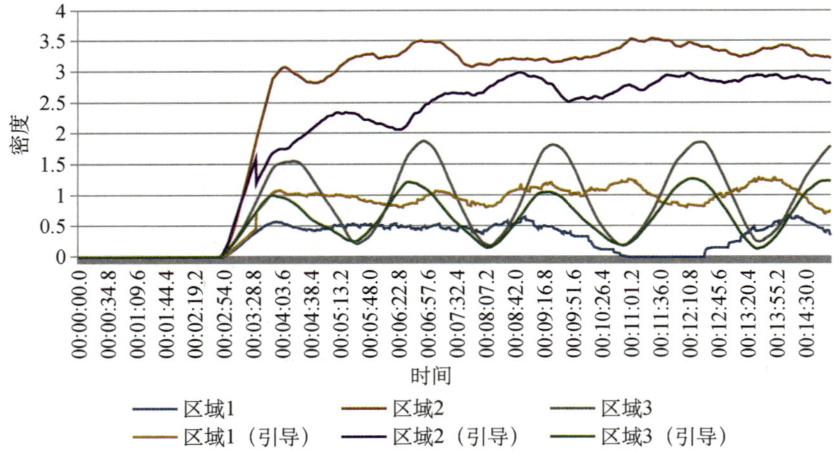

图 5　引导前后行人密度变化曲线(P35)

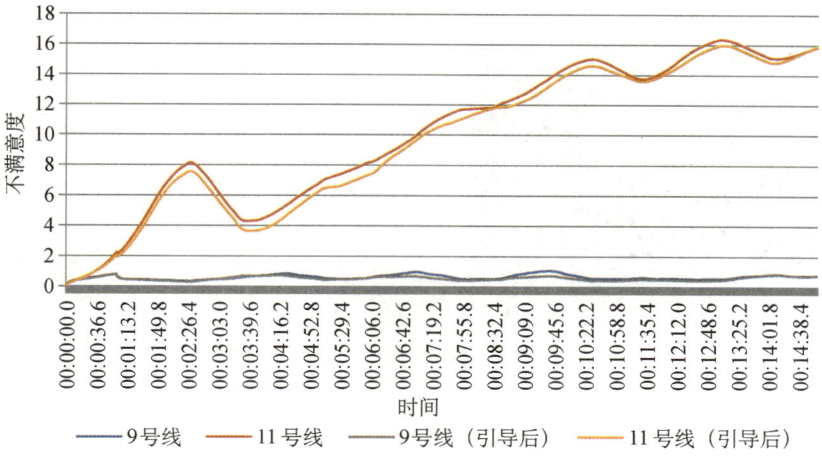

图 6　行人平均不满意度时变曲线(P36)

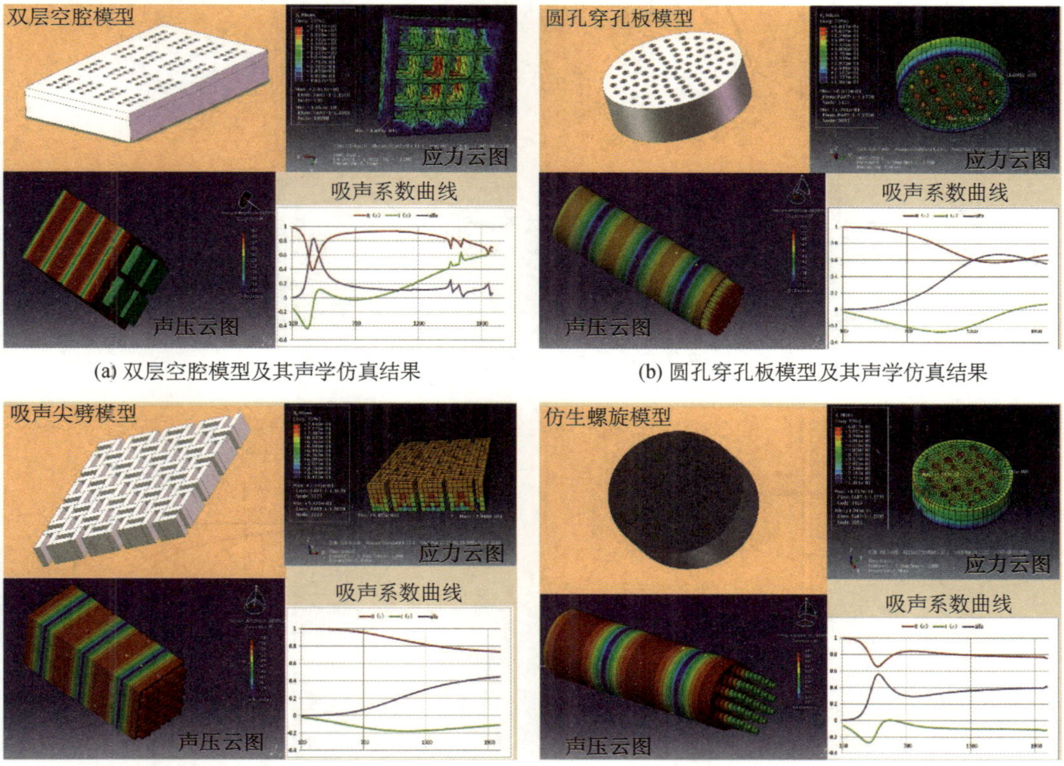

(a) 双层空腔模型及其声学仿真结果

(b) 圆孔穿孔板模型及其声学仿真结果

(c) 吸声尖劈模型及其声学仿真结果

(d) 仿生螺旋模型及其声学仿真结果

图 1　各模型结构和声学仿真结果(P72)

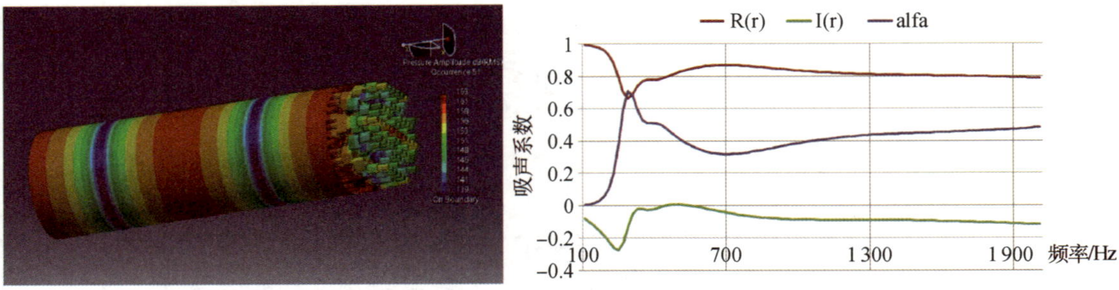

图 2　多层蜂窝模型声学仿真结果(P72)

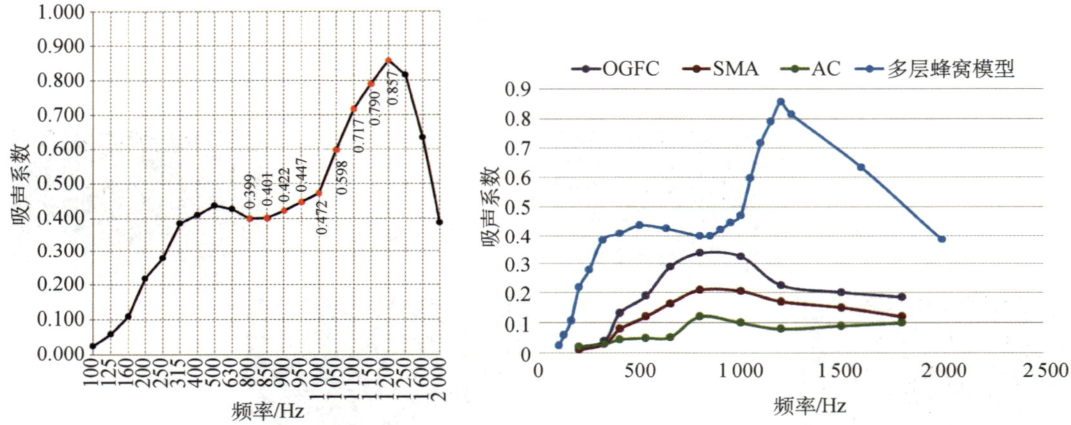

(a) 驻波管实验结果　　(b) 与现有降噪路面对比

图 5　驻波管实验结果及与现有降噪路面对比(P73)

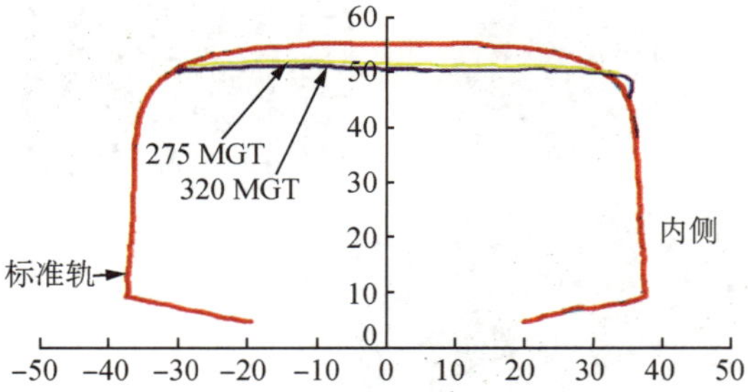

图 3　内轨磨耗型面(P150)

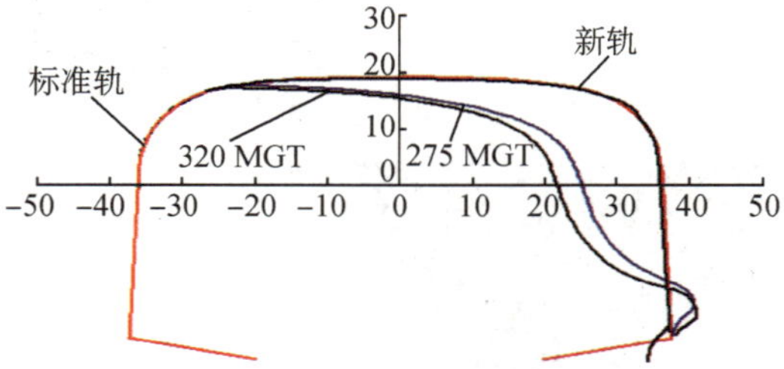

图 4　外轨磨耗型面(P150)

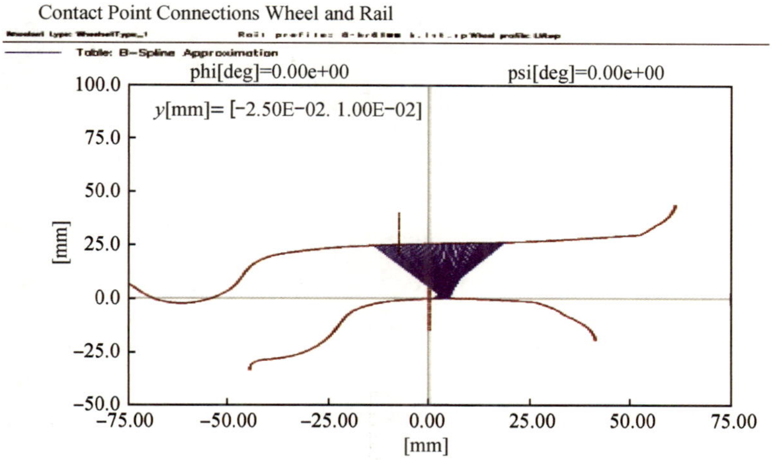

图 12　轮轨接触位置示意(P153)

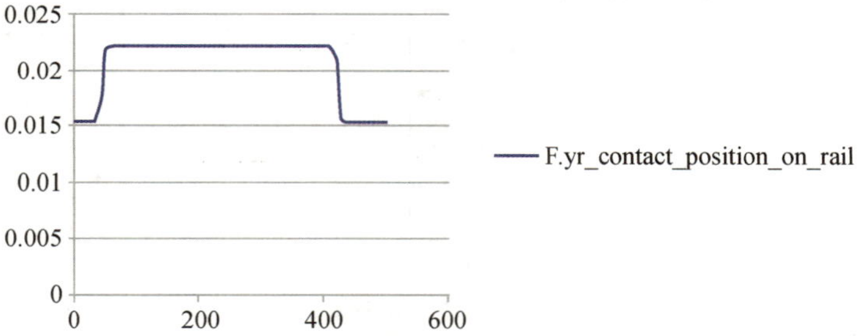

图 13　轮轨滚动接触位置(P153)

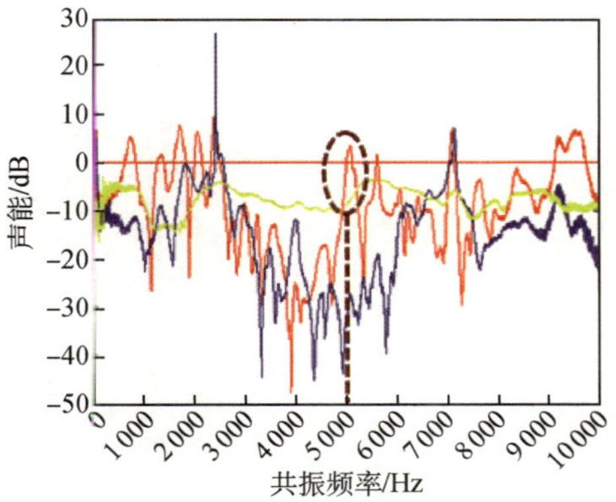

(b) Γ-X方向实验穿透频谱

图 3　63%填充比亚克力柱/空气型声子晶体(P159)

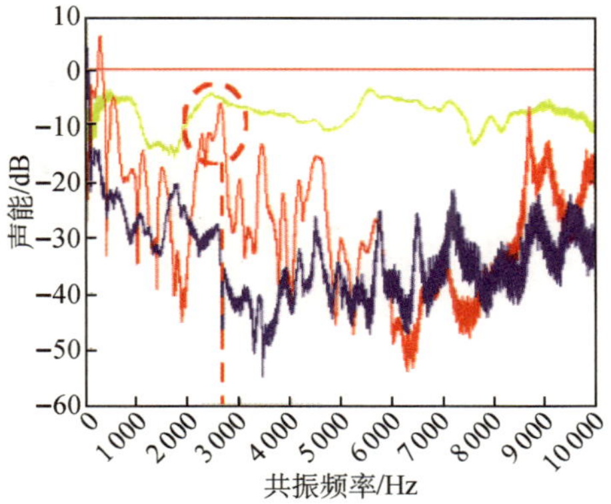

(c) Γ-X方向实验穿透频谱

图 4　35%空气/硅橡胶型声子晶体(P160)

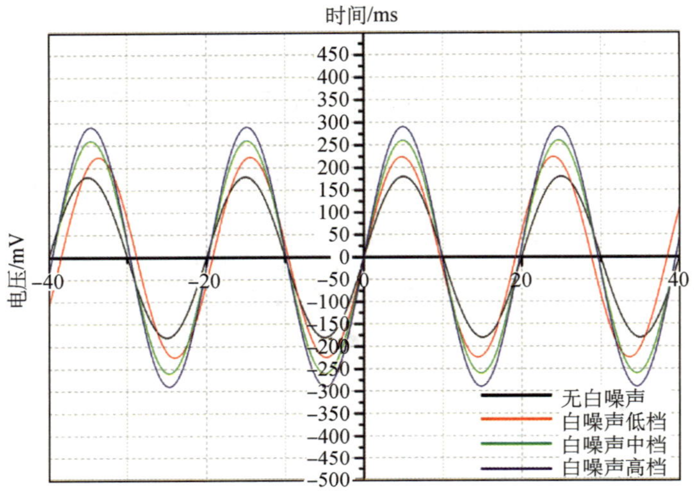

图 7　声电转换测试结果(P161)